A. Schullerus, Siebenbürgische Volkskunde

Deutsche Stämme
Deutsche Lande

Herausgeber: Professor Dr. Fr. von der Leyen

Siebenbürgisch-sächsische Volkskunde im Umriß

Von

D. Dr. Adolf Schullerus

Stadtpfarrer und Bischöflicher Vikar in Hermannstadt

Mit zahlreichen Abbildungen im Text und auf 16 Tafeln

1 · 9 · 2 · 6

Verlag von Quelle & Meyer in Leipzig

Genehmigte Lizenzausgabe
Weltbild Verlag GmbH, Augsburg 1998

Einbandgestaltung: KA·BA factory, Augsburg
Gesamtherstellung: Clausen & Bosse, Leck
Printed in Germany
ISBN 3-8289-0292-8

Meiner treuen Gefährtin
zum Tag
da ein Vierteljahrhundert gemeinsamen Lebens
in Arbeit und Segen
sich schließt

*

Vorwort

Die Nötigung, eine auf breiterer Grundlage angelegte Darstellung dem Plane der Sammlung gemäß zu knappem Umriß zusammenzuziehen, hat dem Ebenmaß der einzelnen Abschnitte vielleicht Abbruch getan. Aber wenn dadurch die Schilderung von Brauch und Sitte, Volksdichtung und Volksglaube gegenüber den Sachgebieten — Kleidung, Nahrung, Wirtschaftsleben — etwa zu kurz gekommen zu sein scheint, so mag das damit begründet sein, daß wie auch sonst so auch in den Veröffentlichungen über siebenbürgische Volkskunde diese letzteren Gebiete bisher zu sehr vernachlässigt waren. Und doch zeigt gerade auf ihnen das Volksleben den unabweisbaren Zusammenhang mit den Verhältnissen in dem ehemaligen Stammlande der Siebenbürger Sachsen, west- und ostwärts des Niederrheins, auf. Wenn es als Ergebnis geschichtlicher und mundartvergleichender Forschung angesehen werden darf, daß zum mindesten der Hauptstamm der Siebenbürger Sachsen um die Mitte des 12. Jahrhunderts (unter dem ungarischen König Geysa II.) nach Siebenbürgen berufen worden ist, so liegt eben in der Vergleichung der Lebensformen hüben und drüben, in Sprache, Arbeit, Brauch und Sitte, ein Hauptreiz der volkskundlichen Forschung, die ebenso den Zügen des bewahrten alten Erbes wie dem Wandel des Lebens unter den Verhältnissen der neuen Heimat und unter dem Einfluß der mitwohnenden Völker nachzugehen hat.

Mit Rücksicht auf den eingeschränkten Raum ist ein Quellen- und Schriftenverzeichnis nicht beigegeben. Es genügt wohl, auf die eingehenden Angaben von W i t t s t o c k in A. Kirchhoffs Forschungen zur deutschen Landes- und Volkskunde, 12. Bd. (1895)

hinzuweisen. Ausdrücklich sei nur bemerkt, daß die Kennzeichnung der Städtegrundrisse Anregungen des Kronstädter Ingenieurs E. Treiber folgt.

Die Rand- und Landschaftszeichnungen verdanke ich meiner Tochter, Trude Schullerus, mehrere Lichtbilder der Güte der Herren L. Klaster, D. Dr. V. Roth, E. Sigerus und Dr. R. Spek.

Hermannstadt, Weihnachten 1925 Adolf Schullerus

Inhalt

Verzeichnis der Abbildungen

Die äußere Erscheinung.

Dörfer und Städte.

1. Wer im letzten Viertel des 19. Jahrhunderts vom Westen Siebenbürgens kommend mit der Eisenbahn nach Kronstadt fuhr, — das Tal der großen Kokel hinauf über die Meeburger Wasserscheide, durch den Altdurchbruch bis ins Burzenland —, oder auf einer der Straßen zwischen Alt und Kokel das Sachsenland durchquerte, konnte schon in flüchtigem Überblick die scharf umrissenen Züge des sächsischen Landschaftsbildes erkennen: Große Ackerflächen in schmale Streifen geschnitten, mit gleichem Anbau von Herbst- und Sommersaaten, abwechselnd mit der Brache, auf der die Viehherden des Dorfes weideten; die Berghöhen mit Wäldern bedeckt, an südlich gelegenen Halden Weingärten in dichtem Baumgehege. Von der Hauptstraße, wo sie nicht durch das Dorf selbst führt, zweigt der Fahrweg ab, den Bach aufwärts im schmalen Seitental, aus dem der Kirchtum hinter den ersten, vorgelagerten Gärten und Häusern des Dorfes hervorlugt. Das Dorf streckt sich, einen breiten Zwischenraum zwischen den Häuserreihen lassend, zu beiden Seiten der Landstraße oder den Bach entlang; der Mitte zu, auf einer Seitenhöhe, erhebt sich die Kirche mit Ringmauern und Festungsturm, daneben Schule und Pfarrhof mit seinem großen, altstämmigen Garten. Die Häuser stehn, zwei- oder dreifenstrig, mit der Stirnseite der Gasse zugewandt, hoch hinaufgetrieben, mit spitzem oder abgewalmtem

Dach. Die schmalen Höfe, einer an den anderen sich schmiegend, vom Talgrund in senkrechter Linie in das Feld geschnitten oder den Berg hinansteigend, sind vom breiten Gürtel der ungeschiedenen Gärten umgeben, die der gemeinsame „Bodenzaun" abschließt, der das Dorf umschlingend nur die Tore zur Reichsstraße oder zu den „drei Feldern" offen läßt.

Die in neuester Zeit durchgeführte Grundzusammenlegung, „Kommassation", zu größeren Stücken des Einzelbesitzes, die damit zusammenhängende Umwandlung der Dreifelderwirtschaft in eine reicher ausgebildete Wechselwirtschaft, das Auflassen der Brache und daraus folgend die Einengung des Weideganges auf eigne Hutweiden, der Aufbau von Wirtschaftsgebäuden, Ställen, hie und da schon von Wohnhäusern auf „das Stück" hat die weiten Florfelder, das „Meer von Ährenwogen", zerschlagen. Durcheinandergewürfelt bieten Herbst- und Sommersaaten, Weide, Wiesen und Rübenfelder dem Auge ein buntes Bild dar, wohl ein Erfolg eindringlicheren landwirtschaftlichen Betriebs, aber nicht zur Verschönerung der Landschaft dienend und nicht zur Freude des sächsischen Bauern vom alten Schlag. Es war wohl ein prachtvoller Anblick, wenn im Hochsommer, so weit das Auge reichte, ein „Ährenmeer" sich ausbreitete und der leise Windhauch die Wellen darüber trieb.

Wat lift det Kiren afen
Und wäll nor jo ewech,
Als häf ed äst ze schaffen
Dertiwen af dem Rech. (V. Kästner.)

In der üppig treibenden Lebenskraft der Natur, die unmittelbar aus diesen Ährenmassen heraus leuchtete, lag auch der Anreiz zu den Phantasiegestalten des Volksglaubens an die Korndämonen, den Kornhund, den „Bubesch", „Wulf", wie andrerseits auch der Antrieb zu den religiösen Gefühlen des Dankes und gefriedeten Besitzes.

Honnes und Onjdres (Andreas) bereden sich über den Wandel der Zeiten.

Onjdres: „Alles, alles hat sich gedreht. Wenn ich nur an das Kornschneiden denke! Wie war die ganze Gemeinde draußen im Kornfeld! Unser Herrgott hatte uns alle an seinen Tisch gerufen. Ein goldenes Tischtuch hatte er vor uns ausgebreitet, wie wenn er spräche: Kommt heran, ihr Kinder, langt zu! alle sollt ihr mir satt werden — so!"

Honnes: „Seitdem die Kommassation über uns gekommen ist, ist das große Tischtuch zerschnitten. Es kann nun ein Jeder sich vor sein kleines Brottüchlein hucken — wohin er will — und wann er will — Friede!"

(Anna Schuller-Schullerus, „Dä Olden"; aus der Mundart übersetzt).

Eine durchgreifende Wirtschaftsänderung hat nun die Zusammenlegung des Grunddbesitzes mit sich gebracht. Im Jahr 1910 war die Kommassation schon in weitaus den meisten Gemeinden durchgeführt oder im Zuge. Schon die Sprache spiegelt diese Änderung darin wider, daß die alten Flurnamen anfangen, im Gebrauch und damit in der Erinnerung zu verschwinden. Schon geht der Bauer einfach auf das „Stück", der zu bestimmende Feldteil wird nach dem Besitzer benannt: „bei des N. seinem Stück". Wie boten doch die alten Flurnamen ein anschauliches Bild nicht nur von der Lage, der Bodenbeschaffenheit, der Fruchtbarkeit, den besonderen Kennzeichen der Flur, sondern sie hielten auch menschliche Betätigung, Geschichte des Landes, des Dorfes und ihrer Bewohner bis in die Einwanderungszeit, ja über diese hinaus in der Erinnerung fest.

Das Bild, das wir auf Grund der Flurnamen und alter Hattertprozesse, wie nicht minder nach dem vielfach noch fortlebenden Rechtsbrauch von der ehemaligen Besiedlung erhalten, läßt sich in knappen Zügen umreißen.

Als die deutschen Ansiedler, vom ungarischen König Geysa II (1141—1161) gerufen, ins Land kamen, wurden sie planmäßig vom Beauftragten der Krone in die einzelnen Siedlungsgebiete eingewiesen. Man fühlt sich geradezu versucht, auf dem Bergkamm des rechten Altufers, überall wo je drei Grenzlinien zu einem Hatterthaufen zusammenlaufen, den Punkt zu bezeichnen, von wo aus der Weißenburger Einweiser über Hügelketten und die Wasserläufe entlang die Grenzen der Siedlung mit Blick und Handrichtung abgesteckt hat. Das Gebiet zwischen den einzelnen Ortssiedlungen blieb innerhalb des Königsbodens gemeinsamer Besitz der Siedlungen selbst, zu späteren Neugründungen vorbehalten oder gemeinschaftlich ausgenutzt, oder aber gegen geringen Entgelt zu Acker und Weide an eine der Einzelsiedlungen überlassen.

Ein solches gemeinsames Gebiet nannte man das „Freitum". Noch lebt der Name in dem „Repser Freitum" am Altdurchbruch, das von den umliegenden Gemeinden Reps, Hameruden, Katzendorf usw. gemeinsam benützt wird. Ein solches Freitum war ebenso das „Schmillefeld", zwischen Großschenk, Mergeln, Hundertbücheln, von dem ein Teil der letztgenannten Gemeinde zuerst verpachtet, sodann nach langem Rechtsstreit ins Eigentum überwiesen wurde. Einen gemeinsamen Wald, den Branisch, besaßen Hermannstadt, Burgberg, Hahnbach, Stolzenburg. Aus dem „Freitum" einzelner Dörfer entstand zuweilen gemeinsamer Besitz ganzer Gemeindeverbände, der Stühle. So durften die Burzenländer alle Wälder, die nicht Eigenbesitz bestimmter Gemeinden waren, gemeinsam ausnützen. Ja, zum mindesten die Grenznachbarn der an die Gesamtheit der Sachsen von Andreas II. verliehenen silva Blacorum et Bissenorum sahen es als ihr gutes Recht an, aus dem gemeinsamen Wald Holz zu holen. Darum fiel auch, wenn in den Unbillen der Zeiten ein Dorf untergegangen war, sein Gebiet an die benachbarten Gemeinden als gemeinsamer Besitz zurück und wurde von ihnen aufgeteilt, so Unterten (1543) an Leschkirch, Alzen, Kirchberg, so Furkeschdorf an Mediasch und Meschen.

Nur am Rande des Sachsenbodens übte der König das Recht aus, in solchen Zwischengebieten größere Landgüter an einzelne um ihn verdiente Männer seiner Gefolgschaft zu vergeben. Auf ihnen sind von den Gutsherrn erst recht Siedlungen, aber zumeist mit nichtdeutscher Bevölkerung geschaffen worden. Eine solche Verleihung erfolgte schon 1206 durch König Andreas II., der den Johannes Latinus, wohl zur Belohnung dafür, daß er an der Grenze des Reußengebietes im Zibinstal treue Wacht gehalten hatte, an den Quellen des Kosdbaches weite Landstrecken schenkte. Das Dorf „Woldorf" hält noch heute seinen Namen fest.

Aus der zugewiesenen Dorfmark wurde das Weichbild des Dorfes ausgeschieden, darin in gleicher Breite die Höfe geschnitten, entweder zu beiden Seiten des Baches oder, wo das Tal sich weitete, die Berglehne entlang den Marktplatz umfassend, seltner in gleichlaufenden Gassen, die durch das „Gäßchen" verbunden wurden. Zugleich erhielt, wie man annehmen kann, jeder Hof ein Feldstück in jedem der drei Felder zugewiesen, ebenso ein Wiesenstück — in Schönberg noch heute Hofwiesen genannnt – als forterbendes Sondereigentum. Die übrige Feldmark blieb ungeteilt: in der Bachniederung die Krautgärten, in denen alljährlich jedem Hof der gleichbreite Streifen zugemessen wurde; nahe am Dorfe die „Atzengk" (von „atzen" ‚das Vieh füttern', mhd. etzen, atzen) oder „Pesch" (altromanisches Lehnwort aus lat. pascua ‚Weide'), wohin zur Nachthut das Spannvieh getrieben wurde; die Wiesen, die zum Teil noch bis zur Gegenwart alljährlich im Ganzen je einer Zehntschaft zugewiesen und von dieser in einzelnen Streifen verlost oder verteilt werden; die „Looserde", Ackerstücke, die ebenso in bestimmten Zeiträumen nach der Zahl der berechtigten Wirte im Dorf neu aufgeteilt wurden. Bei Zuweisung der Hoferde und Hofwiesen erhielten auch Pfarrer und Kirche ihr Doppellos. Der Kirchenbesitz, ebenso der ursprüngliche, wie der durch Schenkungen und Vermächtnisse später zugewachsene, ist vielfach gegen Entgelt, den „Mäddem" (mhd. medeme, ‚auf Grundstücken haftende Abgabe'), von arbeitstüchtigeren, später von besitzärmeren Gemeindegenossen in Erbpacht genommen worden.

Wuchs die Bevölkerung, so wurde durch Anlage neuer Gassen Raum für neue Hofstellen, durch gemeinsame Rodung neue Ackererde geschaffen. Die neuen Gassen bezeugen noch heute in ihren Namen, daß sie ursprünglich Feldmark gewesen sind – „Flachsaue", „Rübenau", „Rosenanger", „Wiese", „kleine Erde" usw. Ihre Höfe und Hofbesitzer sind auch nicht gerade die angesehensten im Dorf, weil sie vom ursprünglichen „Erbe" in der Talebene nichts erhalten haben, sondern auf die Berglehne oder ins Sumpfige „gedrückt" worden sind. Es gibt Gemeinden (Kl. Bistritz), in denen noch heute aus den Kirchenbüchern genau der Anteil, den die neugegründeten Wirtschaften an Hofbesitz und Neurodung erhalten haben, nachgerechnet und auf der Feldmark nachgewiesen werden kann. Diese Neurodungen haben für Arbeitstüchtigere auch zuerst die Möglichkeit zum Erwerb von Sondereigentum gegeben. Ursprünglich war das ganze Gebiet gemeinsamer Besitz. Nicht dem Einzelnen, sondern der Gemeinde gehört der Hattert. Wenn das Haus ausstarb, fiel der Hof und die zugehörige Wiesen- und Ackererde an die Gemeinde zurück und wurde einem „erblosen“ Gemeindegenossen zugeteilt. Erst allmählich bildete sich durch Eigenrodung, durch Vererbung und Teilung des alten „Hoferbes“, durch Kauf oder sonstige Aneignung aus dem Gemeindegut ein Eigenbesitz aus, der aber bis zur Gegenwart noch genug „freie Erde“ übrig gelassen hat. Ebenso aber regte die ermöglichte Erwerbung von Eigenbesitz nun auch zum Hinausgreifen über den Königsboden, auf die „Edelerde“, an, wo mit geringerem Widerstand und in größerem Ausmaß Eigenerbe geschaffen werden konnte. Es waren zumeist die Gräfengeschlechter, die diesen Versuch machten, damit aber über die Gemeinschaft ihres Volkes hinauswuchsen und so gesellschaftlich und fast durchwegs auch völkisch im ungarischen Adel aufgingen.

Anders ging die Entwicklung in den von ungarischen Adligen auf der „Edelerde“ gegründeten Siedelungen. Hier erhielten die vom Grundherrn angeworbenen Deutschen die Hofstellen zugewiesen, meist in der Nähe der „Curia“, des Schloßhofes, selbst oder am Bachufer, zu jedem Hof ein bestimmtes Ausmaß von Acker und Wiese, wohl auch eingeschränkten Anteil an Wald und Weide. Gerade hier aber war mehr als auf dem Königsboden schon frühe Gelegenheit zu Erwerb von Eigenbesitz gegeben. Durch unsäglichen Fleiß, in Neurodungen und Kauf, haben diese Gemeinden sich emporgearbeitet, besonders seit 1848 auch der letzte Rest der Abhängigkeit abgestreift war. Sie haben in jüngster Zeit vielfach den Gutsherrn ausgekauft, den Boden unter sich aufgeteilt und gehören gegenwärtig zu den blühendsten sächsischen Siedlungen im Lande.

2. Die gemeinsame Feldmark hat auch in der gemeinsamen Form der Feldwirtschaft sich ausgeprägt. Die von der Urheimat her mitgebrachte Feldordnung war der Flurzwang, die Wirtschaftsordnung der gerade durch die Berührung mit den Römern unter den Franken ausgebildeten Dreifelderwirtschaft. Nicht nur der Besitz des Bodens, auch seine Ausnützung stand und steht in nichtkommassierten Gemeinden zum großen Teil noch unter dem Zwang der Gemeinschaft. Kornschnitt, Korneinführen, Weinlese, Maisbrechen, Maiseinführen, Mähen, Heuführen erfolgte zu gleicher Zeit, schon damit nicht die Grenzfurche absichtlich oder

unabsichtlich übersehen werde, vor allem aber, um nach beendeter Ernte die gesamte Stoppel zur Weide freigeben zu können. Der Beginn des „Einführens“ wurde vom Ortsamt bestimmt. Ein fröhlicher Anblick, wenn das ganze Feld entlang Kornhaufe an Kornhaufe in lichten Reihen stand, ein fröhliches Treiben, wenn vom Morgengrauen bis zum Nachtdunkel die schwerbeladenen Wagen einer hinter dem anderen ins Dorf rollten! Das zog schließlich auch den gemeinsamen Beginn der Arbeit nach sich. Spätestens zu Josephi mußte der Pflug zur Hafer- und Gerstesaat eingesenkt werden, in der Zeit zwischen der „sakseschen“ und „bleschen Bijerän“ (zwischen Mariä Verkündigung nach protestantischem und orthodoxem Kalender) der Weingarten angebunden, die „Bijen“ gemacht sein. Nach dem Hermannstädter Jahrmarkt (13. Sept.) wurde gesäet, und auch die dazwischen liegenden Arbeiten, das erste, zweite und dritte Mistführen, Maishacken usw. mußten zur gleichen Zeit durchgeführt werden. Was mit seinen Hauskräften nicht auslangte, nahm Arbeiter auf, wer nur einen, zwei Tage zurückblieb, wurde zum Gespött der Leute, wie schon aus der moselländischen Urheimat der lateinische Dichter Ausonius von den Spottversen erzählt, mit denen Wanderer und Schiffer den Winzer bedachten, der mit der Arbeit hinter den andern zurückgeblieben war.

Die andere Folge war die gleichmäßige Art des landwirtschaftlichen Betriebs. Aus der Stammheimat haben die Siebenbürger Sachsen die Dreifelderwirtschaft mitgebracht, die Wirtschaftsordnung, wonach der Anbauboden in drei Felder geteilt war, die abwechselnd mit Herbstsaat und Frühjahrssaat bestellt wurden, im dritten Jahr aber brach liegen blieben und zur Weide dienten. Auch Spuren einer Zweifelderwirtschaft haben sich im Nösnergelände noch erhalten. Die „Florfelder“ wurden zur Abwehr von dem weidenden Vieh durch einfache Zäune oder zum mindesten durch ein aufgestecktes Reis („Tschuka“, ‚Dohle‘) von der Brache geschieden, besonders wo die Brache an das Florfeld des Nachbarhatterts stieß. Um Schaden und Streit zu meiden, haben vielfach Stuhlssatzungen die Flureinteilung so verfügt, daß in Nachbargemeinden Florfeld an Florfeld und Brache an Brache zu stoßen habe. Das Gemeindetor zum Florfeld wurde vom torhütenden Zigeuner bewacht. War es zugleich Straßentor, beeilte sich die Schar der Zigeunerkinder eifrigst, es jedesmal vor dem durchfahrenden Wagen zu schließen, um für das Öffnen den üblichen Kreuzer zu erhaschen. Gelangte doch trotz aller Vorsichtsmaßregeln Vieh in das „Verbot", so konnte es vom Eigentümer des geschädigten Feldstückes oder Feldhüter „geschätzt" (gepfändet) und in die „Parch" (Pferch) oder in den eigenen Hof getrieben und mußte durch Erlag der Buße für den angerichteten Schaden eingelöst werden.

Der Feldhüter führt in einigen Kokeldörfern noch den alten Namen „Torbesvueter", wobei daran zu denken ist, daß in ältern germanischen Sprachen unter „Dorf" auch das „Feldgut", „Bauland" verstanden wurde, — sonst „Hüter", „Feldschütz", im nösn. „Aichter" (mhd. æhtære). In älteren Zeiten ist nachweisbar gemeinsame Hut der Herden abwechselnd durch die Nachbarn in Übung gewesen. Doch ist schon sehr frühe Brauch geworden, für die einzelnen Herden Hirten zu dingen, wozu sich fast durchwegs die aus dem Alttale zuwandernden Rumänen anboten. In der Aufzählung der Hauswirte in den Zählungsregistern des 15. Jahrh. finden sich neben den hospites (Vollwirte), der Schule und der Mühle, auch 3—7, sogar 14 „pastores". Hirtenlohn und Verpflichtung wurden im „Hirtengedinge" festgesetzt. So z. B. in einigen Gemeinden (Alzen) übernimmt eine Gesellschaft die Feldhut unentgeltlich und hält sich durch die Einlösungssummen für gepfändetes Vieh schadlos. Das nennt man Felelat (rum., entlehnt aus ung. felelet ‚Verantwortung'). Sonstwo verstand man unter Felelat eine Art Viehdiebsstahlsversicherung. Der verantwortliche Haupträuber nahm das Vieh, namentlich Zugvieh, „ins Felelat". Er erhielt dafür eine bestimmte Abgabe, bei deren Empfang er festlich bewirtet wurde, übernahm aber zugleich die pünktlich eingehaltene Verpflichtung, im Falle des Diebstahls das gestohlene Gut binnen einer bestimmten Frist stellig zu machen.

Obwohl in der Stammheimat der Körnerbau sich hauptsächlich auf Roggen und Spelt beschränkt hatte, sehn wir in Siebenbürgen, mit seinen fruchtbaren Niederungen, schon soweit Angaben zurückreichen (16. Jahrh.), den Weizenbau überwiegen, so daß in der Mundart unter „Kirn" durchwegs der Weizen verstanden wird, und der Roggen, nur auf abgelegenen, weniger fruchtbaren Stücken gebaut, als Brot der „Hintersten", der Armen, gilt.

Das ist die Winterfrucht, die Winterung. Als Sommerfrucht wurde ehemals Hirse und Hafer angebaut. Erst seit dem Ende des 17. Jahrh. wird der Hafer, dessen Hauptgebiet das „Haferland" an dem Mittellauf der beiden Kokeln bis ins Repser Gelände hinauf ist, immer mehr vom Mais (Kukerutz) verdrängt, der, wie seine Bezeichnung im Nösn. „tirkesch Korn" bezeugt, am Ende des 17. Jahrh. wahrscheinlich vom ungarischen Banat her — damals noch in türkischer Verwaltung — nach Siebenbürgen gekommen ist. Aber überall heißt das Sommerfeld noch das „Haferfeld", einzelne Flurteile „äm Hirschelden" (Hirsehalde). Doch wird der Hafer nirgends mehr zu menschlicher Speise als Brot oder Brei verwendet, Hirse zumeist nur noch im Burzenland in Milch, „Gech" (Krautsuppe) oder nur einfach in Salzwasser gekocht. An Stelle des Hirsebreis ist durchwegs der Maisbrei („Palokes", Polenta) getreten, wie denn auch die Maiskörner als beste Schweinemast verwendet werden. Sommerweizen wird, wie auch Gerste, nur wenig gebaut, da der im Frühjahr spät zum Anbau bereite Boden im Verein mit der im April bis Mai meist rasch eintretenden Hitze diesem Anbau nicht förderlich ist. Es gilt: „Sommerkirn, Brit verliren" (Sommerkorn, Brot verloren).

Im ganzen ist der doch weniger lohnende Körnerbau zugunsten eines durch ausgiebigere und sorgsamere Viehzucht veranlaßten reicheren Futterbaues zurückgetreten. Im Zusammenhang mit der Grundzusammenlegung wurden Gesellschafts-Hutweiden geschaffen, mancherorts traten dabei die sächsischen Bewohner einen verhältnismäßigen Teil ihres Bodenbesitzes an die Kirche zur Ausscheidung einer von ihr zu verwaltenden sächsischen Hutweide ab, so in Groß-Schenk z. B. 2 vom Hundert. Die im Jahre 1921 einsetzende Agrarreform hat, wie den kirchlichen Besitz überhaupt, so auch diese „Kirchenhutweiden" zerschlagen, zum großen Teil auch die Gesellschaftshutweiden. Es ist noch nicht festgestellt, wieviel Joch ehemals sächsischen Bodens damit in nichtsächsischen Besitz gekommen sind, aber schon jetzt läßt sich übersehen, daß der Verlust blutig ins Leben schneidet.

Eigene Weiden hat es immer, auch vor der Schaffung besonderer Hutweiden, gegeben. Auf den „Galtberg" (zumeist als „Goldberg" mißverstehend gedeutet) wurde das Geltvieh getrieben, oder es gab einen „Schafberg" (Henndorf), einen „Ochsenberg" (Schäßburg). Den alten Namen „Wonn" (mhd. wunne) führte die Grasweide im Walde. Sonst nährte sich das Vieh auf der Brache, aber bis Georgi durfte es auch auf den Wiesen weiden, von da an waren sie „verboten".

Wesentlich ergänzt wird gegenwärtig der Weidegang durch den Futterbau, wobei Rotklee, Luzerne, Esparsette, vielfach auch Wicke (Wickhafer) und Futtermais bevorzugt werden. Mit Erfolg ist in letzter Zeit auch die Grünbewahrung der Futterpflanzen in luftdicht verschlossenen Gruben versucht worden.

Die Rückwirkung der veränderten wirtschaftlichen Verhältnisse zeigt sich auch in der Verschiebung des Schwergewichts in der Viehzucht. Da die ausgedehnten Weiden fehlen, ist die Pferdezucht zurückgetreten. Noch 1884 zählte man 40 644 Pferde in sächsischem Besitz, 1910 nur noch 27 836. Seither ist die Zahl noch beträchtlich gesunken. Das vor einem Menschenalter noch übliche Groß-Schenker Vierergespann ist jetzt kaum zu sehen. Dafür wird das Rind in größerer Zahl und in edleren Rassen gezogen. Die weißen, breitgehörnten Podolier sind dem rascher wachsenden und nach Fleisch und Milch ergiebigeren Pinzgauer und Simmentaler Rind gewichen. Die neuen Rassen haben sich im Land so gut eingebürgert, daß vor dem Weltkrieg von Tierzüchtern wertvolle Stücke mit Vorliebe zur Auffrischung der Rasse in ihr Herkunftsland zurückerworben wurden. Der ausgiebiger vorhandene Futtervorrat hat auch die anspruchslose Büffelkuh, die wenig, aber fette Milch lieferte, fast völlig verdrängt, in den letzten Jahren zumal, da die Milchwirtschaft durch Butter- und Käsebereitung in größerem Ausfuhrbetrieb eine Vermehrung der Milchergiebigkeit als nutzbringend erwiesen hat. Büffelochsen als Zugvieh sind auf sächsischem Boden nur selten verwendet worden.

Geradezu umwälzend hat die neue Wirtschaftsordnung auch auf die Verwendung von Ackergeräten und Maschinen gewirkt. Bis zum letzten Viertel des 19. Jahrh. war allgemein der alte hölzerne Pflug und die hölzerne Egge, die höchstens mit Steinen beschwert war, in Gebrauch, ebenso zur Heuernte Sense und hölzerne Heugabel, zum Kornschnitt die alte, gebogene Sichel. Seither gibt es wohl kaum einen „bessern" Wirten, der nicht einen

„Sack"schen Pflug, „Planet junior" usw. und keinen, der nicht überhaupt einen eisernen Wendepflug besitzt und benützt. Mähmaschinen sind noch wenig verbreitet, dafür allgemein selbsttätige Heuwender und Heurechen im Gebrauch. Zum Dreschen wurden, falls es nicht der Wirt mit dem erwachsenen Sohn besorgte, Szekler Drescher in die Scheune gelegt. Sie bedangen sich das 15.—16. Viertel aus, das letzte Viertel dazu und oben darauf noch Tabak und Speck. Die Hauptsache aber war ihnen die gute Kost, wobei sie mehr auf die Menge als auf die besondere Güte sahen. („E fräßt wä en Driescher"). In den siebziger Jahren des 19. Jahrh. wurden Göppeldreschmaschinen eingeführt, zugleich Dreschmaschinen mit Handbetrieb. Gegenwärtig summt im August und Anfang September in jedem Dorf die Dampf- oder Benzindreschmaschine. Die Szekler Drescher sind verschwunden, nur ihre trauliche Anrede an den Wirt und die Wirtin, „Batschu", ‚Oheim' (ung. bátya, ‚älterer Bruder'), „Nina", „Tante" (ung. néne, ‚ältere Schwester') sind im Haferland und im Harbachtal der Volksmundart eigen geblieben.

Auch sonst ist die Arbeiterzahl durch den neuen Wirtschaftsbetrieb vermindert. Solange jede Feldarbeit zur bestimmten Zeit begonnen und beendigt werden mußte, war der Bauer genötigt, die mangelnde Arbeitshilfe im Haus durch fremde Arbeiter zu ersetzen. So zügelte sich jeder Hof seine Zigeunerfamilie (seine „Genugtuer"), die, am Dorfende auf Gemeindeboden ansässig gemacht, den Hauswirten als ihren „Stepun" (rum. stapan, ‚Herr') begrüßten, den Sommer über schlecht und recht an der Arbeit, namentlich im „Schneiden", mithalfen, dafür aber den ganzen Winter hindurch den Bauern in der Tasche hingen. Vom Hausherrn erbettelten sie im Frühjahr das Ferkel zum Mästen für den Winter, vom Hof schleppte die Zigeunerin in ihrem unvermeidlichen „Ziker" (Schilfkorb) täglich „Buriän" ‚Brennesseln' und anderes Unkraut (rum. burueana) und was sonst im Garten sich vorfand, dazu Kleie und Küchenabfälle für „das Schwein", Sauerkraut, „Rintschesale" (ranziger Speck), Palukesmehl für das eigene Mahl nach Hause. Zu Neujahr und an hohen Feiertagen erschien die ganze Familie im Sonntagsstaat vor dem „Stepun", um ihm Glück zu wünschen und den üblichen „Pali" (Branntwein) als Entgelt zu empfangen.

In anderer Richtung hat der Weinbau sich der neuen Zeit angepaßt. Hier hat nicht die Bodenveränderung, sondern Vorliebe und Geschmack der Menschen den Umsturz vollzogen. Es ist kein Zweifel, daß in Siebenbürgen der Weinbau ehemals viel ausgebreiteter war als in der Gegenwart. Kirchenweingärten wenigstens zur Beschaffung des Abendmahlweins waren überall angelegt. Sogar im Burzenland hat es zur Zeit des Honterus noch Weingärten gegeben. Vielleicht stammt daher noch die Gewöhnung und Vorliebe der Kronstädter für saure Weine („Potkoave", so genannt nach dem Namen eines rum. Fuhrmanns, der ehemals die Weineinfuhr besorgte), die sie mit dem Wasser der nahen Szekler Sauerquellen („Borviz") gemischt zu trinken pflegen, obwohl die Burzenländer auch die besten Kokelweine in ihren Kellern haben.

Die Reblaus hat auch in Siebenbürgen im letzten Menschenalter nahezu alle Weingärten verwüstet — sie trat zuerst Anfang der achtziger Jahre auf, ihre große Verbreitung fällt in das heiße Jahr 1892 — und so hat man nur in solchen Gegenden, wo es sich wirklich lohnte, Neupflanzungen mit amerikanischer Unterlage begonnen. Das eigentliche Weinland ist das Gebiet am Unterlauf und zwischen den beiden Kokeln — berühmt ist der Bogeschdorfer, Bulkescher, Klosdorfer, Langentaler, Birthälmer, Fägendorfer Wein — aber auch im Bistritzer Gelände wird der „Stenijer" von Heidendorf, im Unterwald der Großpolder und Mühlbächer Wein gepriesen.

Die durch die besonders den veredelten Reben drohende Gefahr des falschen Mehltaues (Peronospora) erforderte sorgfältigere Bearbeitung des Weingartens hat den Betrieb zwar um das Vielfache verteuert, aber sie gewährleistet dafür auch reichlichere und sichere Erträge. Während sonst nur auf 6—8 Jahre eine volle Ernte gerechnet wurde, weil immer wieder „det schwarz" oder „det rit Brähn" die Hoffnungen täuschte, kann jetzt, wenn nur zur rechten Zeit „gespritzt" wird, jährlich auf halbwegs guten Ertrag gerechnet werden, falls ihn nicht der Spätfrost im Mai herabsetzt oder Hagelschlag überhaupt vernichtet.

Die alten sächsischen Traubensorten sind „de Hiweiss, Dännschälijen, Aest, Kenengsäst, Rässer, Gornesch", vor allem die „Medeweimer", die den feinen Kokeltaler, das „Kokelblümchen" gibt. Die deutsche Bezeichnung „Mädchentraube“ (darnach ung. leányka, rum. fetitza) ist ungenau. „Met“ ist die Jungfrau, genauer die Jungfrau Maria, und „Medeweimer“ als ‚Traube vom Kloster, von der Kirche der Jungfrau Maria‘, erinnert ebenso dem Namen nach an die „Liebfrauenmilch“, wie die Form der Traube und der Geschmack des Weins an den neueingeführten „Rheinriesling“. Vielleicht ist die Vermutung nicht allzu gewagt, daß die „Medeweimer“ die einheimisch gewordene Traube der einst aus der Urheimat mitgebrachten Rheinrieslingrebe ist und auch im Namen noch die dunkle Erinnerung an ihre Herkunft bewahrt. — Unter den neueren Trauben- und Weinsorten nehmen der „Ruländer“ (nach einem Weinzüchter in Speyer, Ruland, so genannt), der „Schmijer“ (Furmint, ung. som, die eigentliche Tokajertraube), sowie der „Traminer“, eine Tiroler Sorte, eine hervorragende Stelle ein.

Die Ausdrücke des Weinbaues führen kennzeichnend in die Urheimat zurück. Es sind alte Lehnwörter aus der gallisch-römischen Winzerkunst: „Rom“, ‚Rebpfahl‘ (zu lat. ramus, Ast, köln. Rohm, „Holzstange, Weingartenpfahl“); „Leier“, ‚Nachwein, Leichter Wein, aus den gewässerten Trebern gepreßt‘, (lat. lorea „Tresterwein“, mhd. liure, moselfr. Leier); „de Batt“, ‚hohes schmales Holzgefäß zum Hinabtragen der Trauben aus dem Weingarten‘ (frz. boute); ‚Lejeln‘ ‚kleines Faß‘ (lat. lagena, moselfr. Lejel). Andre Fachausdrücke des römischen Weinbaues: Wein (lat. vinum), Keller (lat. cellarium), Ganter (siebs. „Kaner“ aus lat. cantherium), Trichter (lat. trajectorium), Kelter (calcatura), Daube (mlat. doga, vgl. ss. „Doch“, Pl. de Dogen) usw. sind mit dem Weinbau selbst allgemein ins Deutsche aufgenommen worden.

Auch die Reihenfolge und Art der Weingartenarbeit ist dieselbe, wie sie noch heute an der Mosel geübt wird: das „stäcken“ (das Aufrichten der Rebpfähle), Aufbinden der Rebe in Bogen, Graben, Brechen (abbrechen der nicht fruchtbringenden Schöße), nach dem Lesen das „Schneiden“ (der Schnitt auf den Bogen). Hinzugekommen ist in der rauheren Witterung des siebenbürgischen Winters das „Unterlegen“, und dort wie hier als Abwehr gegen die Peronospora das „Spritzen“ und „Schwefeln“.

Der Siebenbürger Wein, namentlich in den neugepflanzten

auserlesenen Sorten, zeichnet sich durch hohen Gehalt an Weingeist und angenehme Süße aus. Dagegen ist ihm der Duft des Rheinweines in geringerem Maße eigen, und auch die prickelnde Frische nur im ersten und zweiten Jahr. Später verdichtet sich sein Weingeistgehalt und er wird zum richtigen „schweren" Wein.

Am kräftigsten haben sich die Kennzeichen des gemeinsamen Besitzes am Wald erhalten. Den Wald heilig zu achten, ist nicht nur ein Zug altgermanischen Versenkens in das Geheimnis des unerschöpflichen Werdens, sondern auch Ehrfurcht vor dieser Gemeinschaft des Erbes. Aus dem Wald ist Acker und Wiese gerodet worden, der Wald birgt in sich das Ersparnis von Jahrhunderten für den Neubau der Gemeinde, wenn einmal „das Unglück über sie kommen und Feuer ausbrechen sollte". An diesem Wald hat aber jeder Gemeindegenosse und nur er Anteil. Daher die verbreitete Rechtsanschauung, daß Holzfällen zum nötigen Bedarf im eigenen Gemeindewald gegen die bestehenden staatlichen Vorschriften nicht als Waldfrevel oder gar als Diebstahl zu bewerten ist. Behördliche Verbote sind nur ungerechte Einschränkung des natürlichen Nutzungsrechtes. Wehe aber dem Fremden, der im Walde ertappt wird! Es war ein altes Volksrecht, den Frevler, „der im Walde einen Baum schält und abdorren macht", an diesem Baume sofort aufzuknüpfen.

Ein kennzeichnender Volksbrauch hatte sich bis vor kurzer Zeit an der Grenze der Szeklersiedlungen erhalten. Im Winter, wenn der Meeburger zu Hause nicht gerade viel zu tun hatte, ging er mit Axt und „Taser" (leinene Seitentasche) in den Gemeindewald „pfänden". Axtschläge zeigten ihm an, wo die Szekler benachbarter Dörfer, die keinen eignen Wald besitzen, an der Arbeit waren. Er suchte sich seinen Mann aus und setzte sich wortlos in seine Nähe. Es war stillschweigende Übereinkunft, daß er sich nun mit dem „prävarizierenden" Szekler „verkam". Zur Mittagsrast ließ er sich von ihm mit Speck, Käse und Brot, mit dem Trunk aus der „Tschutra" (hölzerne Weinflasche) bewirten, steckte die wenigen Groschen in die Tasche, den vom Szekler eigens dazu mitgebrachten Tabak in den Beutel und ging befriedigt im stolzen Herrenbewußtsein nach Hause.

3. Die Dörfer sind durchwegs als Straßendörfer schon angelegt. Die Hauptgasse liegt stets im Talgrund, zu beiden Sei-

ten des Baches, der Landstraße oder in der Talweitung, dem Marktplatz. Die in zweiter Reihe gleichlaufenden oder seitlich abzweigenden Gassen deuten schon im Namen die Neugründung, damit immer zugleich den minderen Rang an: Hinter-, Obergasse, Bach-, Weiden-, Klein-, Neugasse; im Winkel (im Hundswinkel) usw. Kennzeichnend ist, daß fast durchwegs in diesen Gassen alte Bohlenhäuser oder zum mindestens mit Stroh gedeckte Häuser noch erhalten sind. Die Vordersten, „Dicken", wohnen stets in der Hauptgasse des Dorfes, in der Gräfengasse, Schöppengasse, am Marktplatz, an der Kirche.

Nur wo die besondere Bodenbeschaffenheit es verlangte, konnte eine Verschiebung der Anlage eintreten.

Am Ende der Dorfstraße, zumeist am aufsteigenden Talausgang oder am Einsatz eines Seitentals, breitet sich das Rumänenviertel noch immer in Gassenordnung aus („bä de Blochen"), „genzt (jenseits) der Bach", auf einer Seitenanhöhe in ungeordnetem Gemenge die „Ziganie". Die grell bemalten Zigeunerhütten, umrahmt von dem Grün der Wiesen und Felder, geben dem Dorfbild mit seinen einförmig weißen Häusern und rotbraunen Ziegeldächern einen abwechslungsreich bunten Abschluß.

Die Dorfgassen sind die Häuserzeile entlang wie an den Übergängen mit breiten Sandsteinen, die flachgescheuert in den Feldgräben gefunden werden, gepflastert. Obstbaumanlagen vor den einzelnen Häusern, durch feste Eicheneinfriedigung vor dem „Wetzen" der Büffel geschützt, werden immer wieder versucht, aber meist ohne Erfolg. Der Bauer liebt den Schatten vor dem Fenster nicht und will die Gasse frei haben. Auch verspricht er sich nicht viel von der Ernte, die so frei vor aller Augen zur Reife kommen soll. Nur im „Weinlande" hat sich die Straßenbepflanzung mit Obstbäumen eingebürgert.

Mancherorts sind die Straßen hie und da durch die Schwengelbrunnen vor den Häusern eingeengt, aber gewöhnlich hat jeder Hof selbst seinen eignen Brunnen. Doch fehlt auch auf dem Marktplatz selten der Röhrenbrunnen („Ziperbrannen"), umgeben von Trögen zur Tränke für durchziehende Fremde („fir de uerm Stroßelejt"), freundlich mit Lattenwerk umgittert und mit Trauerweiden bepflanzt.

Den Mittelpunkt des Dorfbildes bildet die Kirchenburg, entweder in der Mitte des Marktplatzes oder etwas auf eine Seitenanhöhe gerückt. Die Kirche selbst ist durch die Ringmauer verdeckt, aus der, die Seitentürme und Eckbasteien überhöhend, der kurze, kräftige Turm mit dem stumpfen Pyramidendach emporragt. Ein hölzerner Wehrgang mit Schießscharten und Ausguckfenstern läuft unter dem Dach um den Turm. Das Chor der Kirche ist zuweilen übermäßig erhöht und mit breiten Ausgußschlitzen zur Abwehr versehen, öfters auch geradezu als zweiter Turm ausgebaut. Diese Befestigung der Kirche selbst fehlt dort, wo die doppelten und dreifachen Ringmauern schon genügenden Schutz versprachen. Innerhalb der Kirchenburg („de Burch"), der Innenseite der Mauer entlang, reiht sich Kammer an Kammer, in denen jeder Hof seine Korntruhe oder Truhen für Winterpelze usw. besitzt. In den Ecktürmen wird nachbarschaftsweise der Speck („Bachen") verwahrt („Baflischturm"), von dem zur gegenseitigen Überwachung nur in bestimmten Stunden in der Woche geschnitten werden darf. Die Schnittfläche wird durch die Hofmarke gezeichnet.

Am Eingang der Burgpforte („de Port, de Purz") oder über dem Burgeingang wohnt der „Burchhäder", der für den hier verwahrten Besitz verantwortlich ist, dafür von Speck und Korn seine Abgabe erhält, sonst aber gewöhnlich ein armer Schlucker ist, meist zugleich der Flickschuster der Gemeinde. Im Burghof fehlt niemals der Brunnen für die Not der Belagerungszeit, auch alte Roßmühlen sind noch zu sehen. Sogar ein Pfarrer- und Schulmeisterstübchen wird noch hie und da erwähnt. An gefährdeten Stellen oder in wohlhabenderen Gemeinden ist um die innere noch eine zweite, ja dritte Ringmauer gezogen, die innen mit prachtvoll erhaltenen Wehrgängen und festungsartigen Schießscharten ausgebaut ist (Heltau, Tartlau usw.). Die dazwischenliegenden Gräben sind nunmehr ausgefüllt und geben dem „Frauenverein" willkommene Gelegenheit, durch Blumen- und Rasenanpflanzungen die Umgebung der Kirche freundlich zu schmücken. Geradezu als mittelalterliche Festungen sind die auf einzelstehenden schroffen Anhöhen erbauten Kirchenburgen in Rosenau, Stolzenburg, Urwegen ausgestattet. Der Bau dieser Kirchenburgen fällt in die Zeit der Türkenkriege im 15. und 16. Jahrh. Daß sie ihren Zweck gar wohl erfüllten, zeigt ihr noch heute gut erhaltener Zustand. Allgemein bekannt ist, wie im Sommer 1552 die Kirchenburgen von Tartlau und Honigberg vergeblich vom Woiwoden der Walachei bestürmt wurden.

4. Im Grundriß und zum Teil in ihren Namen schon bringen die siebenbürgisch-sächsischen Städte ihre ursprüngliche Bestimmung, Mittelpunkt und Schutzort für den ganzen Gau zu sein, zum Ausdruck. Für den Bewohner des umliegenden Bezirks sind sie ohne weitere Namensbestimmung „de Stadt", bei Hermannstadt erstreckt sich der Geltungsbereich dieser vertraulichen Bezeichnung auf das ganze erste Siedlungsgebiet im Norden des Alt.

Der Grundriß der meisten dieser Städte (Hermannstadt, Kronstadt, Klausenburg, Mediasch, Schäßburg, Bistritz) zeigt noch klar den ursprünglichen Stadtkern, die vom kreisrunden Mauerring umschlossene Verteidigungs-Kirchenburg, wie sie heute noch in den befestigten Dorfkirchenburgen erhalten sind. Die sehr bald nach der Besiedlung sich ergebende Notwendigkeit der Stadterweiterung hat den ursprünglichen Mauerring ganz (Kronstadt) oder halb (Bistritz) gesprengt oder aber zellenförmig neue Ringe an den vorhandenen angeschlossen (Hermannstadt, Schäßburg). Der weitere Ausbau hat dann überall die im deutschen Mittelalter übliche Zweistraßenanlage ermöglicht, daß von einem meist gleichgeviert angelegten Hauptplatz (Marktplatz) aus zwei ungefähr gleichlaufende Straßenzüge ausgehen, von denen der eine von Stadttor zu Stadttor führt, der zweite zur Verkehrsentlastung des anderen dient. Wo besondere Bodenverhältnisse vorliegen, wie in Schäßburg, hat sich die Stadterweiterung diesen angepaßt und den zweiten Straßenzug nicht vom Marktplatz aus, sondern hinter dem ersten geführt. Das Stadtbild wird überall von dem Bau der romanisch angelegten und in verschiedenen Zeitabschnitten der Gotik umgebauten Stadtkirche beherrscht, entweder, wie in Hermannstadt, Mediasch, Bistritz, durch den hochragenden Turm oder, wie in Mühlbach, Kronstadt durch die Masse der Kirche selbst. Als zweites Wahrzeichen der Stadt drängt nur in Kronstadt das Rathaus, schon durch seine Lage mitten auf dem Markt, sich vor; in Hermannstadt ordnet sich der nunmehr in die Häuserzeile eingebaute alte Rathausturm mit den andern Kirchtürmen der Stadtkirche unter, während in den übrigen Städten die Rathäuser in die Gassenreihen zurücktreten, und nur in Schäßburg statt des Rathauses das neue Komitatshaus die Burgkirche umflankt. Die Häuser sind noch zumeist in 4—6 fenstrigem Einstockbau gehalten, mit hochgetriebenen, zum Teil abgewalmten Ziegeldächern. Einige Zweistockbauten, wie in Hermannstadt das „Brukenthalsche Palais“ und das Bischofshaus, sind durch ihre vornehme Einfachheit dem Stadtbilde gut eingefügt. Durch protzige neuere Großbauten ist dieses empfindlich gestört worden. Reste von Stadtmauern, besonders kräftig in Hermannstadt, und gut erhaltene Stadttore (Kronstadt, Mediasch), hie und da noch einige Befestigungstürme (Hermannstadt, Kronstadt) unterstreichen das mittelalterlich-malerische Bild der sächsischen Städte. Leider ist bei den in den letzten Menschenaltern aus Verkehrsrücksichten vorgenommenen Stadtregelungen so manches alte Tor zum Opfer gefallen.

Einen besonderen Reiz erhält das Stadtbild durch seine Einpassung in die landschaftliche Umgebung. Die siebenbürgische Landschaft ist gekennzeichnet durch die Randgebirge und die Höhenzüge, die den Flußläufen in der Mitte des Landes folgen. Die sächsischen Städte lehnen sich nun überall an diese Bergketten an oder lagern, wo sie selbst in der Ebene sich ausbreiten, ihnen vor, so daß sie von ferne gesehen, mit ihnen in ein Bild verschmelzen. Wenn auch nur Kronstadt mitten in der Bergschlucht liegt, so bieten doch alle sächsischen Städte mit den dahinter sich hinziehen Berghöhen, an die sie unmittelbar durch Gärten und Wälder geknüpft erscheinen, das Bild von Vorwerken weitausgedehnter Festungsmauern.

Das gilt vor allem für Hermannstadt (33 500 Einwohner,

darunter 18 000 Deutsche). Am Rande der Hochebene, die von den Ausläufern des Zibinsgebirges sich nach Nordwesten zieht, aufgebaut, stürzt die Stadt mit der Unterstadt in jähem Abstieg in das Zibinstal hinab. Steile Treppen und kaum fahrbare, teilweise noch immer durch Mauern und Torbogen befestigte Auffahrten verbinden die beiden Stadtteile. Im Hintergrund, durch den „Jungen Wald" verbunden, breitet sich nach Südwesten die Bergkette des Zibingsgebirges, nach Südosten, durch den Altdurchbruch des Roten Turmpasses von dieser getrennt, in weiterer Entfernung die Felsenmasse der Südkarpathen aus.

Wer von Westen herkommend mit der Eisenbahn zuerst den Bergabhang umfährt, blickt in der Tat zu einer Festungsstadt empor, aus der aufsteigend die evangelische Stadtkirche, umflankt vom Ratsturm und der rumänisch-orthodoxen Kathedrale, sich in scharfen Umrissen vom siebenbürgischen klarblauen Himmel abhebt. In weitem Bogen schließen die Gebirgshöhen, nach Süden in die scharfgezackten Querzüge des Negoi- und Bulleagrates übergehend, das einheitliche landschaftliche Bild ab.

In einer wenig mehr als 500 m breiten, im Talgrunde ebenen Bergschlucht, auf der Südseite überragt von der steil aufsteigenden Zinne, auf den übrigen eingeschlossen von Bergkuppen, die nur einen schmalen Ausgang über die „Altstadt" zur Burzenländer Ebene lassen, liegt Kronstadt (41 000 E. 11 000 D.), landschaftlich weitaus die Perle der siebenbürgischen Städte. Dem wuchtigen Ernst der düster beschatteten Zinne, die mit trotzig hingelagertem Rücken die Stadt bewacht und kaum merkbar spähend das kleine Haupt erhebt, entspricht auch das Stadtbild selbst: die machtvolle, seit dem Brand von 1689 dunkel abgetönte Stadtkirche (die „Schwarzkirche") mit dem kurzen, spitzbehuteten Turm, auf dem Marktplatz breitfußend das Rathaus mit dem vorgebauten, offnen Wahrheitsmut andeutenden Laubengang und dem schlicht aufsteigenden Stadtturm, die gedrängt gebauten, dem Fuße der Berghöhen sich anpassenden Gassen, eng umschirmt von den Stadtmauern, deren noch wohl erhaltene Basteien und Tore Schmuck der Gegenwart und Erinnerungszeichen der Vergangenheit sind. Hinter der Stadt, unmittelbar vom Marktplatz besteigbar, aber doch erst aus weiterer Entfernung, etwa von der Ebene des Burzenflusses zu überblicken, erhebt sich das Hochgebirge des

Schuler, des Rosenauer Gebirges (Butschetsch), Hohenstein, dem Westen zu in die Kalkfelsen des Königsteins, dem Norden zu in die Gebirgskette des Ostbogens der Karpathen verlaufend.

So recht der Hügellandschaft des Binnenlandes fügt sich das Stadtbild von Mediasch und Schäßburg ein. Mediasch, von fernher blinkend mit seinem überschlanken „Trompeterturm", quillt, obwohl in der Ebene vorgelagert und durch die Kokel von den Berghöhen getrennt, doch aus den Quertälern des Innerkokler Höhenzuges heraus. Die Rebenhalden bilden den freundlichen Rahmen des anmutigen Bildes. In der Stadt selbst beherrscht auf leichter Anhöhe das Kirchenkastell den großen, nicht ganz gleichgevierten Marktplatz, dessen längere Seiten in die beiden, der Bodenerhebung sich anpassenden Straßenzüge einmünden.

Ein Bergstädtchen, reizvoll aus der Talenge der großen Kokel sich erhebend, ist Schäßburg. Die ursprüngliche Stadt, die „Burg", in dichtem Gebäudekranz die Stadtkirche umschließend, nur nach Norden die Aussicht auf die nahe heranrückenden Nordkokler Berge freilassend, ist auf dem vorspringenden Rückenende des Südkokler Höhenzuges aufgebaut, überhöht erst recht von der Bergkirche und der Bergschule, die mitten im Grün der Linden das Stadtbild krönen. Unter dem künstlerisch reich ausgestatteten Stundenturm führt die Zufahrt zum gepflasterten, abschüssigen Marktplatz, auf dessen Breitseite die alten beiden Großkaufhäuser zugleich die ehemals wirtschaftlich herrschende Stellung der Stadt über das hier sich aufschließende Szekler Hinterland andeuten.

Bistritz, Sächsisch-Reen, Mühlbach und Broos dehnen sich in behaglich breiter Ebene aus, doch gibt überall der in greifbare Nähe gerückte Hintergrund der Berge, für die beiden erstgenannten Städte der Nord- und Ostrand, für die beiden letzten der Südwestrand der Karpathen, dem Bilde den eigenartigen Einschlag der Siebenbürger Landschaft, dem schon J. Honterus in seiner Karte Siebenbürgens (Basel, 1532), die ihm gemeinsam in der Heimat und in der Kunststadt am Rhein erwachsen war, feinen Ausdruck gegeben hat.

Von den genannten Städten sind Hermannstadt, Klausenburg, Bistritz schon Stadtgründungen aus der allerersten Siedlungszeit. Hermannstadt, villa Hermanni, ist nach dem, weiter sonst nicht bekannten Siedlungsführer so benannt. Die rum. Benennung

Sibiu, ebenso die ung. Nagy-(Groß-)Szeben gehen auf den Flußnamen zurück. Die lat. Bezeichnung Cibinium hat ursprünglich wohl das ganze „Zibinskapitel" umfaßt und ist später erst auf die Stadt eingeschränkt worden. Bemerkenswert ist, daß, wo die lat. Bezeichnung auftritt, sie schon ein Durchgehen durch sächsischen Mund bezeugt, gespr. Tsibinium, wie siebenb. sächs. Tsabeng, nhd. Zibin, nach G. Kisch zu slav. siba „roter Hartriegel". Klausenburg ist die ‚Burg, Stadt an der Klause', am Anfang der Talenge des Szamosch. Rum. Cluj und ung. Kolozsvár sind nur lautliche Veränderungen desselben Namens (mhd. kluse aus lat. clusa), Bistritz, rum. Bistritza, ung. Beszterce, ist nach dem Fluß benannt (slav. der ‚schnelle', ‚klare'). Der deutsche Name Nösen, siebenb. sächs. „Nisn", führt auf einen in Luxemburg noch lebenden, gleichlautenden Familiennamen (aus latein. Dionysius) zurück.

Derselben Zeit gehört auch Mühlbach und Sächsisch-Reen an. Ersteres ist in seinem deutschen, wie rumänischen und ungarischen Namen, Sebesul sasesc, Szászsebes, „sächs. Schebesch" nach dem Fluß (ung. sebes ‚rasch') benannt; letzteres, rum. Reghinulsasesc, ung. Szászrégen, nach der Burg (Burg des Regino).

Die auf ung. Wurzel zurückgehende Benennung von Broos, ung. Szászváros, rum. Orasdie (ung. vár „Burg", város „Stadtburg") und Schäßburg, ung. Segesvár, darnach rum. Sighisoara, nach G. Kisch die „Burg auf dem Berghinterteil" (ung. seg), bezeugt einen Siedlungsnachschub in Berührung mit dem schon ansässigen ungarischen Adel, wie denn auch das dem Harbachtal zu vorgeschobene Vorwerk der Schäßburger Burg, Schaas, ung. Segesd, in engen mundartlichen Beziehungen zu den auf Adelsboden angesiedelten J-Gemeinden Zendrisch, Rode usw. steht. Einem weiteren Siedlungsnachschub gehört die Gründung von Mediasch an, dessen Name ebenfalls diese Berührung mit dem ansässigen Ungartum zeigt (ung. Medgyes, rum. Medias, zu ung. meggy, „Weichsel", also ursprünglich Flurbezeichnung „Weichselgärten"). Erst in das zweite (13.) Siedlungs-Jahrhundert gehört Kronstadt, siebenb. sächs. „Krunen, Krinen", rum. Brasov, ung. Brassó, an. Die deutsche Namensform, nach J. Wolff zu deuten als: „(än de) Krunen", ‚in den Wacholdersträuchen'. Den rum. und ung. Namen Brasov bringt G. Kisch mit rum. bradisor, das ebenfalls ‚Wachholder' bezeichnet, in Zusammenhang.

Haus und Hof.

1. Der siebenbürgisch-sächsische Bauernhof ist, obwohl die Häuser in der Gassenreihe („de Zel") dicht aneinander gerückt sind, ein in sich abgeschlossenes Ganzes und führt darum mit Recht, wie das in altgermanischer Zeit vom Grenzzaun umschlossene Einzelgehöft und wie der Edelhof und Pfarrhof jetzt noch, den Namen „Hof". In gut fränkischer Art sind Wohnhaus, Stallungen, Scheune, Schopfen nicht unter einem Dach vereinigt, sondern sie umschließen in verschiedenen Gebäuden den Hofplatz. Die Hofstelle ist nicht allzu breit, doch immerhin so, daß die Stirnseite Platz für ein zweifenstriges Wohnhaus, Gassentüre und Tor hat und daran anschließend bis zum Nachbarhof noch einige Meter freien Raum läßt. Öfters ist auch dieser Platz durch ein zweites Haus „für die Alten" verbaut, oder wird als Holzlagerstelle, Gärtchen, zum Bau eines Schopfens, Kellers, Backofens usw. verwendet.

Die Häuser sind gegenwärtig in wohlhabenderen Gegenden durchwegs, in ärmeren auch zum größten Teil gemauert, der Unterbau, zum mindesten auch die obere Hälfte des Kellers umfassend, ist aus Bruchsteinen, der Oberbau aus Ziegelsteinen aufgebaut. Als Mauerverbindung dient Lehmbrei („Pabelatsch"), seltener und nur in neuerer Zeit Kalkmörtel. Das Dach ist in der Regel Ziegeldach. Schindeldächer finden sich in einigen Dörfern nahe an der Szekler Grenze, Strohdächer im fruchtbaren Mittelland auf wenigen Häusern der ärmeren Nebengassen, zahlreicher in den ehemals untertänigen Dörfern und im Nösnerland. Auf den 33007 sächsischen Wirtschaftshöfen stehen noch 1586 Wohnhäuser mit Stroh gedeckt, davon allein im Nösnerland 703. Oft sich wiederholende Brände, zuweilen, wie 1876 in Felmern, außergewöhnlich starke Stürme, durch die gassenweise die Strohdächer weggefegt wurden, haben seit der Mitte des 19. Jahrh. auch das obrigkeitliche Verbot der Strohdächer bei Neubauten bewirkt. In einigen Nebengassen und in ärmeren Dörfern findet sich noch das Bohlenhaus („en bilä Stuf" im Gegensatz zur „steneräner Stuf"; auch: „gebilt Stuf"). Es besteht entweder aus einem Holzbau übereinander gelegter Balken auf dem steinernen Kellerunterbau, wobei die Fugen mit Klößen aus Lehm, Kleie und Ziegelstücken ‚geschmissen' („geschmässen"), sodann ‚gestrichen' („gesträchen") und „geweißt" (‚weiß gemacht') werden, oder es werden in das Balkengerüst Rutenwände geflochten, die von beiden Seiten mit Lehm ‚geschmissen' werden („gezengt", ‚gezäunte', „geschmässän, gespringkelt Stuf"). Ganz selten begegnen Häuser mit Wänden aus gestampfter Erde („geschloä Stuf"). Für diese, wie auch für Lehmwandhäuser, die vor allem im Zigeunerviertel zu treffen sind, gilt die spottende Benennung: „Kalip" (rum. coliba), „Burde" (rum. bordeiu), „Barack". Die Zimmerdecke ist „det Gebinn" (nösn. „Bi"), aus Brettern („en gebinnt Stuf", im Gegensatz zur „Stokatur", der mit Mörtel beworfenen Decke). — Das Ziegeldach ist an der obersten Spitze der Stirnseite traulich abgewalmt, an dem Giebel trägt es gern fromme und ernst bedenkliche Sprüche, die angeben wollen, wen und was man hinter diesem wohlverschanzten Mauerwerk zu finden hat: Frommen Glauben, Demut, Arbeitsamkeit, aber auch hochfahrenden Sinn, kecke Herausforderung. Josef Haltrich hat diese Inschriften in einem schönem Büchlein gesammelt. Hier nur einige Beispiele:

Gott segne dieses Haus
Und alle, die da gehen ein und aus.

Gott hat geholfen, der Herr hat gewacht.
Daß diese Herberg gebaut im Jahr 1808.

Ich leb und weiß nicht wie lang,
Ich sterb und weiß nicht wann,
Ich fahr und weiß nicht wohin,
Mich wundert, daß ich so fröhlich bin. (Kelling, 1766.)

Von der Gasse tritt man über den „Gassendirpel" durch das Gassentürchen in den Hof. Gassentürchen und Tor sind von einem gemauerten Torbogen überwölbt, der so hoch sein soll, daß der Reiter, im Steigbügel des Sattelpferdes sich aufrichtend, mit der Peitsche oben nicht anlangt. In ärmeren Gassen und Dörfern tut's auch ein Türchen oder Tor im Bretterzaun. In früheren Zeiten hat überall, wie auch auf den ungarischen Edelhöfen, ein geflochtener Rutenzaun (und Zauntor) den Hof der Gasse zu abgesperrt. Das Wohnhaus ist nur in wenigen Fällen — vielfach im Burzenland — der Gasse zu quergestellt, in den meisten Fällen sieht die Langseite in den Hof. Es besteht seinem Grundriß nach aus (2—)3 Haupträumen. In der Mitte der Langseite vom Hof aus führt eine überdachte Treppe in den mittlern Raum, „det Hous" schlechthin genannt. Links, der Gasse zu, ist die „Stube", mit zwei Fenstern auf die Gasse und einem in den Hof, rechts die „hinterste Stube". Die Überdachung der Treppe ist gewöhnlich zu einem kleinen Raum mit Fenster erweitert („de Lif", ‚Laube'), darunter der Kellereingang. Zuweilen wird die „Lif" (Draas) als ein 1—1½ m breiter, aus Bruchsteinen aufgebauter Laubengang die ganze Hofseite entlang geführt. Wird die Laube bis zur Gasse weitergeführt und der Treppe zu abgeschlossen, so entsteht ein zweiter, einfenstriger Gassenraum, „det Stifken", wodurch das nunmehr dreifenstrige Haus ein behäbiges, vornehmes Aussehen erhält. Die „Lif" ist mit Tischen und Bänken ausgestattet und kann im Sommer auch als Eßraum dienen. Das „Hous", ehemals, wie schon der Name bezeugt, der eigentliche, einzige Wohn- und Schlafraum, wird gegenwärtig vor allem als Wirtschaftsraum benützt. Wenn nicht auch der Backofen, so steht in ihm jedenfalls der gemauerte Herd, über ihm der in Lehm geschlagene Herdmantel, unter dem der Herdrauch durchs „Ruchlich" (Rauchloch) in den Rauchfang („de Kip") hinaussteigt. Auf dem Herd die „Hel" (der „Hoken"), der eiserne bewegliche Kesselhaken, an dem der Kessel höher oder niedrer gehängt werden kann. Zumeist aber ist der Herd in die „Stuf" gewandert, wo im Winter gekocht wird, während im Sommer das Essen im „Backes" (Backhaus) zubereitet wird.

An Stelle des alten offenen Herdes ist hier der Kachelofen getreten („Lutheriwen"), aber auch dieser schon vielfach mit dem eisernen Plattenofen(„Kalefok) verbunden, oder durch ihn verdrängt („eiserä Platt"). Auf dem gemauerten breiten Herd ist ein wenige Zentimeter hohes Mäuerchen aufgebaut oder eine Steinreihe gelegt („Willestitzken, Willestin"), auf dem das lange Scheitholz mit seinem Brandende aufruht. Das andere Ende liegt in der Tiefe des Herdes auf dem beweglichen „Brantert" (Brandreite) (auch „Branteisen", „Feierhast", ‚Feuerhengst', „-hangt", „-katz" genannt), durch den das Scheit mit dem Fortschreiten des Verkohlens von Zeit zu Zeit in die Feuerstatt vorgerückt wird. Der Raum zwischen Kachelofen und Stubenwand, „de Häll", dient zum Vortrocknen des Feuerholzes, sowie zur Trockenbewahrung des Salzes (im 4—5 Liter enthaltenden „Kepert"), der kleinere hinter dem Ofen, „det Hällchen", als Stopfwinkel für Fetzen und sonstiges Kleinzeug. Hier findet die Katze ihren warmen Lagerplatz („Katzenhäll"), hier das verhätschelte Kind seine Schlafstelle, hierher auch läßt der Schneider in der Stadt die übrigbleibenden Stoffreste verschwinden. Das Eckchen am Rande des Feuerherdes, auf dem die Kohlen zusammengeschoben werden, heißt „de Kint" (Kante), im Backofen der Platz für die Kohlen, nahe am Ofenloch, nachdem der Ofen gekehrt worden ist. Es ist die Wärmestelle für die Kinder, über der sie die erfrorenen Hände, wenn sie aus der Schule oder vom Schlittenfahren nach Hause kommen, erwärmen. Doch läßt es sich auf der „Kint" „zesummegezopert" auch gut schlafen. Auf oder unter dem Ofen ist der „Jeschwängkel", wohin die Asche gesammelt wird, wenn für sie nicht ein eigener „Jeschschorwes, Scharwest" vorhanden ist.

Die Einrichtungsgegenstände der Stube sind nicht überall in gleicher Vollständigkeit, aber doch in derselben kennzeichnenden Ausstattung vorhanden: die Wände entlang die ‚Truhenbänke‘ („Trunebangk“), ohne („Schloßbangk“) oder mit Lehne („Linbangk, linich Bangk“) zur Aufbewahrung von Wäsche und Kleidern, Bibel und Gesangbuch, öfters auch als Schlafstelle benutzt. Besonders schön mit bunten Blumenmustern geziert ist die Hochzeitstruhe („Hochzetstrun“), die den Brautschatz an Linnen und Kleidern birgt. Als Sitzgelegenheit dienen gewöhnlich Bänke, hölzerne Stühle, in vornehmeren Häusern auch der Lehnstuhl („Linstal, Grißvueterstal“). Im Fensterwinkel dem Hof zu steht der mächtige „Ramptisch“, an dessen oberer Seite dem Hausherrn der Blick in den Hof freibleibt. Die Tischplatte ist im ärmeren Hause zum Abnehmen gerichtet, so daß die Lade zugleich als Backtrog benützt werden kann. An der Langseite, dem Hoffenster gegenüber, steht das ‚Hohe Bett‘ („hi Bät, Hemmelbät“), mit seinen hochgetürmten Federbetten und gestickten Pölstern („Pill“), das aber nur bei vornehmem Besuch benützt wird. Sonst wird unter dem Bett her zur Nachtruhe die auf vier Rädern rollende zweischläfrige Truhe („det Scheppelbät, Scheppelspann“) herausgezogen. Strohsack und Federpolster, als Decke „de Loßlengk“ (Wolldecke, „Pokrotz“) bilden die Ausstattung des Bettes. — Den obern Rand der Wände entlang läuft der holzgeschnitzte Schüsselrahmen („de Schässelrum“) mit buntbemalten irdenen Tellern und Schüsseln besetzt und mit hölzernen Haken versehen, an denen schief gereiht die schlanken irdenen Krüge („Kennchen“) hängen. In der Nähe der Stadt wird der Schüsselrahmen durch einen oben offenen Speisekasten, „de Parsek“ (ung. pohárszék „Gläserstuhl“) ergänzt, in dem Gläser und Flaschen aufgeräumt sind, oder durch den „Schässelkorf“. Zur Aufbewahrung des Brotes dient, wo es nicht in die Tischlade, in ein Leinentuch eingewickelt, „versorgt“ wird, ein kleines Kästchen, das „Britschaf“. Für das in Gebrauch („un der Zapp“) stehende Salz hängt der hölzerne „Salzramp“ an der Wand. Eine Nische in der Wand („Verschlach“) dient zur Aufbewahrung von Speiseresten, Flaschen, auch Büchern und Briefen, sowie des „Schreiwegezechs“ (Schreibzeug), „Tängkegläs (Tintenfläschchen). Auch Seife, Medizin, das Tabakpäckchen, soweit diese nützlichen Dinge nicht auf dem „Rast" Platz finden, werden hier „versorgt". Mit Holz ausgelegt und durch ein mit Blumen bunt verziertes Türchen abgesperrt, ist's eine „Almera" („Almerachen"). Den Hausrat vervollständigt die Schwarzwälderuhr („de Stangt"), die zumeist dem jungen Ehepaar ‚gegabt' worden war, und als Wandschmuck ein Lutherbild, der eingerahmte Soldatenabschied und Konfirmationsschein oder Bilder des Herrscherhauses, wobei es dem Bauern keine staatsrechtlichen Bedenken einflößt, gelegentlich vom Jahrmarkt auch das Bild eines fremden Herrschers zu kaufen, wenn dieser ihm nur als „schön und fett" gefällt.

In der Nähe der Tür führt, mit einem Falldeckel überdeckt, auf steiler Treppe die „Källerschluecht" in den Keller.

Die neuere Zeit hat viel vom kennzeichnenden Hausrat der sächsischen Bauernstube schwinden lassen. An Stelle der Schlaftruhe ist die „Bätspann (Bettspann), im Burzenland mit dem schiefen „Hidebriet" an dem Kopfende, getreten, die Kleider werden im Schrein („Kasten") oder im „Schoppladkasten" versorgt. Die einzelne Schublade darin heißt „de Schaß" (Gr. Lasseln). Die „Lintrun" ist durch das „Kanape" verdrängt, die Teller und Krüglein von der „Schässelrum" sind in die Hinterstube gewandert oder dem Althändler verkauft. Der Kachelofen hat vielfach dem Plattenofen („eiserä Platt") Platz gemacht.

Eine Eigentümlichkeit der Häuser zwischen den Kokeln ist die große Türöffnung im Giebel, zum Einbringen der Vorräte auf das „Hemmelz", an Stelle der sonstigen kleinen „Kappfenster".

Das städtische Bürgerhaus weicht in Grundriß und Hofanlage vom Bauernhaus nicht ab. Ist es doch wahrscheinlich dem Bauernhaus in der Entwicklung zum zwei- und dreizelligen Wohnhaus vorausgegangen und so ihm zum Vorbild geworden. In den sächsischen Märkten und Städten zeichnet nur der reichere Schmuck des dreifenstrigen Ebenerdhauses oder das aufgeführte Stockwerk das Bürgerhaus vor seinen nahen Verwandten auf dem Lande aus. Nur daß dort, wo die Landwirtschaft aufgegeben und der Grundbesitz verpachtet ist, die Ställe und Scheunen in Magazine und Werkstätten umgewandelt sind.

Auch der veränderte Hausrat, der gegenwärtig im Bauernhaus den bisher üblichen verdrängt, — Kanapee, polierte Schränke, das „Schifonier", das unvermeidliche Klavier usw. — ist zuerst im städtischen Bürgerhaus eingezogen, hier nun streng das zur Küche gewordene „Hous" vom Wohn- (und Schlaf-)zimmer scheidend. Doch wird in einfacheren Haushaltungen noch gern in der Küche auch gegessen. Noch wird die Küche durch die schöngeformten Kupfergefäße und Zinnkrüge und -schüsseln geziert. Ein vertrautes Ausrüstungsstück üppigerer Zeiten, der selbsttätige oder vom Lehrjungen gedrehte Bratenwender, ist durch den Wandel der Zeiten entbehrlich geworden und ins Museum gewandert.

Die Geschichte des siebenbürgisch-sächsischen Bauernhauses ist noch nicht genügend erforscht. Aus der Heimat mitgebrachte Art ist vielfach an die neuen Verhältnisse angepaßt worden. Die Vergleichung des Grundrisses eines üblichen sächsischen Bauernhofes etwa mit dem eines Hofes auf dem Maifeld, im Winkel nördlich zwischen Mosel und Rhein, zeigt unmittelbar die nächste Verwandtschaft aus alter Zeit. In einzelnen Benennungen klingen noch uralte germanische und stammheimatliche Verhältnisse durch. Das sog. „Hous" ist in Wirklichkeit einst der eigentliche und einzige Wohnraum gewesen. Nach der Bestimmung des sächsischen Eigenlandrechtes ist ein Kind erbfähig, wenn es neugeboren „ein solch Geschrei getan hat, welches in vier Ecken des Gemachs hat mögen gehört werden." Stirbt es darauf, so wird es doch „für einen lebendigen Menschen" gerechnet. Die „4 Ecken" sind hier an Stelle der alten Bestimmung der „4 Wände" getreten, die das einzige Gemach ausmachten. Auch alte, noch bestehende Steinhäuser aus Kelling zeigen deutlich, wie allmählich aus dem einzigen Wohnraum die vordere Stube sich abgespalten hat und die Nebenkammer zur „hinteren Stube" geworden ist. In dieselbe uralte Vergangenheit führt der „Willestin" (mhd. wilstein) auf dem Herd. Er rührt aus der Zeit her, wo der Feuerherd einfach aus einem Kranz von Steinen auf der blanken Erde bestand. Besonders das Bohlenhaus trägt noch solche alte Erinnerungen. Das „Gebinn" der Stube, die Zimmerdecke mit dem Hauptbalken, dem „Rast" (zwischen den Kokeln „Schla"), der das „Gebinn" trägt und in den darum Jahreszahl des Baues und der Name des Besitzers eingeschnitten werden, sind Bestandteile des altgermanischen Hauses. Reich sind auch die Beziehungen zur rheinischen Heimat mit ihrer besonderen Beeinflussung durch die römische Bauart und ihrer Berührung zwischen fränkischer kischem und alemannischem Wesen. Neben andern, auch sonst ins Deutsche gedrungenen Ausdrücken der römischen Baukunst (Ziegel, Kalk, Mauer, Tisch, Stube, Fenster usw.) stammt aus dieser Gegend Sache und Benennung für die Querbalken („Trof", aus lat. trabes, altfranz. tref, luxemb. tref ‚Balken'), für den Dachsparren „Kefer" (lat. caper, moselfr. Käfer ‚Dachsparren'), für die Holzpfeiler „Stepp" (lat. stipes, moselfr. Stip ‚Stütze'), „Dirpel" (moselfr. Dirpel, zu lat. palus ‚Pfahl', also: Türpfahl). Der „Jestrich" (mhd. esterich, luxemb. eschtrech), der geschlagene Fußboden aus Lehm mit Ziegelstückchen belegt oder vermischt, ist zweifellos eine Nachbildung des römischen astracum (aus gr. ὄστρακον) des „mit Scherben und Ziegeln gepflasterten Bodens", aus dem in kunstvoller Ausführung der berühmte römische Mosaikboden geworden ist, den noch die Trümmer der römischen Siedlungen in Siebenbürgen aufweisen. Die „Kip, Käpp" ‚Rauchfang', war ursprünglich ein geflochtener länglicher Tragkorb (Kiepe, ndd. Küpe). Als das Flechtwerk auf das „Rauchloch" aufgesetzt wurde, um dem Rauch bessern Zug zu geben, ward daraus der Rauchfang. Heute noch kann man solchen geflochtenen Korb-Rauchfang im Urtal (Luxemburg) sehen.

Neuerdings hat man durch Untersuchung des Baugerüstes mit Erfolg die Geschichte des siebenbürgisch-sächsischen Bauernhauses aufzuklären begonnen. Es ergibt sich daraus, daß ein vom Architekten Prof. H. Phleps in Michelsberg bei Hermannstadt untersuchtes altes Bauernhaus „einen fränkischen Grundriß, eine alemannische Wand, ein Dach mit alemannischen Merkmalen und eine römische Decke (leichte Langhölzer auf kräftigen Grundhölzern)" besitzt, ein handgreiflicher Hinweis auf eine Gegend, in der sich eben auf ehemals römischem Siedlungsboden Franken und Alemannen berührten. Doch fehlen auch Einflüsse aus nördlicheren Gegenden nicht. Die flandrische Gewohnheit vom Schiffbau her, gebogene Stützen zu verwenden, hat sich noch heute im Unterwald erhalten.

Auch die Hausgeräte führen in altdeutsche Zeit, deutlich zugleich in die Stammheimat zurück. In der Eifel finden wir den Brandroden, Brandril, die „seitlich am Feuerherd auf Füßchen ruhende eiserne Stange zum Auflegen des Feuerholzes"; dort wie hier war es ursprünglich ein dicker Knüttel (mhd. reitil). Hier auch die „Hel" (mhd. hahel, luxemb. Hahl). —

Unter der „Lif" führt der Eingang in den Keller. Im Vorkeller werden Waschschäffer, die „Peronosporaspräẞ" und sonstiges Geräte der Weinwirtschaft verwahrt: „det Liesschiefken," (Schäffchen zur Weinlese) „de Liesbit, de Batten" (ganz schmale Tragbütten zum Herabtragen der Trauben in der Weinlese), „det Mischhulz" (eine Art Quirl zum „Mischen", ‚Zerquetschen', der Trauben in der „Batt," der große „Trichtert" aus Holz zum Einfüllen des Weins in das Faß. Im eigentlichen Keller hängt auf Seilen die „Britrum" (=Rahmen), auf der die Brote vor den Mäusen geschützt sind und vor dem Eintrocknen bewahrt bleiben. Im Weinland liegen da auf langen Eichenbalken („Ganer"), die selbst wieder, um auf der feuchten Erde nicht zu faulen, auf Querblöcken („Bloch", Mehrz. „Blecher") ruhn, die Fässer. Der beste Wein wird in dem „Lejeln" (Fäßchen) neben der „Kampestbit" (Krautfaß) vermutet.

An das Haus reiht sich der Schopfen für Wagen und Ackergeräte, daran der Stall an. Der Backofen ist, wo er nicht im „Hous" geblieben ist, unter dem Schopfen unterbracht oder als eignes Häuschen, das zugleich als Sommerküche dient („Backes" mhd. bachhus), gebaut. Der Backofen selbst, aus Ziegeln gemauert und mit Lehm verschmiert, hat ein offenes Loch, durch das die Feuerung mit Stroh und dürrem Reisig („Hetzel; vgl. mhd. hützel „Dörrobst", doch weist die Lautform eher auf „hitzen, hetzen", ‚heizen') bewerkstelligt wird, und das, wenn die Kohlen an der „Kint" zusammengescharrt und das Brot „eingeschossen" ist, mit dem eisernen Türchen verschlossen wird. Die Gerätschaften des Backofens sind der Backschragen („Schruegen"), auf dem die Brotmulde („Malt") in dem halbbogenförmig geschweiften Gestell fest aufliegt, die „Bekt" (Beute, mhd. biute), der Tisch, auf dem der Brotteig zu Laiben geformt wird, der „Schirel", das Eisen, mit dem die Teigreste aus der Mulde abgelöst werden, der „Iwe=Kässel (schon mhd. oven kissel) zum Zusammenscharren der glühenden Kohlen, der „Iwewäsch" (schon ahd. ovenwisc) aus grünen Ruten zum Säubern des Backofens von den Kohlenresten, der „Iweschässel (zu mhd. schuz, „schaß"), das langgriffige Holzbrett zum ‚Einschießen' des Brots. Ist das „Backes" gut verschließbar, so wird wohl auch der „Hacktroch", das Hackbrett zum Bereiten der Würste, und „de Spräẞ", die Wurstspritze, dort aufbewahrt.

Unter dem Schopfen ist zumeist auch der Kelter untergebracht („de Kielter"): eine mächtige Eichenspindel („Kielterdok", Docke), an der die Hohlschraube mittelst Querbalken herabgewunden wird und so auf übereinandergelegte Holzblöcke und durch sie auf die Traubenmaische im Kelterkasten preßt. Der Schweinestall steht oft unter dem oder in Verbindung mit dem Schopfen.

Die Geräte sind mit der Hausmarke gezeichnet, die bei vornehmeren Geschlechtern in den Städten auch auf die Grabsteine eingemeißelt wurde.

Im Stall sind Pferde, Ochsen und Kühe an der Krippe („Kräpp") befestigt, das Heu wird durch das „Ruftloch" (Raufe) vom Stallboden, wo es aufbewahrt wird, in den Stall hinabgestoßen.

Über den Hof quergestellt schließt sich an den Stall die Scheune („Scheier", mhd. schiure) an. Zu beiden Seiten der aus Lehm gestrichenen Tenne („Dänn") liegen die beiden Viertel („Virel"), in dem unten Heu, in einer oberen Schichte die Körnerfrüchte bis zum Drusch verwahrt sind. Reicht der Raum dazu nicht aus, wird im Hof oder im Garten ein großer „Buern" (Kornbarn) errichtet. Doch greift gegenwärtig mit Rücksicht auf die Feuersgefahr der Brauch um sich, das Korn sofort nach der Ernte auf einem freien Platz vor der Gemeinde oder baldmöglichst nach der Einfuhr in den Hof mit der Dampf- (Benzin-) Dreschmaschine dreschen zu lassen. Ein Anbau zur Scheune unter demselben Dache, das „Kuewes", dient zur Aufbewahrung der Spreu „Kuef" (mhd. kaf, moselfr. Kuef).

Auf dem Hof steht der Brunnen. Es ist meist kein gutes Zeichen für die Wasserergibigkeit, wenn es zwei sind. An einer starken Brunnensäule („Brannestepp") ist oben eine Öffnung eingeschniten, in der sich als ungleicharmiger Hebel der Brunnenschwengel bewegt. Am Ende des dünneren, längeren Armes ist die Brunnenstange befestigt („Brannerad"), an der der Eimer gerade über dem offenen Brunnenschacht hängt. Der kürzere, dickere Arm ist mit Steinen oder einem Holzblock beschwert, um so beim Heraufziehen des gefüllten Eimers die Last zu erleichtern.

Durch die Scheune (durch das „Scheirendirchen") oder neben der Scheune vorbei führt der Weg in den Garten (der „Scheireguerten"), der mit einigen Johannis- („Rosinen") und Stachelbeersträuchern („Ajres"), sonst mit Äpfel-, Birnen- und Pflaumenbäumen besetzt ist, aber noch genug Rasenplätze zum Weiden der Kälber übrig hat. Zwischen den Nachbargärten ist gewöhnlich keine wirkliche, sondern nur eine gedachte Einfriedigung („der Friden"), mancherorts jedoch ein „Schidzong" (Scheidezaun), am Ende des Gartens der „Bodemzong", hoch und stark aus Ruten mit 4—5 „Ädern" (Flechtgängen) geflochten, von den „Atzen" (Zaunpfahl) gestützt und vom festen Strohdach („det Gefätzel"; die Quersteckeṇ sind die „Fätzstäken", den „Zong fätzen"; zu mhd. vitzen, weben) gedeckt und vor Regenfeuchtigkeit geschützt. Das ist die richtige, sauber ausgeführte sächsische Umfriedigung. Der Bretterzaun („det Geschätz") ist aus Sparsamkeitsrücksichten gewöhnlich von vornherein nur notdürftig angelegt. Der „Bodemzong" gehört nicht dem einzelnen, er umfaßt schützend die ganze Gemeinde; darum ist er nur an wenigen Stellen durch ein niedriges, mit einem starken Holzschloß versperrtes Türchen, das „Bodemdirchen", durchbrochen.

Ein Blumengärtchen legt die Hausfrau in einem Winkel des „Scheireguerten" an, durch ein leichtes „Geschätz" vor den Kälbern geschützt, oder an der Nachbarseite des Hofes, falls nicht vor dem Hause selbst ein Plätzchen von der Gasse abgeschieden werden kann. Die Lieblingsblumen der sächsischen Hausfrau sind: „Arzissen" (Narzisse), „Bezilch" (Basilikum), „Gerjeris" (Päonie), „Jachzinten" (Hyazinthe), „Konneleljen" (weiße Lilien), „Leljen" (Maiglöckchen), „Liwemeltcher (Löwenmaul), „Majeram" (Majoran) „Rätterspirn" (Rittersporn), „Risen" (Rose), „Rosmarin" „Tulepan" (Tulpe), „Trinetatesker" (Stiefmütterchen), „Valen" (Gelbveigel), „Wiewerris" (schwarze Weberrose).

Die vielen Apfelsorten trennen sich in „Kärnäpel", Bäume, die aus dem Kern gezogen sind und darum nur leidlich genießbares Obst liefern, und „Puesäpel", gepfropfte Bäume. Unter den letzteren haben der „Batull-", der „Seß-" (Süß-), der „Schmäk-" (gewürzter), „Klischingker" und „Farrerappel" einen guten Namen. Der „Glues-" und „Batterappel" wird als frühzeitiges Obst geschätzt. Von Birnen bevorzugt der Bauer die „Akewetzen", „de Miel-", „Hinch-", „Huewer-", „Kiser-'„ „Pärgamut-" (Bergamot), „Schwengs-" (Schweidnitz-) im Spätherbst und Winter die „Lijels-" und „Daichentbir" (Dechantsbirne).

Unter den Pflaumensorten wird die Herbstpflaume („Pels")

Aufstieg zur Oberstadt in Hermannstadt.

von der süßeren, aber nicht vom Kern löslichen „Matsch" unterschieden; Sauerpflaumen sind die runde, kleine „Kräch" und etwas größere „Prom". Als besonders edle Sorte gilt die rötliche „Nisnerpels" (schon im 16. Jahrh. ung. als beszterczei szilva berühmt).

Den natürlichen menschlichen Bedürfnissen dient, an den „Mästtuppes" angelehnt oder in den Stallwinkel eingebaut, das Holzhäuschen („Haisel", „Schämpes"), falls nicht in alter Sitte Garten, der „Mästtuppes" oder „det Rachen", der schmale Zwischenraum zwischen dem eignen und dem Nachbarhaus, solchen Zwekken dient.

Das Zaungeflecht geht auf altgermanische Übung zurück. „Äder" n. ist ursprünglich ein „Rutenbündel" (hess. Äder, ‚aufgeschichteter Haufe', moselfr. ädern, ‚zäunen', alts. eder, angels. eodor ‚Zaun'). „Atz" ist wohl altrom. Lehnwort aus lat. ass(is), Stange. — Von den Gartenfrüchten sind die Gurken (Kratzewetz), rum. castravete, crastavete, (slav. Krastavicd), erst im 16. Jahrh. teils aus dem slav. Süden (über Kronstadt) ins Land gedrungen, teils von Norden her über Polen durch ungarische Vermittlung übernommen worden (nösn. „Audrängk, über ung. ugorka aus poln. ogorek, tschech. okurka). Auch die „Matsch", eigentlich die „Damaszenerpflaume", ist erst spät eingeführt, wie auch der „Äjresch", die Stachelbeere, erst nach dem aus der Stammheimat mitgebrachten „Weimrenäjresch" (mittellat. agresta, mhd. agraz) benannt worden ist. Die alte Pflaume ist die „Pels", die altgermanische Pflaumenschlehe (Bilse), von den Römern entlehnt die schon veredelte „Promm", niederrhein. Prume (vielleicht nicht erst aus lat. pruna, sondern unmittelbar von den griechischen Ansiedlungen her aus gr. προῦμνον entlehnt). Auch die Bezeichnung des Veredelns „puessen" (vgl. „Pueßappel) „pfropfen", ist noch in der Urheimat erworbenes altr. Lehngut (lat. putare, niederl. poten, nassauisch possen, ‚Bäume beschneiden'), wie auch der ganze Gemüsebau („Plantz", ‚Krautsetzling') aus lat. planta ‚Setzling' übernommen ist.

Die für Siebenbürgen kennzeichnende Apfelsorte „Batullapfel" bezeichnet dem Namen nach einfach einen erst auf dem Lager reifenden Apfel (nach rum. patul ‚Heubett' zum Einlagern von Obst und Gemüse), der Sorte nach ist es der ungefähr 1820 aus

England auf das Durleser Gut der Grafen Haller eingeführte Windsor-Apfel. Die Herkunft der „Akewetzen" weist nach Österreich hin (Nägelwitzbirne).

Das Haus umschließt dem sächsischen Bauern das ganze Leben. Wie der Hausspruch auf der Gasse, so empfängt die Hofschwelle, der „Dirpel", an der Gassentüre den Fremdling. Wer sie überschreitet, wird aus dem Fremden zum Gast. Er tritt in den heiligen Frieden von Haus und Hof. Es gilt noch wie im alten deutschen Recht, „daß ein jeder Fried soll haben in seinem Hause, wäre es auch nur mit einem Faden umfangen." Darum heißt noch bis heutigen Tages der Hofzaun der Hoffrieden und deshalb bestraften noch im 17. Jahrh. die alten Statuten den Gesellen mit Stockstreichen, wenn er über den Zaun in den Hof des Meisters stieg und so den Hoffrieden brach, und noch heute bedrohen die Dobringer Nachbarschaftsartikel die Frau, die in den Nachbarhof hinüberschmäht oder die Nachbarin durch und über den Zaun schilt, mit schwerer Buße.

Noch heiliger als die Schwelle des Gassentürchens ist die Schwelle des Hauses. Uralter Brauch und Glaube haftet daran.

„Ich wäll der nemi iwer den Dirpel kun." Das ist bitterster Groll und schwerste Absage. Unter der Schwelle zog man die Leiche des Selbstmörders durch, damit seine Seele nicht wieder zurückfinde. Unter die Schwelle bannt man den bösen Kobold. Auf der Schwelle empfangen Bräutigam und Braut, wenn sie von der Trauung nach Hause kehren, zum Eingruße Brot und Wein. Dort wirft man zum Ehesegen der Braut Körner in den Borten. Unter den Dirpel bindet man die Zauberkräuter ein, in ihn schneidet man das Zeichen ein, daß die Hexen nicht hinüberkommen können, den Frieden des Hauses zu stören.

Im Haus knüpft sich an Herd- und Rauchloch der alte Glaube. Dort kriecht noch heute aus der Mauerritze das ‚Mühmchen', die weiße Mauerschlange, und die breite Kröte, und man reicht ihr scheu das Schälchen Milch und glaubt, es sei die alte Großmutter, die Unglück ins Haus bringe, wenn man ihr ein Leid antue. Um den Herd führte der Ehegatte nach der Trauung seine junge Frau oder er trug sie dreimal um das Feuer und setzte sie auf den erhöhten Sitz als den Ehrenplatz der Hausfrau. In das Rauchloch werden alle Krankheiten, das „Gebrech" wie böses

Zahngeschwür, Fieber und Geldsucht gebannt, damit die Krankheitsgeister mit dem Rauch in die Luft verflögen.

So ist das ganze Leben mit dem Hause verflochten, und es begreift sich, daß in Spruch und Lied der Liebe zum Vaterhofe, dem Schmerz, wenn er verlassen werden muß, ergreifender Ausdruck gegeben wird.

Ich satzt zwo Risen än de Motterbank,
Ir härz meng Motter, ich son ich Dank.
Ich zän ewech, ich zän dervun,
Wer wiß, woni ich weder kun.
Ech satzt zwo Risen än de Dueterbank,
Ir härzer Dueter, ich son ich Dank.
Ich zän ewech, ich zän dervun,
Wer wiß, woni ich weder kun.

Ich wärde jo uch weder kun,
Wonn alle schwarz Ruewe weiß Fädderchер hun.

Wer aber auf dem eigenen Hofe bleibt, der fühlt gar fest den Boden unter den Füßen. „Kam nor vir aset", droht schon der Knabe dem Gegner, und der Erwachsene hält den Spruch in Ehren: Besser ein Haus auch noch so klein, als ein großes und nicht dein.

Im Laufe der Zeiten hat sich das Haus vom Hofe, der Hof von dem Ackererbe gelöst. Auch im siebenbürgisch-sächsischen Dorfe sind die Höfe als solche Eigenbesitz geworden, und hie und da wohnt auch ein Einwohner nur zur Miete in ihnen. Aber ein rechter Bauer ist doch nur der, der auf seinem eigenen Hofe sitzt und die Hofteile bearbeitet, die dazu gehören. Er nur ist volles Glied der Gemeinschaft, die auf dem Grunde der alten Geschlechtsgenossenschaften den Volkskörper ausmacht.

Gestalt und Gesundheit.

1. Daß die Siebenbürger Sachsen nicht ungemischt einheitlicher Herkunft sind, zeigt schon ihre äußere Erscheinung. Keines der üblichen Urteile über die verschiedenen deutschen Stämme paßt auf sie im ganzen. Aber auch im einzelnen wird es kaum möglich sein, bestimmte Vergleichspunkte herauszufinden, obwohl einige hervorstechende Merkmale dazu einen Anhaltpunkt bieten könnten. Im allgemeinen überwiegt der blonde Menschenschlag.

Von 2000 untersuchten Schulkindern aus verschiedenen Dörfern des Siedlungsgebietes hatten (abgerundet) 1100 blonde, 900 dunkle Haare, 830 hatten blaue, 620 dunkle, 450 unbestimmt gefärbte Augen. Die Körpergröße kann im ganzen als gut mittel angegeben werden. Aus den einzelnen Gebieten der Landbevölkerung schwanken die Angaben über die mittlere Größe der Männer zwischen 164 und 172 cm, der Frauen zwischen 150 und 164 cm. Als der größte Mann wird ein Heltauer mit 200 als die größte Frau ebenfalls eine Heltauerin mit 180 cm ausgewiesen. Doch rühmt sich auch die Umgebung Schäßburgs eines großen Menschenschlages. Wenn die Schäßburger Hausfrau das richtige Ausmaß einer Klafter des gekauften Brennholzes bezweifelt, breitet der Arkeder ohne weiteres seine Arme aus, um damit das natürliche Klaftermaß anzuwenden. Deshalb führen die „Altländer" im Burzenland den Spottnamen „de Longkhessigen" oder auch nur „de Hossen", womit auf die langen Schenkel der Volksgenossen namentlich aus der Schenker und Repser Gegend hingedeutet wird (‚Hachse', mhd. hahse, mnd. hesse, hasse). Der Größe entspricht auch die Stärke. Der Hamlescher, der einen Mann erschlagen hat, verteidigt sich: „Ich tupt (tupfte) en nor af de Glatz, ellin e iwerdret sich." Dem aufmerksamen Beobachter wird auch sonst der Unterschied der äußeren Erscheinung in den verschiedenen Gegenden nicht entgehen. Dem festauftretenden, breitschultrigen Burzenländer steht der gedrungene, bei seinem Wohlleben stark zur Fettleibigkeit neigende Umstädter (Umgebung von Hermannstadt) gegenüber. Der Weinländer ist geistig wie leiblich leichter beweglich, der Schäßburger zäher und durchgreifend, „dannerschlachtich", der Schenker und Repser sehniger, der Nösner trotz des etwas weichen Eindruckes von verhaltener Kraft.

Eine auffallende Erscheinung sind die Mädchen und Frauen des mittleren Harbachtales, die in ihrer zierlichen Gestalt mit den dunkeln Augen und Haaren, den geschmeidigen Bewegungen und dem oft bildschönen Madonnengesicht in merkbarem Gegensatz etwa zu den blonden, breitbackigen Frauen der Schäßburger und Hermannstädter Umgebung stehen. Im Verein mit der Tatsache, daß in diesen Dörfern altromanische Lehnwörter gerade des häuslichen Lebens in besonders großer Anzahl vorkommen, und mit der Beobachtung, daß die Männer dort im mittleren und höheren Alter vielfach die Neigung zum Zusammenschrumpfen haben, möchte man versucht sein, hier einen Trupp von Einwanderern ehemals vorwiegend romanischer Herkunft zu vermuten, während sonstwo (im unteren Harbachtal) auch Frauengestalten begegnen, die den Anblick rot- und flachsblonder, geradezu friesischer Art bieten.

Für Körperpflege sind planmäßige Maßnahmen erst in jüngster Zeit allgemein getroffen worden. In den Städten finden wir schon vom 15. Jahrh. her überall Badestuben. Auf dem Lande kennt der Bauer das Winterbad nicht, kaum wird auch bei dem seichten Wasserstand der Bäche im Sommer Gelegenheit zum Baden im Freien gegeben. Ältere Sittenbüchlein rügen an der Stadtjugend die übermäßige Freude am Baden. Das Turnen wurde in den 40-ger Jahren des 19. Jahrh. durch St. L. Roth, den Schüler Pestalozzis, eingeführt, gegenwärtig nicht nur als städtisches, sondern als volkstümliches Turnen auch auf das Land eifrig hinausgetragen. Große Verdienste haben sich um das volkstümliche Turnen besonders Th. Kühlbrandt (Kronstadt), Th. Schneider (Mediasch), R. Phleps (Hermannstadt), J. Unberath und G. Lander (Schäßburg) erworben.

Ein Gegenstand ernster Besorgnis ist die geringe Vermehrung der Volkszahl in Vergangenheit und Gegenwart. Wenn für die Vergangenheit Kriege, Seuchen und sonstige Welt- und Naturereignisse die Ursache dafür abgegeben haben, so muß in der Gegenwart der Grund dazu ebenso in Verwüstungen durch Alkohol, Tuberkulose und Geschlechtskrankheiten wie in der gewollten Kinderbeschränkung gesucht werden. Wenn auch nicht im allgemeinen für das siebenbürgisch-sächsische Volk, so gilt doch für eine Reihe von bestimmten Dörfern, namentlich auch im Nösner Land, der Vorwurf des Zwei-, ja des Einkindersystems. Erfreulicherweise wird an anderen Orten der Kindersegen gern gesehen und geschätzt, und es gibt Gegenden zwischen den Kokeln, in denen der junge Nachwuchs kaum noch Platz in Dorf und Feldmark findet.

An sich können die Landschaften und Städte Siebenbürgens als durchaus gesund bezeichnet werden, Kronstadt und Schäßburg gelten geradezu als „Sommerfrischen", Mediasch, Bistritz, Sächsisch-Reen, Mühlbach dürfen sich eines gleichmäßig milden

Klimas rühmen. Nur Hermannstadt ist durch seine scharfen Winde Beschwerden der Atmungswerkzeuge ausgesetzt und war schon im 17. Jahrh. als Herd des Nervenfiebers (Typhus) gefürchtet. Die verbesserten Wasserverhältnisse, besonders durch die neue Gebirgswasserleitung, haben nun wohl dauernd diese Gefahr beseitigt. Auch sonst hat die Fürsorge für gesundheitliche Einrichtungen in den Städten und besonders auch der Aufschwung der ärztlichen Kunst der letzten Jahrzehnte auf dem Sachsenboden nicht nur den städtischen Krankenanstalten durch die Heilerfolge besonders auch auf chirurgischem Gebiete (vorangegangen war seit 1886 die evangelische Krankenpflegeanstalt in Hermannstadt, geleitet von Dr. Otto) einen guten Namen verschafft, sondern auch die Bekämpfung der früher so arg gefürchteten Kinderkrankheiten hat bedeutende Fortschritte gemacht.

Im Volksbewußtsein selbst werden die Krankheiten nur nach ihren äußeren Merkmalen und Wirkungen erfaßt und benannt. Daher die oft recht allgemeinen und mehrdeutigen Beschreibungen vom leichten Unwohlsein bis zu den letzten Todeszuckungen.

Von volkstümlich anerkannten Krankheiten seien hier nur einige herausgehoben:

Allgemeines Unwohlsein: „Ed äs mer net zem biesten, ed äs mer anäz" (übel); „de Fra Motter wid ane oanäzer" (die Frau Pfarrerin wird immer schlechter aussehend); „e hued e suel Gesicht" (fahle Farbe); „et wid mer uerklich (‚artlich', zum Erbrechen reizend); „et schochert, higert mich" (durchschauert mich); „kälken" (anhaltend husten); „de Mälsch äs mer net gedrol" (schlägt mir nicht gut an); „ich hun esellen Widuecht" (alle Glieder schmerzen mir); „meng Frä wimert um Hiftwi" (leidet an Kopfschmerzen); „dränglich" (schwindlig); „zegänesch Lech machen" (ohnmächtig werden).

Verwundungen, Gewächse usw.: „Ich hu mer de Foß belidicht" (verletzt); „ich bä verwaorliest" (‚verwahrlost', habe am Körper Schaden genommen, Hahnbach); „ich hu Maler um längke Foß" (weher Fuß); e äs erbrochen, e äs malerich, hued en Leifschaden" (hat einen Bruch); „Drogen" (Drüsenanschwellung); „Fechwuerzen" (Hämoerhoiden); „et (die Frau) hued e Gewieß (Gewächs) u sich."

Einzelne Krankheiten Erwachsener: „Alf, der Alf dräckt mich"

(Brustbeklemmungen); „Bochschnegden" (Darmkrämpfe); „Bisuert" (Rotlauf); „bis, schwer Krint" (Hinfallende); „Bochkrint" (alle Arten von Darmkrankheiten, Ruhr usw.); „det Fräsen" (‚Frieren', alle mit Schüttelfrost verbundenen Krankheiten, besonders Wechselfieber, auch „Ritt" (mhd. ritte) genannt. „Der Ritt ul dich scheddeln!"; „det Galleträsen" (Gallenfieber); „Hagjmasch Krint" (ung. Nervenfieber, Typhus); „Ämgank" (allgemein: Seuche); „de Inflorenzia, Faulenzia (Influenza, Grippe); „Am" (eitrige Wunde); „en emich Bloder, Pätzken" (moselfr. Am, Eiter); „Schnäfelz" (Frostbeulen); „Stach" (alle Formen von Lungenleiden, Lungenentzündung); „Zätter" (Flechtenausschlag).

Geistige Störungen: „geschuppt", „verrafft", „tirich", „nebunich" (rum. nebun), nösn. „verschekt", „nalächtig" (neulichtig); „ed äs dad em dij än de Härmestat, genz de Zabeng, änt rit Hous schäckt" (d. i. in die Landesirrenanstalt in Hermannstadt).

Einen besondern Platz nehmen unter den Kinderkrankheiten solche ein, die nach dem Volksglauben durch zauberische Einflüsse, vor allem den ‚bösen Blick' („berofen"), oder durch teuflische Einwohnung (Auswechslung durch den „Alf") herbeigerufen sind. In ihrer Bekämpfung spielen deshalb die zauberischen Abwehrmittel (Besprechungen, zauberische Hantierungen) die Hauptrolle. In diese Gruppe gehört vor allem das „Gebrech", worunter alle Formen des Schnupfen, Brustbeklemmungen usw. verstanden werden, „det Fierich" (Ohrenstechen, ferner verschiedene Formen des Bauchwehs; mhd. verch), „det Hangtsalder" (wenn Kinder, ohne eine bestimmte Krankheit zu haben, welk aussehen, nicht recht sich entwickeln; „hangts aldrich"), „de Fraß" (Fraisen); „Verhissemen" (Bauchzwicken). Außerdem sind neben den „Reddlen" (Rötheln, Masern) und dem Scharlach noch gefürchtete Krankheiten der „Jeselshosten" (Keuchhusten), „de Bloder äm Halz" (Diphtherie), nösn. „Schopperleitz" (Bräune, zu rum. soparla ‚Eidechse'; Eidechsenkraut ist als Heilmittel dagegen im Gebrauch). Harmloser ist der „Mums" (nösn. de Angenod, ‚Drüsenanschwellung'), hartnäckiger: „et huet Werm" (Würmer).

Der Bauer auf dem Lande schätzt die Gesundheit hoch ein. Bei mancherlei Unglücksfällen tröstet er sich: „wonn em nor de (den) Gesangt huet" (wenn man nur die Gesundheit hat) und der Gruß beim Zutrinken und Niesen: „zer Gesangt!" ist vollinhaltlich gemeint. Die Versammlung begrüßt und verläßt er: „mät Gesangt fängden ij ich; mät Gesangt lossen ij ich." Deshalb opfert er gern und viel zur Wiederherstellung der Gesundheit. Großes Zutrauen hat er zum Arzt, der es aufs erste „träfft," der sofort die Krankheit erkennt und das entsprechende Heilmittel verordnet, ebenso zur „Medezin", die er nach dem Preise („e hued en deier Medezin verschriwen") oder nach ihrer sichtbaren Wirkung einschätzt („dat wor en stark Medezin, se hued en gepackt, gescheddelt"). Eine gut wirkende oder sehr teure Medizin wird, wenn sie nicht ganz eingenommen oder der Kranke gestorben ist, gelegentlich im Keller gut verwahrt, und es wird bei neuerlicher Erkrankung eines Hausgenossen zunächst mal mit ihr versucht. Dem Arzt dankt der Genesende: „Wo der Härr Dokter ned erous kam, bäs na lag ich schi lang angder'm Dresch" (unter dem Driesch d. i. im Grab). Für besondere Krankheiten (Verstopfungen, Gliederschmerzen) ist die „Amtfrä (Hebamme) mät der Sprätz" oder „zem zän" (reiben), „schmieren" zur Hand. In gleicher Wertschätzung wie der Arzt stehen aber auch die vielen Hausmittel und Heilkräuter, die, von kundiger Hand und zu kundiger Zeit gepflückt, Wunder an Heilung zu vollbringen vermögen. Im Mai blüht alles, auch das Wasser. Im Mai ist alles „gehilsem". Alle Kräuter sind für eine Krankheit gut, man muß nur wissen, für welche." (Pauline Schullerus.)

Dazu kommen die verschiedenen Breie, die in ein Tüchlein oder auf eine Binde geschmiert („e Banjtche machen"), auf die Wunde oder die schmerzende Stelle des Körpers gelegt werden. Wie überhaupt warme Umschläge sehr beliebt sind, z. B. bei „Bochschnegden" (Bauchkrämpfe): „en wuerme Däkel, gebet Brit uch Pali af de Boch." (Oder auch: „em dret de Nuewelsin", ‚man dreht am Nabel', Birthälm). Ebenso heilkräftig ist das „zän" (ziehen, d. i. verreiben der kranken Stelle mit dem Daumen und Zeigefinger, der durch Speichel befeuchtet oder sonstwie — z. B. durch Zerdrücken einer Maulwurfgrille — heilkräftig gemacht worden ist).

Da aber die Krankheit, namentlich bei Kindern, eben als teuflische Behexung angesehen wird („ed äs Gemachtet", Gemachtes; „em äs ned awerglīwesch awer wat wor äs, äs wor"), so wird noch vielfach gegen die Krankheit von Kundigen (zumeist Frauen)

„geredet" („pespern", ‚flüstern', „roden", ‚raten', „versprechen", ‚durch Sprechen die Krankheit fortschaffen', „machen", ‚machen gegen etwas'). Noch kürzlich konnten aus dem Nösnerland durch Fr. Krauß eine Fülle solcher Zaubersprüche gegen Krankheiten aus dem lebenden Volksbrauch aufgewiesen werden. Im allgemeinen gilt von den Jungen, daß sie nicht mehr an das „roden" glauben, im Notfall wenden sie sich aber doch auch an eine, ‚die es versteht'. ‚Unter dem Doktor war es (das hundsaltrige, zurückgebliebene Kind) wie lange, die (heilkundige) Frau hat es gewonnen.' (Kennzeichnend: „et zecht em ous", ‚die Krankheit, eigentlich der Krankheitsgeist zieht aus dem Kranken hinaus'). Es ist nur natürlich, daß mit der fortschreitenden Schulbildung und sonstigen Aufklärung der Glaube an die Heilkraft dieser „Segen" allmählich schwindet oder ins Halbdunkel des Bewußtseins zurückgedrägt wird. Solche „Segen" sind bekannt gegen das „Berofen" und den „Fierich" der Kinder, gegen Blattern, Blut- und Magenkrankheit, gegen Gicht, Grind, Gelbsucht, Rotlauf, „Schlier", Schwärn, gegen Verrenkung und Warzen. Sie sind zumeist so aufgebaut, daß zuerst Begegnung und Gespräch mit dem Krankheitsgeist mitgeteilt, und der Geist sodann in den Wald, ins Wasser, in die Wüste gebannt wird, den Schluß macht regelmäßig die Verchristlichung des Spruches: im Namen Gottes des Vaters usw.

Als Beispiel eine alte Aufzeichung in nhd. Sprache:

Die Bermutter und Ferch
gingen miteinander über einen Berg.
Was sollt Du tun?
„Ich soll zu dem N. N. gehn,
und soll ihm sein Bein brechen
und soll ihm sein Kreuz abstechen;
ich soll ein Leich aus ihm machen."
Nein! das sollt du nicht tun.
Komm mit mir in einen grünen Wald,
da sein zween Brünnlein kalt,
von einem sollt du trinken,
und sollt zu Grund einsinken!
Im Namen Gottes usw.

Oder es werden heilkundige Frauen (Ritter, Männer), denen man begegnet, aufgefordert, ihr „Gesprech" zu lassen und dem Kind die Krankheit zu nehmen. Dafür wird als Einleitung der

Auszug, die Fahrt dieser Frauen (Männer) erzählt. An Stelle der Frauen und Männer tritt öfters Jesus und Maria (oder Jesus mit Petrus oder andern Aposteln).

Gebrech, Gebrech
et zähn dra Ritter än de Kräch,
Ir Ritter nit vun desem Kängt det Gebrech,
Mäd iwer dad hi, hi Rech,
Äm Nume Gottes usw.

oder

Et sasse dra Fräen än enem Gesprech,
Iv Fräen nit menges Kängt se Gebrech,
Mäd än ir Gesprech.
Äm Name Gottes usw.

Kennzeichnend ist, daß es zumeist drei Helfer (Frauen, Ritter, „drei Wenken", „drei heilige Frauen", „drei Evangelisten", „drei Butterfrauen") sind, die angerufen werden. Zu zweit geht Jesus mit Sankt Peter oder Sankt Markus.

(nösn.) Kristus mät Petrus gängen aw enem Wech,
Petrus trud aw än marmerin Ste,
e ringkt sich de Oder och de Be.
Oder gik zer Oder,
Be gik zer Be,
Wai te äm Matterlaiw emfange bäst.
Äm Namen Gottes usw.

Für die Vornahme dieser Besprechungen sind bestimmte vom gewöhnlichen Brauch abweichende Hantierungen vorgeschrieben. Das Wasser muß vor Sonnenaufgang, flußaufwärts (oder auch gerade mit dem fließenden Strom), schweigend und ungesehen geschöpft werden, sowie nackt oder (von Frauen) wenigstens mit aufgelöstem Haar. Zum und vom Wasser wird gelaufen. Das Wasser wird in einem Kännchen oder auch im Munde gebracht. Die Einzelbestandteile des Heilmittels müssen überallher genommen, in einer bestimmten Zahl (meist 9) rückwärts aufgezählt und beigegeben werden. Es ist förderlich, wenn die (drei) Heilfrauen gleichen Vornamen haben. Reiche Beispiele dafür sind im Siebenbürgisch-sächsischen Wörterbuch mitgeteilt.

Hier nur eines, das allerdings auf hohes Altertum deutet, aus Felmern: Eine Spindel, eine Nadel mit eingefädeltem Zwirn, ein größeres spitzes Messer übereinandergelegt, so daß die Spitzen der Nadel und Spindel sich berühren, die Messerspitze aber etwas hervorsteht, werden mit dem eingefädelten Faden fest überwunden. Dies ist der Zauberstab. Neun Halmknoten von Korn- oder Roggenstroh, 9 Knoten von einem neuen Birkenrutenbesen, 9 Messerspitzen Asche, ein Töpfchen je nach der Größe des Berufenen von 1/2—1 1/8 Seidel Inhalt, eine irdene Schüssel gehören ebenfalls zum „Escherche-kochen". Ist alles bereit gestellt, so nimmt der geheimnisvolle Vorgaug seinen Anfang. Zunächst wird etwas Wasser (etwa 1/4 Seidel) in das Töpfchen gegossen, dies ans Feuer gestellt, worauf erst die Strohknoten, dann die Birkenrutenknoten, in umgekehrter Reihenfolge (9, 8, 7, 6 usw.) gezählt, endlich, ebenfalls umgekehrt gezählt, 9 Messerspitzen Asche in das Töpfchen gegeben werden. Früher wurde auch von den vier Tischecken abgeschabte Holzspänchen, abgeschabter Kalk aus den vier Stubenecken, immer der Eckenquere des Zimmers nach mit der Spitze des Zauberstabes heruntergekratzt, dem Wasser zugesetzt, doch ist diese Erweiterung des Vorganges jetzt zumeist außer Übung. Die kochende Flüssigkeit wird in die bereitgestellte Schüssel gegossen und das Töpfchen verkehrt auf den Boden der Schüssel angedrückt. Wenn die dabei in das Töpfchen aufsteigende Flüssigkeit laut brodelt („protzelt"), so ist das Kind „stark" berufen. Nun nimmt die das Äscherchen kochende Frau den Zauberstab, faßt die Schüssel mit der Linken, hält sie über die Wiege des berufenen Kindes, und am Rande der Schüssel von links nach rechts mit der Zauberstabspitze umherstreichend, spricht sie die erste Beschwörungsformel (aus der Mundart übersetzt): Das mach ich für das Berufene, für das Gefangene, für die vielen bösen Augen, die dieses Jungchen ansahen, für das Berufene, für das Gefangene. O Herrgott gib, daß ihr Irrgang nicht aufrichtig wäre, eh der Stunde, daß es verschwinde, das Berufene, das Gefangene, im Namen Gottes usw. Während des „im Namen Gottes des heiligen Geistes, Amen" wird mit der Spitze des Zauberstabes der Boden des Töpfchens in folgender Weise leicht berührt:

1 Im Namen		3 des heiligen
	5 Amen	
4 Geistes		2 Gottes

Die also beschworene Flüssigkeit wird wieder ins Töpfchen und wenn sie zum zweiten Male kocht, wieder in die Schüssel gegossen, das Töpfchen darüber gestülpt, und während nun der Zauberstab von rechts nach links am Rande der Schüssel herumgleitet — also in entgegengesetzter Richtung wie oben — murmelt die Frau den zweiten Beschwörungsspruch, der dem oben angeführten vollständig gleicht. Bei: im Namen Gottes, des heiligen Geistes Amen ändert sich die Reihenfolge für das Aufsetzen des Stabes, indem diesesmal bei 3—4 begonnen 1—2 fortgesetzt und bei 5 wieder Schluß gemacht wird. Noch ist die Flüssigkeit nicht heilkräftig genug, sie muß zum dritten Male ins Töpfchen geschüttet und gekocht werden. Ist sie wieder in die Schüssel gegossen und das Töpfchen darüber gestülpt, spricht die Frau, während diesesmal der Zauberstab wieder wie zum ersten Male von links nach rechts am Rande der Schüssel herumwandert, den dritten kräftigsten Zauberspruch: Es gingen drei heilige Frauen in ihren Wald schauen. Sie sahen das Jungchen, sie stachen es durch 77-erlei Krankheiten. Gott gebe, daß ihr Irrgang nicht aufrichtig wäre. Eh der Stunde, daß es verschwinde. O Herrgott, scheid es aus seinem Köpfchen, aus seinem Gliedchen, aus seinen Schrittchen, aus seinen Äderchen. Herr, leite es, Herr scheide es; im Namen usw. Die Reihenfolge für das Aufsetzen des Stabes ist die folgende: 2, 1, 3, 4, 5. Nun hat das Äscherchen seine volle Heilkraft erhalten. Die heilende Frau und die Mutter des Kindes tauchen die Fingerspitze in die Flüssigkeit und reiben („zähen") damit Stirne, Wangen und Kinn, sodann Ärmchen und Füße des Kindes. Wenn das berufene Kind sich gar zu arg krümmt, wird auch der Leib so behandelt. Mit einem Löffelchen werden einige Tropfen der ‚klaren Flüssigkeit' dem Kinde einflößt und dieses dann in die Wiege gelegt. Die Schüssel mit dem Zauberstab querüber wird unter die Wiege gestellt und bleibt solange dort, bis das Kind einmal darüber geschlafen hat. Wenn das Kind aufwacht, wird der in der Schüssel noch vorhandene Inhalt auf den Hofhund, wenn keiner da ist, auf die Katze gegossen. Damit ist die Heilung vollendet. —

Das Gesundwerden wird in Ausdrücken kräftiger Anschaulichkeit begrüßt: „ich bän em noch ist entgackt" (bin dem Tode noch einmal entgangen; mhd. *entjücken), „entwascht", „entkun". „E huet sich erklouft" (erklaubt, erholt), „E äs weder kernich" (körnig, gesund). Üble Stimmung nach überstandener Krankheit: „e äs krangk gewiest, doräm äs e esi irkel" (mürrisch).

Wenn aber alle Medizin, alles „doktern" und alles, was sonst „gemacht" werden kann, nicht mehr helfen will, dann ergibt sich der Bauer, als Leidender und als Zuschauer gefaßt in sein Schicksal. Er weiß, daß Gott ihm oder den andern keine ‚Lebtage' mehr beschieden hat. Er weiß das ‚auf den Tod krank sein' und das Sterben selbst ernst und doch anschaulich, fast heiter zu kennzeichnen: „E huet den Alde gesän (den Tod) e äs mäd enem Foß äm Gräf; e macht kem Ängt"; (nösn.) „e huendelt mät den Burgoer (die Borgoer Gemeinden treiben Holzhandel), äm de Bredder (nämlich zum Sarg)"; „e huet sich de Stärfgatch (Sterbe-Unterhose) mätbrocht (er wird hier bleiben)"; „e stit dem Dit ze Gevatter"; „e äs än de lietzten Zägen"; „e wit hemmelzen (himmeln)"; „e huet brit (bereitet), „verricht" (verrichtet), „iwerstanden, e äs iwern". „E läd iver Jeren" (ist aufgebahrt). „E lat schu lang angderm Dresch (unterm Rasen)." Örtlich gilt — nach der Lage des Friedhofs — ‚jenseits der Hundswinkel-Brücke' (Gr. Schenk), auf den Kreuzberg ‚zu schlafen' (Jakobsdorf).

Wenn ein Kind im Sterben liegt und dabei schwer leidet (nösn. „em sait saine Bueln" man sieht seinen Jammer daran), gibt eine Frau der Mutter den Rat, niederzuknien, sich die Haare aufzuflechten und zu beten: „Härr, nem me Kängt vu mer, ech wäll et nemmi als mengt erkenne, der Diut sal et hun" (Herr nimm dies Kind von mir, ich will es nicht mehr als das meine erkennen, der Tod soll es haben; Schlatt).

Das ist der ehrliche Tod auf dem Krankenlager. Von den „gottlosen Tyrannen" erzählt Damasus Dürr, daß keiner von ihnen „mit treuchem (trockenen) todt zur hällen können fahren."

Kleidung.

Wenn es auch im allgemeinen richtig sein dürfte, daß die Tracht versteinerte Mode ist, so gilt diese Aussage doch nur für die einzelnen Kleidungsstücke, die, irgendeinmal rasch aufgegriffen, Jahrzehnte ja Jahrhunderte lang ihre besondere Form bewahren.

Die Verbindung der einzelnen Kleidungsstücke zur Gesamttracht aber ist im steten Fluß begriffen, je nachdem stärkere oder schwächere Einflüsse von den Mittelpunkten des Verkehrs sich geltend machen, oder wie im steten Wettbewerb zwischen hausverfertigten Kleidungsstücken und von außen eingeführter Marktware die wirtschaftlichen Möglichkeiten oder Einschränkungen den Ausschlag geben.

Die nachstehende knappe Schilderung kann deshalb aus dem Flusse der Trachtenentwicklung nur ein Durchschnittsbild zeichnen, wie es sich etwa um die Wende des 20. Jahrh. in den siebenbürgisch-sächsischen Dörfern darstellt. Die Verschiedenheiten der Tracht beruhen vorzüglich darauf, wie weit dieser Entwicklungsgang in den einzelnen Gegenden vorwärtsgeschritten oder zurückgeblieben ist. Einzelne Züge der Tracht, die als „früher" bezeichnet werden, greifen bis in die Mitte oder das erste Viertel des 19. Jahrh. zurück.

Im ganzen genommen kann man sagen, daß das Haferland, namentlich die Schenker, Repser und Zwischenkokelgebiete noch die Tracht jener Zeit bewahrt haben. In der Umgebung von Hermannstadt ist sie durch prunkendere Stoffe übertrieben worden, in der Bistritzer Gegend durch besondere Farbenpracht namentlich der Mädchentracht ausgezeichnet. Am meisten hat neuere Art der städtischen Kleidung im Burzenland und in der Nähe von Mediasch Einfluß gewonnen. In merkbaren Gegensatz tritt die Mädchenkleidung einiger Dörfer in der Nähe des Harbachtals (Schönberg, Mergeln) durch die durchgängige Farbenzusammenstellung von schwarz-weiß (schwarze Leibchen aus Rasch, einem tiefschwarz glänzenden Gewebe aus Wolle, eigentlich aus Ziegenhaar, schwarze und weiße Schürzen) gegenüber der Farbenbuntheit der andern sächsischen Gegenden.

Die Sonntagstracht („sich sangtich undan"; auch „sich ouszän", d. i. die Werktagskleidung mit der sonntäglichen tauschen) unterscheidet sich von der Werktagstracht — außer durch die besondern Kleidungsstücke des Kirchganges — nur durch feinere Stoffe und den reicheren Schmuck. Hier hat zuerst städtische, gewerbsmäßig hergestellte Ware die selbstgefertigten Stoffe und Kleidungsstücke verdrängt und sie dem Werktage zugewiesen. Indem aber die abgenutzten Sonntagskleider — „det Sangtichsgeret, schin Gedeis" — als Werktagskleider ihren Dienst weiter tun, verdrängen sie auch hier allmählich die alten Eigengewebe an Wäsche und Oberkleidung. Eintretende Lücken werden dabei, obwohl der Bauer verächtlich auf die Kleidung der „Blozaddrijen" (der Städter, die mit wenig dauerhaften blauen „Zaddren", Fetzen, behangen sind) herabsieht, erst recht mit billiger städtischer Fabrikswaare ersetzt.

In der Tracht gehn heißt „gebeiresch ugedo" („geschäckt", zugeschickt, nösn. „beret", bereitet) sein, städtisch sich tragen wird als „ousgeklit "(ausgekleidet) bezeichnet.

Am kennzeichnendsten stellt sich wie überall die Tracht der Frauen, namentlich der erwachsenen Mädchen dar („de Klidscheft, det Geret"). Das Oberkleid ist ein kurzes bis zum Schluß reichendes, ärmelloses Leibchen („det Laibel"), schwarz oder farbig, mit weißen Knöpfen, oben mit einer farbigen „Masch" (Masche), „Brastflietsch" geziert. Daran schließt sich bis zu den Knöcheln der Kittel an („der Keddel, Kerl", in der Harbachgegend auch „Pändel" genannt). Er ist je nach der Jahreszeit und der besonderen Veranlassung aus verschiedenem Stoff gefertigt: im Sommer zur Feldarbeit einfach aus Linnen, im Winter aus dunkelblauem oder schwarzem Wollzeug, um seiner schwarzglänzenden Farbe willen in der Hermannstädter Umgebung als „Bäffel-(Büffel-)stoff" bezeichnet.

In einigen Gegenden (S.-Reen) wickeln die Frauen einen 3 m langen, netzartigen, selbstgewobenen dunkeln Gürtel („Girkel") um den Schluß. Halbmeterlange geknüpfte Fransen („Zirln") hängen über die Hüften herab. Ein solcher „Kerl", der um die Hüfte gegürtet wird, ist ein „Gurtkerl". Von ihm unterschieden wurde ein früher getragener „Basemkerl" (Busenkittel, ehemals z. B. in Schönberg überhaupt nur „Keddel" genannt) aus Linnen, Leibchen und Kittel in einem geschnitten und genäht, ähnlich dem „Kätzel" (Chorhemd) der Geistlichen. Er wurde über den Kopf geworfen, im Schluß durch einen Gürtel oder die Schürze zusammengefaßt. Vorne und rückwärts war der „Basemkerl" etwas eingereiht und hatte vorne einen Schlitz. „Giren", wie bei den Männerhemden, bewirkten, daß er oben eng, unten breit wurde. Gegenwärtig wird er noch hie und da, besonders bei Weinbergarbeiten, als leichteste Kleidung über dem Hemd getragen, ehemals das Festgewand alter Frauen, in dem sie, „geschlijert“ und im „schinen Hemd“ begraben wurden. (In Wolkendorf z. B. in einem schwarz „geglätzten Bausemkerl“.) Der Brustteil des „Kerl“ führt in Klosdorf abgesondert die Bezeichnung „Wal“. Der Besatz am unteren Rande des „Kerl“ inwendig heißt „Blech“ (auch: „ich sal mer de Kerl besätzen“) auswendig: „Afgenessel.“ Dasselbe Kleidungsstück, ein dunkelblauer, feiner Tuchkittel, oben mit einem ärmellosen roten buntgestickten Leibchen versehen und unten mit 4—5 Reihen bunter Fransen und Goldschnüren benäht, heißt in Weißkirch „Reok“ (Rock).

Zum Tanz am Sonntag wird der „schin Pändel“ (weiß, womöglich „gestärkt“) angezogen. (In Weißkirch ein 3—4 m breiter ganz fein gefalteter weißer Rock.)

Als Unterwäsche tragen die Frauen und Mädchen das „Hemt“. Das Sonntagshemd, „det schin Hemt“, aus feinstem, selbstgesponnenem Linnen, neuerlich vielfach Baumwollenlinnen („ponzän Hemt“) reicht nur bis zur Hüfte. Als Unterteil wird ein Unterrock („Angderpändel“) angezogen. Oder es wird der „Pändel“ aus groberem Linnen nach jeder Wäsche erst — der „Pändel“ wird mit der anderen Grobwäsche „gebecht“, das Oberhemd „mät Sif gewieschen“ (mit Seife gewaschen) — an das „schin Hemt“ angenäht. Im Werktagshemd ist von vornherein der feinere Oberteil mit gröberem „Pändel“ verbunden (auch: „Angderhemt)“. Am Frauenhemd unterscheidet man „det Vedderdil“, „Hängderdil“ und „de Ärmel“. An der Kehrseite des Halses wird ein Besatzstreifen („det Lenj“) angenäht, der Halsstreifen sodann mit Stepp- und Zierstichen verziert („gestäpt“). „Nackleng“ nennt man den gereihten Teil hinten am Hals des Frauenhemdes, die „Laschen“ sind die unter der Achsel eingenähten Leinwandstreifen. Die weiten, bauschigen Ärmel sind nicht durch Nähte, sondern durch Kettenstiche (nösn. „Gekietensel“) mit Vorder- und Rückenteil verbunden. Unten erhält der Ärmel breite Stulpen (nösn. „det Stackeltche“), die an beiden Rändern mit schmalen Durchbruchbörtchen (nösn. „Birkeln“, ‚Börteln‘) verziert sind. Junge Frauen und Mädchen haben am Ärmel statt der Stulpen verzierte Reihfalten mit schwarzer Seide genäht (nösn. „Preiskich“). Zwischen den Kokeln werden die Stulpen durch einen anschließenden schmalen Streifen („det Lenj“) oder durch die spitzenartigen „Fluddern, Fluren" vertreten. Der Ärmel wird mit farbigen Schnürchen („Schnärchen") zusammengehalten oder einfacher durch eine Masche („Rippestrop", Gr.-Scheuern). Das „schin Hemt" ist das Glanzstück, an dem sich die Kunstfertigkeit der sächsischen Bäuerin auswirkt. Die Brustteile des Hemdes sind in feine Fältchen gelegt, die in verschiedenen Figuren fest vernäht („gerat", ‚gereiht') sind. Das in dieser Art vernähte, zwei Hände breite viereckige Stück („det Gerassel, de Uelingken", nösn. „Liäppen") ist in der Mitte zerschnitten und wird durch eine Brustnadel zusammengehalten. Als eingenähte Figuren und Muster sind beliebt: „Arbeslecher" (Erbsenlöcher); „Blietcher" (Blättchen); „det Katzenträpich" (Katzentreppe); „det Kirekegdich" (Weizenkorn); „Mäschtergitcher"; „Narzissen"; „Richer" (Rehe); „risich" (mit Rosen); „stärnich" (Stern); „Toppeladler"; „Tulipanen" (Tulpen); „zelich" (Zeile, Linie); „Hirsch".

Die Vorderteile des Hemdes sind mit der „Brastnolt" (Brustnadel) zusammengesteckt.

Die Gesamtheit der Wäsche (für Frauen und Männer) ist „det Gedeis" (nösn. „det Geret"). Sie rein gewaschen und nicht „verkaddert" (unordentlich gewaschen, halbverschmutzt) in der Truhe zu haben, ist der Stolz der Hausfrau.

Über dem „Kerl" („Pändel") wird „der Schurz" getragen, ohne den sich eine Frau nie vor andern zeigen würde, aus grober Leinwand am Werktag, aus feinem und feinstem Linnen am Sonntag. In der „Lenj" ist das Schurzblatt eingenäht, von oben bis unten gespalten durch die löcherig gestickten „Leistcher" (gehäkelte oder geschlingelte Einsatzleiste). Der Saum und der untere Rand ist mit Spitzen geziert, in schwarzer Stickseide ist darüber der Name der Trägerin samt Hausnummer zu lesen. Aus der Stadt drängt allmählich auch die geblümte und seidene Schürze vor. In der S.-Reener Gegend (Botsch, wie auch sonst) wird unter der weißen Spitzenschürze noch eine farbige Woll- oder Seidenschürze getragen.

Der Kopf der Frau, in einigen Kokeldörfern (Radeln) auch der jungen Mädchen, ist in die Haube gehüllt, am Werktag einfach aus weißen Linnen, mit den „Strepen" (Strupfen) unter dem Kinn gebunden — „Hiof mät dem Puppes" (Eibesdorf), weil darunter der Haarwulst des nach vorn geführten, im Bedarfsfall doppelt gelegten oder durch ein Polster von Kleie verdickten Zopfes hervorsteht — am Sonntag „de Houf mät de Spitzen". Vom Burzenland her hat sich in den Marktflecken des Altlandes die breitspitzige schwarze „Kriner-(Kronstädter-)houf" eingebürgert. Über der Haube wird das große „Knäppdach" (Knüpftuch) gebunden, das am Sonntag in der Kirche steif gefältet in leuchtendem, etwas bläulich schimmerndem Weiß prangt. Die kleidsame, dreiteilige Reener Haube ist mit gewebten Seidenblumen und „Fluttern" (Goldflitter) benäht. Eingefaßt wird sie mit einem schwarzen Band. Schwarze oder bunte „Häubnmasche" dienen als Knüpfbänder. Alte Frauen tragen in der Reener Gegend nur schwarze Wolltücher („Häran Dacher") oder dunkelblaue, weißpunktierte Waschtücher, junge Frauen hingegen auch farbige („tarkich") Woll- und Waschtücher, an Feiertagen und bei festlichen Gelegenheiten Seidentücher oder das weiße Spitzentuch („gestraikt Dauch").

Beschuht sind die Frauen gegenwärtig noch zum großen Teil mit kurzen Röhrenstiefeln, in die sie wie die Männer „Foßdächer" (leinene Lappen, im Winter Flanell) einschuhen. Doch dringt in immer größerem Umfang die Verwendung von Strümpfen — nicht selbst gestrickte, sondern aus der Stadt gekaufte — vor, dazu „Topangken, Paputschen" (Zug- und Schnürstiefletten). Sogar „Florstrümpfe" sind nicht mehr unbekannt. Zur Festtracht gehörten ehemals „gissä Schagen" (Schuhe aus Geisleder) und „Kreiselschagen", Schuhe aus feinem Leder in verschiedenen Farben mit gefälteltem Schaft (in den Städten), ebenso die „Iplik"-Schuhe (hinten am Absatz mit einem Flechtwerk aus Draht verziert, nösn. „Schaugen mät gialn [gelben] Eiskern," Sonntagsschuhe mit blechbeschlagenen Absätzen, Treppen).

So mit den üblichen Kleidungsstücken versehen ist die Frau (das Mädchen) angezogen „wä en Repp" (wie eine Rübe). Reichlicher und zärtlicher noch ist das Lob eines gut angezogenen Kindes: „Te bäst wä en Ris am Guerten" (wie eine Rose im Garten); „Härrgottisken!" (Marienkäfer); „na kast te dich bedingken" (kannst stolz sein): „moi, moi! te bäst na hiferdich, dat te stängkst" (hoffärtig, daß du stinkst); „te greßt (grüßt) na nemol en Zegunen (Zigeuner)" oder: „. . . ned emol en Kabesch" (Kuhflade), „Giß" (Ziege), „Backiwen" (Backofen. —

Zur Wendung vgl. den gleichen scherzhaft umkehrenden Vergleich bei Walther von der Vogelweide: her Meie, ir müesset Merze sin, e ich mine frouwen da verlür.)

Der Kirchgang am Sonntag, sowie die hohen Festfeiern an Hochzeiten und Kindtaufen fügen zur Frauentracht noch eine Reihe hervorstechender Ausstattungsstücke hinzu. Die „junge Frau" trägt am zweiten Hochzeitstage sowie an den ersten Sonntagen nachher und bei besonderen Festlichkeiten (besonders als Taufpatin) das „Gebockelzel" („Gekrällsel", „Gehäll"; „bockeln", „schlijern", „schlodern", „modjern", „mockeln", „heven" ‚häuben'). Unmittelbar auf den Hinterkopf oder auf ein „Schlofheifken" (Schlafhäubchen) wird ein rundgebogener Wulst aus Fetzen gelegt („Kranz", „Bockelkranz", ‚Kranz', oder auch eine „Kwatsch", ‚Quetsche', ein mit Tuch überzogenes Drahtgestell, oder sonst eine Unterlage), darüber ein Häubchen („Bockelhouf", „Kwätschhouf"). Nun werden die „Flietschen" (bunte Bänder, in Städten und reichen Dörfern auch Silber und Goldborten) zweimal um den Kopf gewunden (so daß sie den „Kranz" halten), sodann hinten am Haupt fest mit einer Stecknadel geschlossen, wobei noch ein gutes Ende als Schmuck über den Rücken herabhängt. Über das Häubchen wird nun der Schleier gelegt („Bockeldach", „Schlujer-" „Schluegerdach", „Fatchel", „Modjerdach", „Dremmel". Je älter die Frau ist, desto fester ist das Gewebe). Das eine, in krause Falten zusammengenähte (oder auch glatt gestrichene) Ende kommt über die Stirne zu liegen, das andere hängt hinten hinab (oder wird um den Hals geschlungen). Quer über den Hinterkopf werden durch den Schleier die „Bockelnolden" („Schlijernolden, hi ‚hohe', ternich Nolden", ‚Nadeln mit Türmen') in den „Kranz" gesteckt, je nach dem Aufwand bis 5 Paare, zu beiden Seiten zur Befestigung des Schleiers je eine kleine glatte Nadel („Gißugen" ‚Ziegenauge', „Zwickelneltcher).

Beim „schlijern" der Tochter am zweiten Hochzeitstage spricht die Mutter: „Gott erhalt dich angder dengem Irekranz unt loß dij alt wärden." Stirbt die Tochter vor der Mutter: „Ich schlijert dich, da te än den helijen Istant tratst, na schlijern ich dich und schäcken dich (rüste dich zu) dem Hemmel." Es ist alter, schon im deutschen Mittelalter bezeugter Brauch, daß die Mutter oder deren Vertreterin am zweiten Hochzeitstage der jungen Frau das

Abb. 1. Befestigte Kirche in Busd bei Mühlbach

Abb. 2. Die Burg von Kelling (Unterwald)

Abb. 3. Sächsisches Bauernhaus aus Hammersdorf
(Aufnahme von Dr. R. Spek)

Abb. 4. Kirchenberg von Birthälm

Abb. 5. Rathaus in Kronstadt

Abb. 6. Bauernstube (Umgebung von Reps)

Abb. 7. Bauernstube in Draas

Abb. 8. Siebenbürgisch-sächsische Topfwaren

Abb. 9. Siebenbürgisch-sächsische Leinenstickereien

Abb. 10. Bauernfamilie aus der Umgebung von Bistritz

Abb. 11. Kirchenvisitation in Stolzenburg

Abb. 12. Kirchgang der Bauernmädchen (aus der Umgebung von Mühlbach)

„wipliche gebende“ anlegte. Ein Vorwegnehmen des „bockelns“ (Nachklang vorreformatorischen Firmungsschmuckes) bedeutet an einigen Orten des „Schlijern“ (blau) der jungen Mädchen am Konfirmationstage.

Um die Hüfte trägt die gebockelte Frau den Spangengürtel („Spongegirkel“, aus buntem Samt. mit zumeist unechten Steinen besetzt, oft auch mit Goldplatten belegt; det „Molzken“, Talmesch), mit den an den Schließen herabhängenden „Singkeln“. Von der Achsel über den Rücken fällt der ärmellose „Mangkel“ (Mantel) aus enggefälteltem schwarzen Tuch herab, inwendig rot gesäumt und mit Bändern unter den Armen befestigt. Junge Frauen tragen in Botsch über dem Mantel frei herabhängend bunte „Schnär-Zalpen“ (Schnürbänder). Im Winter hüllt sich die Frau in den „Kirschen“, einen Schafpelz, der die Wolle nach innen, das weiß geglättete Fell nach außen wendet („Zichen“ in Wolkendorf i. B.) und oben ein steifes, samtüberzogenes Brett als Kragen hat („der Harmel“ ‚Hermelin‘). Die Stelle des „Kirschen“ (breit mit Eichhörnchenfell verbrämt) wird auch durch die kürzere mit braunem Füllenfell verbrämte „Blätz“ vertreten. Die Bräme („Brem“) ist mit dem „Irich“ (Muster in das Fell gepreßt) geziert.

Der Sonntagstracht der Mädchen ist der siebenbürgisch-sächsischen Borten eigen, den die konfirmierten Mädchen auf dem Kopfe tragen („de Birtemet“), eine steife, handbreit bis gut spannenhohe Röhre aus schwarzem Samt, oben offen, hinten geschlitzt und durch ein breites, buntes Band, „det Partirbant“, zusammengehalten. Andere Bänder, „Flietschen, „Zälp“, „Masch“, „Fronsen“, die mit großen Perlennadeln und Flitter am hinteren Rande des Borten befestigt sind, hängen bis zu den Knöcheln herab, so daß sie beim Kirchgang noch unter dem „Mangkel“ („Mingkeltchen“), den auch sie tragen, herausragen.

Ein „Spangegirtel“ um die Hüfte, in die Seite ein oder zwei seidene Tücher mit einem Zipf hineingesteckt („det Zichen“, Zeichen) auf der Brust das breite Heftel („Hieftel“), die runde, mit Steinen verzierte Spange zum Zusammenhalten des „Laibels“, vollenden den Sonntagsstaat des jungen Mädchens (der Braut), den als „Ousstogedais“ (Kleidung zum ‚Ausstehen‘, d. i. zum Konfirmiertwerden) die Eltern dem Mädchen zum Konfirmationstage, oft unter schweren wirtschaftlichen Opfern, kaufen. (Derb-stolz spricht da wohl der Vater auf seine Tochter zeigend: „Af desem Kalf hen zwie Puer Issen", hängen zwei Paar Ochsen).

Beim Kirchgang wird über die Schulter, mit den Enden über die Brust herabhängend, noch das „Dredacheltchen" (‚Trocken-'. ‚Handtuch') genommen, ein schmales, in Streifen besticktes Linnentuch, auch „Watech", Weihetuch (Waldhütten, Gr. Lasseln) oder „Mingkelchen" (Großscheuern), nösn. „Schal" (Treppen) genannt.

Statt der bunten werden in der Trauer und in der Fastenzeit dunkle „Flietschen" an den Borten geheftet, eben eine solche noch in den Zopf geflochten, der vom glattgescheitelten („geglätzten") Haar unter dem Borten herabhängt, vom „Mangkel" überdeckt wird. Das Haar wird so glatt gekämmt, „dat de Mäcken draf ousglätschen" (daß die Mücken darauf ausgleiten).

Den Hals schmücken mehrere Reihen bunter Glas- oder Porzellanperlen („Krällen", „Pärlen"). Hier sei eingeschoben, daß die Frauen das immer dünner werdende kurze Zöpfchen unter der Haube biegen. Die Schulmädchen tragen das Haar in zwei Zöpfen, die konfirmierten Mädchen in den süd-siebenbürgischen Gegenden zumeist in einem Zopf geflochten. In der städtischen Umgebung, im Burzenland und in Nordsiebenbürgen werden auch von den erwachsenen Mädchen zwei Zöpfe geflochten und als ein Kranz auf dem glatt gescheitelten Kopf aufgebunden. Der Borten wird immer bei hängenden Zöpfen getragen.

Ein Schnupftuch („Schnetzeldach") kennt und benützt man zu dem im Worte bezeichneten Zweck nicht, dazu dient die „Arkeder Lächtscher" (Lichtschere d. i. die zwei Finger) oder das „Dredach" (Handtuch) hinter der Türe, wohl aber tragen die Frauen und Mädchen bei Ausgängen eines in der Hand, um von Zeit zu Zeit die Mundwinkel damit zu wischen.

Die städtische Bürgertracht kannte und kennt den „Segdel" („Serel", Draas, Stein), das schwerseidene, in allen Farben ausgestattete, am Brustlatz und am untern Rande des Rockes verbrämte Festkleid der vornehmen Frau, wie „der Basemkerl" Brust und Kittel in einem Stück geschnitten, aber nicht wie dieser schlaff herabhängend, sondern durch gesteifte Unterröcke den Kittel weit ausdehnend. In Keisd ist er, aus blauem Gewandstoff gefertigt, noch heute Kittel der Braut.

Die Dauerhaftigkeit der zum „Segdel" benützten Stoffe erlaubte es, das Festkleid durch mehrere Geschlechtsreihen hin zu vererben. Auch wurden abgetragene Stücke aus städtischen Häusern auf's Land verkauft. Dort wurden sie weiter getragen und dienten als Vorbild für Anfertigung neuer Stücke: ein Fingerzeig zugleich für den Weg der Mode von der Stadt zum Land, eben durch die Kleidungsstücke selbst.

Zur Männerkleidung gehören in erster Linie die Hosen („de Hisen"), die im Sommer aus grober Leinwand, im Winter aus selbstgesponnenem und gewebtem weißem Schafwolltuch bestehen („gro Hisen" aus „Ponere", ‚selbstgefertigtes Wollzeug'). Die „Hisen" schließen sich eng an die Beine an. Nur von der Sommerleinwandhose hängt der „Toppert" weit und lang herab und fordert die Spottlust heraus. Sie sind unter der Fußsohle mit „Strepen" (Strupfen) angebunden. An den Hüften sind sie durch einen durchgezogenen schmalen Riemen befestigt, zumeist aber nur mit „Zängeln" (Schnalle) und dem breiten Lederriemen, der schwarz oder rot gefärbt, mit „Zirn" (gefärbten Lederbändchen) ausgenäht, über dem Hemd den Schluß zusammenhält. Im breiten Riemen wurde früher in einer Lederscheide „det Gewier" (‚das Gewehr', d. i. Messer und Gabel) getragen. Im Seitenschlitz der Hosen sind Leinwandtaschen eingenäht („det Schäp"). Ein breiter, hoher Riemen ist immer zugleich auch Kennzeichen eines vermögenden Mannes. („En hiu Gezanjdelder", ‚ein Vornehmer', Kleinscheuern.)

Der Oberkörper ist in der Feldarbeit außer dem Hemd unbekleidet. Für kältere Tagesstunden dient „de Gip" (Joppe) aus grauem oder schwarzem Wollstoff, ungefüttert und mit geraden Vorder- und Rückenteilen weit herabhängend, oder das mit Flanell gefütterte, den Körperformen mehr angepaßte „Klit" (Kleid) aus Wollzeug (Groklit), aber zumeist aus Tuch. Eine leinene „Gip" tragen nur die Frauen in der Sommerarbeit. Die Winter-„Gip" umranden sie mit Samtbörtchen und färbigen Zackenlitzen (nösn. „Krammlung"). Das „Klit" ist das vornehmere, die „Gip" das mindere Gewand. „Wonn de Gip e Klit äs, äs de Giß (Ziege) e Geter (Rind)", heißt es in Bulkesch. Eine nach städtischer Art gefertigte Jacke heißt verächtlich „det Reckel" (von Fuhrleuten und Halb-Handwerkern getragen). In

Gemeinden des S.-Reener Gebietes (Birk) versteht man unter „Reckel“ den anpassenden Leib der Frauentracht; das „Sangtuchsreckel“ ist geputzt mit Fransen („Zorlen“, ‚Zotteln‘) und Perlenschnüren („Pierleschnar“), „Ujasch“ ist in Birk ein kurzer Männerrock mit zwei Reihen Knöpfen. Die Heltauer kannten und trugen früher noch die „Kalemuken“ (kurzer Rock aus grauem Heltauer Tuch, nur im Winter getragen) und die „Kamesolen“ (kurzer Rock aus blauem Flanell).

Die Füße stecken in hohen Röhrenstiefeln („schachtich Stiwel, Tschismanen“, nösn. „de Kommaschaugn“, feine Stiefel, Treppen) — je höher über das Knie hinaus, desto sichreres Zeichen eines „guten Wirten“ —, in die „Foßdächer“ (Fußlappen) eingeschuht werden. Die Schuhe waren früher „Simpelschagn“ (ohne „Fleck“, ‚Absatz‘; Belleschdorf). In „Topangken“, „Paputschen“ (Zugschuhe), „Zipitsch“ (Soldatenschnürschuhe) gehen nur ‚Hergelaufene‘. Nur in ärmeren Dörfern erlaubt man sich im Sommer das Barfußgehen („barbesgeschächt“) oder das Anziehen von „Lappen“ (‚Schlappschuhe‘, Talmesch). „Werbes“ (Bundschuhe) zu tragen wie die Rumänen („sich werbesen“), gilt als völkische Entgleisung. Der Schuh besteht aus dem „Schuecht“ (Schaft), der „Fiersch“ und dem „Ferbes“ (mhd. vürfuoz, ‚Vorderschuh‘, ‚Socke‘) samt der „Sil“ (Sohle). Ist „det Ferbes“ zerrissen, macht man an den „Schuecht“ ein „Gemächt“ (Vorschub).

Die selbstgefertigte Wollkleidung ist in den reicheren Gemeinden schon früher der in der Stadt fertig gekauften Tuchkleidung gewichen, die erst als Sonntags-, dann auch als Werktagskleidung vordrang („de brong“, dunkel gefärbt, „Huisen“, Tobsdorf; „det blo Klit). Die blauen Tuchhosen sind nach Art der enganschließenden ungarischen Hosen geschnitten und mit roten Schnüren verziert. In der Nähe von S.-Reen (Birk) ist die Sonntagshose aus feinem weißem Flanelltuch („Abadauch“) gefertigt.

Das Hemd, am Werktag aus gröberer, am Sonntag aus feinerer Leinwand, ist weit und reicht in den meisten sächsischen Dörfern unter dem Gürtel eine gute Spanne breit über die Hose hinaus. So sehr wird das als besondere sächsische Männertracht angesehen, daß die Landler Burschen, als man sie bei einem gemeinsamen Turnfest aufforderte, um der gleichmäßigen Ausrüstung willen desgleichen zu tun, entrüstet erklären konnten: „Wir lassen unsern

Glauben nicht!" Das Männerhemd umschließt mit dem schmalgereihten oder mit „Kraiseln", ‚Krausen' versehenen „Galler" den Hals.

Besonders schön ausgestaltet ist das Bräutigamshemd, dessen „Galler" zackig ausgenäht oder mit „Birkeln" (Börteln) besetzt und dessen Hemdbinden („Fluren") mit „Preisen" oder „spuerzn och giele Lengscheren" (Burzenland) eingefaßt sind. Der „Galler" wird durch fein gedrehte „Strep" (mit bunten Quasten) „Tschukur", „Pleckcher" verknüpft. Unten ist das Hemd „gesimt" (eingesäumt) oder mit einem Durchzug versehen, der je nach den verschiedenen Mustern „getreppelt", „Geknäpsel" (Geknüpfsel) oder „Leistchen" (Leiste) heißt (Gr. Scheuern).

Im Winter zieht der Bauer (die Bäuerin) die „Braßlatz" (Brustlatz, nösn. [Birk] „Bunda") an, ein „Laibel" (Leibchen) aus Schaffell, mit der Wolle nach innen, ärmellos, an der Seite geschlitzt und zuzuknöpfeln (durch „Knäpp" und „Hängel"). Die Brustseite ist reich mit Blumen- und Figurenmuster in bunter Seide bestickt, oder mit „Bumbuschkern" (Quasten) und „Irich" (Muster in weißem Leder ausgeschlagen) verziert. Gegen Kälte und Regen, zumeist auch auf Fahrten („af der Ris" ‚amtliche Fahrt') wird der „Zonder" („Zonderklit"), ein ungefütterter Mantel aus braungefärbter Schafwolle, angezogen. Andere grobe Wollmäntel sind der „Kotzen", „de Zarike", die „Säke" (in Heltau „Schmieß"). Die „Gluge", „Glug" ist ein Wollmantel mit Kapuze. In großer Winterkälte der „Koschok", ein Schafpelz mit der Wolle nach außen, wie ihn die rumänischen Schafhirten haben. „Zonder" und „Säke" werden mit einem Strick um den Schluß festgebunden. Gegenwärtig werden sie meist nur zu Hause getragen, für Reisen ist ein tuchüberzogener Schafpelz angeschafft.

Der Kopf ist kurz geschoren, der Stirne zu mit längern Haaren, die seitlich gescheitelt werden. Ältere Männer ließen sich bis jüngsthin die Haare lang wachsen, im Nacken in dünne Streifen geflochten. Ein Bart wird nicht getragen, nur ein kurz gehaltener Schnurbart („de Grunnen"). Den Kopf bedeckt im Winter, bis spät in das Frühjahr herein, die schwarze Lammfellmütze, im Sommer der breite Filzhut, in den Kokelgegenden auch ein Strohhut („Schifhot"). Der schwarze, breitkrämpige Filzhut der „Kniecht" (jungen Burschen) umschlingt ein buntes, in letzter Zeit silber- und goldbrokatiges Band. Barhäuptig („rahiftich") zu gehen, gilt als unschicklich und ungesund.

Das Hauptstück der Sonntagstracht der Männer bildet der Kirchenrock in verschiedenen Formen. Im „Altland" bis ins Burzenland hinein ist der Kirchenrock ein langer, enganschließender Ärmelrock aus blauem Tuch mit roten Aufschlägen an den Ärmeln und stark hervortretenden Wulsten am Schlußschnitt zu beiden Seiten („de Giren"). Statt der gewöhnlichen Knöpfe dienen die Brust herab bis zum Schluß längliche Knöpfe (mit Zwirn umwundene Stäbchen) und Schlingen oder messingene (und silberne) Spangen („Krepeln"), in der städtischen ‚Bürgertracht' silberne große Knöpfe („Gamposen"). Statt des längeren Kirchenrockes im Winter („de Daleman", ausgiebig mit Flanell gefüttert „det Mente"), wird im Sommer und von jüngeren Männern das kürzere „Dalemanchen" getragen. Der Gürtel ist, wo ein solcher verwendet wird — in den Märkten und in der ‚Bürgertracht' — aus roten und blauen Schnüren geflochten, mit herabhängenden Quasten an der Verknüpfungsstelle. In einigen Kokeldörfern (Radeln) wird die „Daleman" in ähnlicher Weise durch das „Gurtich" (Gurttuch) zusammengehalten. Die Schnüre an den beiden Taschen des „Mente" führen die ungarische Bezeichnung „Sarkalab" (Elsternfüße).

Den Hut ersetzte früher in der Festtracht die Mütze aus Marderfell („Iltis-", „Feierlengshot", „-kapp," „-mätz", mancherorts auch in der Kirche auf dem Kopf getragen), in der ‚Bürgertracht' eine runde, fellverbrämte Mütze mit einem Boden aus buntem Tuch, in der Bauerntracht eine lange, spitzzulaufende Lammfellmütze, deren Zipfel auf die Achsel zurückgebogen herabhing. Gegenwärtig sind in den einzelnen Dörfern nur wenige Stücke dieser Marderhüte zu finden und werden kaum noch getragen (in Alzen: „de Kraisemätz" aus kraushaarigem Lammfell). Im Winter wird die „Daleman" in den Harbachgegenden durch den „Kirchepielz" aus weißgegerbtem Schaffell, mit der Wolle nach innen, auswendig mit bunten Blumenmustern bestickt, ersetzt. Doch wird dieser Pelz sonst überhaupt, auch im Sommer zur Kirche, angezogen. In der Umgebung Hermannstadts und im Nösnerland kommt er Sommers und Winters der konfirmierten Jugend zu („Pielzken"), während die Männer bei festlichen Gelegenheiten einen feinen, weißen Wollmantel, an den Brustteilen bunt bestickt, über die Schulter gehängt („ned ugeärmelt", nicht angeärmelt) tragen (nösn. „der weiß Keuze", Treppen). Einen besondern Mantel über der „Daleman" kennt nicht nur die alte sächsische Bürgertracht für Ratsherrn und sonstige Würdenträger („Fälschi"), sondern auch auf dem Lande (Talmesch) wurden früher Sommers und Winters über dem Kirchenpelz der „wejt Rok" (aus Wolle) getragen.

Nur den gewöhnlichen, städtischen Tuchmantel über die Schultern zu hängen, ist Festtracht der Handwerker in den kleinern Städten und Märkten.

Handschuhe aus grobem Wollstoff, nur mit einem Däumling („Schiewlengk"), nimmt der Bauer im Winter auf die Reise oder zur Waldarbeit mit. Mit einem langen, dünnen Strick verbunden, hängen sie ihm über die Schultern herab.

Der alten städtischen Bürgertracht ist auch die Tracht der Geistlichen entnommen, nur daß statt der bunten die schwarze Farbe der Kleidung gegenwärtig üblich ist: im Sommer die lange schwarze „Daleman" mit den silbernen „Krepeln" und dem schwarzen Sammetgürtel, im Winter das mit Lammfell gefütterte „Mänte", am Hals, die Schließen herab und an den Ärmeln mit weißem (oder gelbem) Fuchskehlenfell verbrämt. Darüber der schwarze vielfach gefältete „Krous Rok", dessen Schulterblatt mit dem Alter des Trägers immer grüner wird. Als Kopfbedeckung wird gegenwärtig ein weiches Sammetbarett getragen. Die schwarzen Hosen staken bis zu Beginn des 19. Jahrh. in hohen Röhrenstiefeln. Zur Festtracht gehörte es, ein Schnupftuch, oben zu einem Wulst gebauscht, in der Hand zu halten.

Über das allmähliche Schwinden der Tracht ist schon im Vorhergehenden einiges bemerkt worden. Der große Schnitt zwischen Stadt und Land erfolgte zu Ende des 18. Jahrh., als die vornehmeren Beamtenfamilien teils durch Berührung mit den Gesellschaftskreisen Wiens teils um der teuren Anschaffungskosten des zur Frauentracht notwendigen Geschmeides willen sich ‚deutsch' zu kleiden begannen. Der Versuch, die alte Tracht in den Städten wiedereinzuführen, ist immer wieder gemacht worden, hat aber nur bei größeren völkischen Festlichkeiten zum Erfolg geführt.

Eine Geschichte der siebenbürgisch-sächsischen Tracht läßt sich nicht lückenlos schreiben, da bildliche Darstellungen nur in wenigen Fällen in frühere Jahrhunderte und auch da nur bis zur Reformationszeit zurückgehen. Doch erlauben ebenso die Benennungen der einzelnen Bestandteile der Tracht wie auch die Vergleichung mit sonst erhaltenen Bildwerken und Nachrichten gewisse Rückschlüsse. Wo diese Benennungen, im Gegensatz zur neueren deutschen Gemeinsprache, die kennzeichnenden Lautformen der ererbten, moselfränkisch-rheinischen Mundart tragen, wird man mit einer gewissen Wahrscheinlichkeit auch für die damit bezeichneten Gegenstände noch die Herkunft aus der Stammheimat annehmen dürfen. Im allgemeinen ergibt sich aus dieser Überlegung, daß der größere Teil der Bestandteile der Tracht, namentlich der Frauentracht, noch aus der Stammheimat mitgebracht worden ist, daß aber ebenso im Schnitt wie in der Verwendung der Stoffe und Verzierungen die Tracht ebenso den Einflüssen der Modeströmungen der Zeit wie der siebenbürgischen Umgebung reichlich ausgesetzt gewesen ist. Die letztere Bemerkung betrifft namentlich die Männerkleidung („Mänte", „Daleman" usw.). Die Beeinflussung ist stets von den höheren Gesellschaftsschichten zu den tieferstehenden, von den Städten zum Land ausgegangen.

Versuchen wir die Kleidungsstücke zu bezeichnen, die noch aus der Stammheimat mitgebracht worden sind, so finden wir wie in Siebenbürgen so in Luxemburg und im Westerwald die Unterscheidung der Kinderhäubchen scharf darin durchgeführt, daß bei Knaben das Häubchen aus fünf Zwickeln zugeschnitten ist, die auf dem Kopfwirbel in einem Knopf zusammenlaufen, während das Mädchenhäubchen einen Mittelteil und zwei Seitenteile hat, die zusammengereiht und oben mit einem Bändchen geschmückt sind. Das „Sterrebängtchen" (Stirnband) der Schulmädchen ist schon frühmhd., also wohl auch schon mitgebrachter Mädchenschmuck, ursprünglich allen Mädchen eigen, mit der Zeit aber auf die jüngeren Mädchen eingeschränkt. Zweifellos aber gehört der Bänderschmuck der Mädchen, „de Flietsch", Zopfband, noch der Stammheimat an (luxb. fletsch, franz. floche aus lat. flocca, Quaste). Als alte deutsche, mitgebrachte Bezeichnung kann im Hinblick auf die Lautform (z, -lp) das sonst nicht durchsichtige nösn. „de Zälp", „Beortezälp" (Treppen) angesehen werden.

Ebenso mag der „Birten" (Borte) in seiner ursprünglichen Form als schmales Haarband (mhd. borte), wie es junge Mädchen im Mittelalter in deutschen Gebieten trugen, mitgebrachtes Gut sein. Im 16. und 17. Jahrh. ein „silberner" und „Perlenborten", bei Töppelt als eine Art Perlendiadem bezeugt, hat er sich in den Städten bis zur Gegenwart als schmaler, kaum handbreiter Streifen erhalten, während er auf dem Lande, wo man nicht etwa wieder als zweiten Festborten erst recht den buntsammeten, perlengestickten Stadtborten übernahm (Neudorf b. Hst.), sich mit schwarzem Sammet begnügte, aber in unschönes Ausmaß ausartete.

Von den Bestandteilen der Frauen- und Männerkleidung ist jedenfalls das Hemd schon für die Stammheimat in Anspruch zu nehmen, obwohl zur Zeit der Einwanderung das Leinenhemd wenigstens bei Männern nicht im allgemeinen Gebrauch war. Aber die kennzeichnenden Kunstausdrücke der Verfertigung („de Giren", mhd. gere ‚Spieß', aber auch ‚Einsatzstück in Wäsche und Kleidern'; „Strop", „Strepchen", ‚Band zum Hemdverschluß an Hals und Ärmeln', ndl. strop, engl. strop, entlehnt aus lat. stroppus ‚Riemen'; „raen" = mhd. rihen, ‚mit einem Faden reihweise anheften, fälteln',) lassen mit Sicherheit auf ein hohes Altertum schließen. Allerdings scheint es bei Frauen und Männern das nur bis zum Schluß reichende Kurzhemd gewesen zu sein. Die Verlängerung durch den „Pändel" (Unterhemd) bei Frauen deutet auf Berührung mit der ungarischen Tracht in Siebenbürgen (ung. pendel, pendelj), die Verbreiterung des Männerhemdes nach unten, so daß es unter dem Riemen über die Hosen hinaushängt, auf Berührung mit der ostländischen Tracht (Slowaken, Rumänen usw.). Das Oberkleid der Frauen, der „Basemkerl" ‚Busenkittel', bezeugt vielleicht in der besondern, eingeschränkten Bedeutung des nach seiner Abstammung unerklärten Grundwortes (mhd. kitel, ‚hemdartiges Oberkleid') nach Namen und Ausstattung denselben alten Ursprung. Dasselbe gilt auch vom „Klit" (‚Kleid', mhd. kleit, auch in der eingeschränkten Bedeutung von Rumpfbekleidung) und von der „Gip" (‚Joppe', moselfr. jup, franz. jupe, ital. giubba). Ja, sogar der siebenbürgisch-sächsische Kopfschmuck der Frauen geht in seinen einfachen Formen auf den Brauch der Stammheimat zurück. Wie in der lebenden Mundart der

„Schlaier“ sich schon durch seine Lautform als junge Entlehnung aus dem Nhd. erweist, so fließt „schlijern“, „Schlijerdach“ unmittelbar aus mhd. slogir, sleier, wie auch im „Gehäll“ (das „Gebockelsel“) sprachlich ahd. hullituoch, im „Knäpp-dach“ sachlich das ahd. houbit-tuoch unverkennbar erhalten ist (noch in den Kronstädter Stadtrechnungen des 16. Jahrh. haupttiecher, höfdenthiecher benannt). Die besondere, feinere Art des „bockelns“ ist später sodann jedenfalls durch die Nürnberger und Augsburger Modetrachten, die sächsische Kaufleute ihren Frauen mitsamt dem reichen Schmuck an Nadeln sowie auch der neuen Benennung mitbrachten (vgl. die ‚Bockelhaube‘ in Augsburg) beeinflußt. In Hahnbach bei Hermannstadt wird eigentümlicher Weise unter „bockeln, det buckle“ das Anlegen des „Knäppdichs“ verstanden, während der sonst als „bockeln“ benannte Kopfschmuck eben mit „hälln“ („det Gehäll“) bezeichnet wird. Eine ins Mittelalter zurückreichende, darum wohl noch vorsiebenbürgische Benennung des herabwallenden Kopftuches verheirateter Frauen von Leinen oder Seide (mhd. risa) hat sich im Burzenland (Marienburg) als „Sedjereis“ ‚seidenes Hals- oder Kopftuch‘ erhalten.

Unter den Kleidungsstücken zum Schutz gegen rauhe Witterung machen der „Braßlatz“ und der „Kotzen“ Anspruch, noch altes Erbgut zu sein. Der „Braßlatz“ ist der unmittelbare Abkömmling der ältesten Form der Pelzbekleidung: in ein Tierfell wird eine Öffnung zum Durchschlüpfen des Kopfes geschnitten, das Pelzwerk hängt vorn und hinten herab. Im „Braßlatz“ erscheinen nur die Seitenkanten vernäht oder durch Schnüre, Knöpfe verbunden. „Kotzen“ entspricht ahd. chozzo, mhd. kotze, erscheint also ebenfalls als altes Erbwort. Bis tief ins Mittelalter reicht die „Kirschen“, der Pelzmantel für Frauen, zurück. Dem Wort wird keltischer Ursprung zugeschrieben (ahd. cursina, mhd. kürsen, ags. crusene), es wäre demnach wie „trausch“, das Spalierobst an der Stirnseite des Hauses (erhalten im Fam. N. Trausch) eines der wenigen Worte, das sich aus dem Keltischen in die siebenbürgisch-sächsische Mundart gerettet hätte, zugleich allerdings auch ein vollgültiges Zeugnis dafür, daß mit dem Wort die Frauen in vorsächsischer Vergangenheit auch die Sache schon gekannt und verwendet haben. „Vehene Kürsen“, d. i. bunte Pelze benennt nach Tröster (1660) in gut mittelhochdeutscher Weise (mhd. vech) die Winterpelze der Frauen. Auch der „schachtich Schach“ „Schaftschuh“, „Stiefel“ in seiner echt mittelfränkischen Lautform für -schaft und mit seinen „Foßdächern“ (Fußfetzen) zum Umwickeln der Füße (ahd. fuoz-tuocha) gehört dieser Zeit an. Dagegen ist der „Fleck“ (Schuhabsatz) trotz seines hohen Alters (mhd. vlecke) nach Ausweis der Lautform neuzeitige Entlehnung aus dem Nhd. Ob die siebenbürgisch-sächsischen Einwanderer Strümpfe gehabt haben, bleibt dahingestellt. Die gut moselfr. Lautform „Strump“, Mehrzahl „Strimp“, könnte dafür sprechen, aber Tatsache ist, daß im Volksbrauch der Gebrauch der Strümpfe erst in allerjüngster Zeit aufgekommen ist.

Sprachlich und sachlich mag auch der „Schifhot“, ‚Strohhut‘ der Stammheimat zugewiesen werden, dessen Name (zu mhd. schoup, Strohbund) auf eine noch recht einfache Form der Anfertigung deutet. Daß die Einwanderer überhaupt Schuhe und Kopfbedeckungen kannten und ebenso das barfuß- wie barhauptgehen als unschicklich ansahen, bezeugt die mitgebrachte tadelnde Bezeichnung „rafessich“ (mit bloßen Füßen), rahiftich (mhd. ruch).

Am unsichersten ist es um unser Wissen von den Beinkleidern der ersten Siebenbürger Einwanderer bestellt. Von der etwa anzunehmenden kürzeren Lederhose (mhd. bruoch, aus kelt. lat. bracca, ‚Hose‘) ist in der Mundart weder Wort noch Sache zu finden. Die Hosen als Beinkleider sind erst seit dem 15. Jahrh. als Verlängerung der Wadenhosen nach oben im Brauch. Ein „Paar“ solcher ‚Hosen‘ wurde oben verbunden, daher die Bezeichnung. Da in der Ma. „de Hisen“ immer in Mehrheitsform auftreten, ist anzunehmen, daß die Siebenbürger Sachsen demnach frühestens im 15. Jahrh. ‚die Hosen‘ kennen gelernt haben, bis dahin also ohne sie sich beholfen haben. Damit steht im Einklang, daß sie auch das leinene Beinkleid in ungarischer Benennung („Gatch“, ung. gatya) also wohl erst in Siebenbürgen als Unterhose, im Sommer zur Feldarbeit als Hose überhaupt, übernommen haben. Gleichzeitig mit dem Aufkommen der „Hisen“ und der „Gatch“ ist, wie es scheint, ein altes Kleidungsstück der Männer außer Brauch gekommen, der Taphart, ein langes, weites, hinten schleppendes Gewand (aus franz. tabard, mlat. tabardum). Von ihm ist nur die Vorstellung des herabhängenden Bausches, eigentümlicherweise übertragen auf einen übermäßig weiten und herabhängenden Hosenboden, sodann auf den Körperteil selbst („Toppert"), zurückgeblieben.

Wie für das Vorkommen des Hemdes der „Strop", so legt für den Männerrock und -mantel die nur aus der stammheimatlichen Mundart erklärbare Namenform der Knöpfe als „Krepeln" (mhd. kropf, mnd. krop, in der Grundbedeutung ‚geballte, runde Masse', ‚hervorstehende Rundung') vollgültiges Zeugnis ab. In der Tat zeigt die städtische siebenbürgisch-sächsische Männertracht in Abbildungen des 17. Jahrh. denselben kurzen, vom Schluß etwas abstehenden Tuch- oder Pelzrock, der von einem Gürtel zusammengehalten wird, wie deutsche Trachtenbilder des Mittelalters vom 12. Jahrh. an.

Es sei noch bemerkt, daß in der Kopfbekleidung der Männer der „Marderhott" („Feierlengsmätz" usw.) mit dem steil aufsteigenden Pelzrande und dem über den Rand herabwallenden Boden die üblichen Mützenformen des frühen Mittelalters festhält.

Das Leben im Hause.

Nahrung.

Im allgemeinen macht man den Siebenbürger Sachsen — mehr dem Bauern als dem Bürger — von Seite der Ärzte den Vorwurf, daß er sich nicht genügend nähre. Auch der Volkswitz spottet die geizige Bäuerin, daß sie aufs Feld ein gekochtes Ei „einsacke", dieses zum Mittagessen mit dem Manne teile und erst recht noch ein Stück davon zum Vesperbrot („Bowendämmes") zurückhalte, oder den Hermannstädter Bürger, der dem Gast aus Heltau — ein besonders großer und kräftiger Menschenschlag — einen gebratenen Stieglitzschenkel vorsetzt: Iß nun, bis du zerplatzt! So läßt auch im Haferland der Dorfspott die geizige Hausfrau am Sarge ihres Mannes klagen:

„Ach Honnes, Honnes (Johann), wol sopte (schlürften) mer, wo mer es en Ache (Ei) braten. Ist sopt ir, ist sopt ech, mer worden allebit satt. Tangkerlangk (das Getunke) huet na en Ängt.

An Fest- und Feiertagen allerdings geht's auch im siebenbürgisch-sächsischen Hause hoch her, und jedenfalls hat vor Zeiten die Berührung mit der römisch-keltischen Küche in der Urheimat an der Mosel wie mit der ungarischen in Siebenbürgen dem vielleicht etwas dürftigen germanischen Erbe reichere Abwechselung und Fülle gebracht. Schon Damasus Dürr (Ende des 16. Jahrh.) gedenkt der „ander Ding, was zum Salzrump (Salztopf) gehört."

Wann gegessen wird.

Der siebenbürgisch-sächsische Bauer pflegt in der Sommerhälfte des Jahres — März bis November — dreimal am Tage zu essen. In der „harten" Arbeit des Maishackens, Heumachens, Kornschneidens kommt als vierte Mahlzeit noch das Vesperbrot hinzu. Im Winter wird nur zweimal am Tage „gekocht" gegessen.

Das Frühstück („Frästäckeln"), davon unterschieden das städtische „Frustuck" als neue Entlehnung aus dem Nhd., wird in der Sommerhälfte zu Hause vor Aufbruch zur Feldarbeit verzehrt. Es ist stets eine gekochte (seltner gebratene) Speise. In der Zeit der drängenden Arbeit (Mahd, Schnitt), die bei Tagesanbruch beginnt, wird es den Arbeitenden auf das Feld getragen. Im Winter rückt das „Frästäckeln" zum späten Vormittag vor (9 und 10 Uhr), wenn die erste Tagesarbeit (Viehversorgen usw.) vorüber ist.

Das Mittagessen („Mättachämmes", nösn. „Mättochmol"), den Sommer über in der Regel Brot und fleischlose Zukost, meist Speck oder Käse, im Winter noch einfacher — Brot und Äpfel, gebratene oder gekochte Kartoffeln, wenn's hoch kommt „geschmiertes Brot" — folgt um 12 Uhr oder etwas früher. In manchen Gegenden wird im Winter das „Frästäckeln" bis nahe an Mittag hinausgeschoben — bis die Kinder aus der Schule kommen —, und so das Mittagessen erspart, vorher am Morgen ein Apfel oder Kartoffeln oder nur ein Stück Brot gegessen.

Das Vesperbrot (zwischen 4 und 5), wenn auch bescheiden meist nur aus Überbleibseln des Mittag bestehend („Iwrijet", ‚Übriges'), oft auch nur aus Brot und einem „Stamperl Pali" (Schnaps), wird in der kurzen Zeit, in der es gewährt wird, hochgehalten. Man setzt sich dabei nieder („Dat neder de Häen! legt nieder die Hauen, kommt zum „Bowendämmes"), wird von Vorübergehenden dazu beglückwünscht („Gott gesen ich det B."!, Gott segne Euch das Vesperbrot!).

Es heißt, am (Hermannstädter) Maijahrmarkt kauft man das „Bovendämmes", am Herbstjahrmarkt (Anfang September) verkauft man es wieder. Auch in Luxemburg „nimmt der Zent Bartelmis den Bauern den Käs". In der feierlichen Stimmung des Vesperbrotes klingt noch die Tatsache nach, daß es in früherer (katholischer) Zeit das Essen in der Gebetspause zum Ave-Maria-Läuten gewesen ist. „Bowendämmes", eigentlich Imbiß beim Ave-Maria-Läuten, ist wie im Burzenland „de Owentmarch", „Ave Maria", an ‚Abend' angelehnt. Andre Bezeichnungen „Viesperämmes", „Viesperbrit", „äm de Viesper" zeigen den Zusammenhang deutlich an. Ebenso nösn. „Lasterschicht", zer (zur) „Lasterschicht" essen (zu altſ. hlust, agſ. hlyst), in der ‚Arbeitspause, beim Aufhorchen zum Ave-Marie-Läuten' usw. In Zeiden heißt das Vesperbrot „aum Zpei", ‚um zwei', stammt also aus einer Zeit, wo man schon um 10 Uhr zu Mittag aß und nach vier Stunden vesperte.

Das Abendessen („Owendämmes", nösn. „Obmol"), das durchwegs gekochte Speise („Gekochsel") enthält, wird beim Dunkelwerden („äm Zaschemmern"), Sommers nach Rückkehr vom Feld, ½ 9 bis 9 Uhr, im Winter schon um 5 Uhr eingenommen.

Der bürgerliche Haushalt der Städte hält zu allen Jahreszeiten die drei Hauptmahlzeiten fest: Frühstück zwischen 7 und 8, Mittag um 12, Abendessen um 7 Uhr. In vergangenen Zeiten rückte das Abendessen in eine frühere Stunde vor, die Gegenwart schiebt das Mittagessen mit Rücksicht auf den Schulunterricht der Kinder vielfach auf 1 Uhr hinaus. In ‚besseren' Häusern hat sich um ½ 5 Uhr noch die „Jause" (Milchkaffe oder geschmiertes Brot) eingebürgert.

Was gegessen wird.

Die siebenbürgisch-sächsische Küche, auch in den bäuerlichen Kreisen, ist grundsätzlich auf Fleischnahrung eingerichtet. Auch die in den fleischlosen Zeiten zubereiteten Gerichte, in denen das Fleisch durch Speck oder reichliche Schmälze ersetzt wird, geben sich eigentlich in ihrer ganzen Zusammensetzung als Nachahmung und Ersatz der Fleischgerichte.

Das Fleisch wird durch eigenes Schlachten beschafft. Jede Haushaltung schlachtet gegen Weihnachten zu mindestens ein Schwein, größere nachher noch mehrere dazu. Im Spätherst, bevor die strenge Kälte einsetzt, tun sich drei oder vier Nachbarn zusammen, ein junges Schwein („Breleng", ndd. brolinc, Jungschwein, das man noch ins Brühl — in die Sumpfau — treibt; nösn. „Pläcklängk", ‚Frischling', der nur „gepläckt", ‚gerupft' und nicht auch „geperschelt', ‚abgeflaumt' wird) abzutun („uefdan") und zu teilen. Man heißt das „Hopsche machen" (zu rum. obste, Gemeinschaft). Das geschieht auch mit Schafen. Zum Schlachten eines jungen Rindes tun sich 12—20 Wirte zusammen und verteilen (verlosen) das Fleisch. Gewerbsmäßig wird in der Regel nur von Pfingsten bis Michaelis einmal in der Woche (Sonnabend) Rindfleisch aufgeschlagen, von August bis zum Spätherbst (am Donnerstag) dazu Schaffleisch. Der Fleischer, dem die „Flischlif" (Fleischlaube) des Dorfes überlassen wird, muß das Fleisch zum bestimmten niederen Preis liefern. Dafür hat er das Recht, auf der Gemeindeweide auch zum auswärtigen Verkauf sein Schlachtvieh weiden zu lassen. Der Pfarrer erhält den „Närebroden" (Lungenbraten), wofür er sich gelegentlich mit einer Flasche Wein und Gebäck erkenntlich zeigen muß.

Das Geschäft des auch im Moselfr. so benannten „uefdans" zu Hause besorgt der Bauer selbst. Dabei wird sorgfältig darauf gesehen, daß die einzelnen Stücke regelrecht ausgelöst, die Knochen im Fleisch richtig „gekäppt" (mhd. kippen, ‚abhauen') werden, da jedes seine besondere Verwendung hat. Es wird ihm deshalb bei Bezeichnung der Speise immer die Ehre der eigenen Benennung zu teil: „Krine Kächen bäm Hiftschädel, bä der Nues, bä de gekochte Fessen", „bä der Kochwurst" (Krenbrühe mit dem Schädel, der Schnauze mitgekocht); „Weiß Fussoien bäm Huesen" (Bohnen beim dünnen Brustbein des Schweins); „Muegekächen" Magenbrühe; (der Schweinsmagen wird mit grob geschnittenen Fleischstücken und Zwiebel gefüllt und gekocht); „Sälzekächen" („Kächen" bei Ohren, Füßen, Schnauze), „Feßläwent" (Brühe bei Schweinsfüßen) usw.

Hühner (nösn. „det Gedarich") werden nur bei besonders festlichen Gelegenheiten, Hochzeit, Taufe, Gustav-Adolf-Verein usw., geschlachtet. In reicheren Häusern hier und da am Sonntag, Gänse und Enten zumeist nur in der Stadt.

Die Zubereitung des Fleisches erfolgt durch Braten, in der

Regel aber durch Sieden. Roh wird nur der Speck gegessen und zwar nicht geräuchert, sondern nur eingesalzen. Er ist gar und eßbar, wenn es im Frühjahr zum erstenmal gedonnert hat, dann darf man den „Bachen uschnegden" (anschneiden). In ärmeren Gegenden (Haferland) werden im Winter auch Schafe geschlachtet und für den Sommer aufbewahrt. Lämmer dienen, wo Schafzucht getrieben wird, zu Ostern, oder hier und da auch zu Pfingsten als Festbraten.

Die einfachste und üblichste Art des Bratens ist, das Fleisch „äschnegden" (einschneiden), d. i. es in dünnen Schnitten im „Drafeß" (gegenwärtig eine kleinere Erzpfanne, früher eine tatsächlich dreifüßige irdene Pfanne, die auf die Kohlen gestellt wurde) ausbraten. Diese Zubereitung gilt auch für den geräucherten Schinken, „de Schungk", „Schulderflisch", der nur in der Stadt gekocht und kalt verzehrt wird. In kleinere Bissen zerschnitten, mit reichlicher Zwiebelzutat, für größeren Bedarf in gleicher Art aber mit Kartoffeln gemengt, wird die „Tokane" (ung. tokány) bereitet.

Die Kleinstückchen des Geflügels (nösn. „det Gekris") werden in den Städten mit Reis gekocht.

Die üblichste, so lange der Fleischvorrat reicht, tagtägliche Art der Fleischzubereitung, ist jedoch das Sieden, besonders auch der eingesalzenen Knochenstücke des Schweinefleisches („det Geknech") mit reichlicher Zugabe verschiedenen Gemüses, das mitgegessen wird, ja die eigentliche Masse der Nahrung bildet. Das ist die berühmte siebenbürgisch-sächsische „Kächen", deren Name mit Sicherheit aus lat. coquina, cocina, ‚Küche', (ahd. kuchina) abzuleiten ist, das in frühmittelalterlichen Aufzeichnungen auch schon „das Essen" bedeutet. Bei Du Cange, in der Charta Reginaldi episcopi Carnot 1212: der Knecht, der die Heumacher auf die Wiese führt, hat für sie aus der Curia die Brote, die bestimmte Menge Wein „et coquinam" mitzunehmen. Da diese Art der Essenszubereitung als das gute Essen schlechthin verstanden wurde, ging auf diese Weise das Wort Küche in den angedeuteten Sinn über, zumal das siebenbürgisch-sächsische Haus eine besondere Küche nicht hat, sondern der Herd im „Hous" oder in der „Stuf", im Sommer im „Backes" steht. (Die städtische Bezeichnung „Kuchel" ist erst neuerdings der österr. Umgangssprache entlehnt.) In der Schulsprache hat sich bis zur jüngsten Vergangenheit die mittelalterliche Bezeichnung für das reihum zu liefernde Mittagessen an „det Geschil" (die Gesamtheit der Schullehrer im Dorf), das eben durchwegs aus einer solchen „Kächen" bestand, als „Kokvin" erhalten. Wort und Sache weisen demnach auf die rheinisch-moselländische Urheimat, wo die Franken und Alemannen unter dem Einfluß der römischen Kochkunst es lernten, den Fleischsud durch reichlichen Zusatz von Schmälze und Gemüsestücken zu würzen. Es ist wohl dieselbe Art der Zubereitung wie heute noch im Reg.-Bez. Minden, wo das Essen „suppenartig durcheinander gekocht wird, so daß es gelöffelt werden muß." Durch Berührung mit der ung. Kochkunst wird für „Kächen", aber zumeist für ihre fleischlose Abart und damit mit einem leisen Stich ins Verächtliche, auch die Bezeichnung „det Lawent" (nösn. Labet, aus ung. lé, levet, Brühe) gebraucht. „E gedint (gedehnt) langk Läwent" (dünne Brühe) dient deshalb auch als Spott für eine inhaltsleere Rede. (Nösn. „e schlippich Labet", „en Lurke", dünnes Gericht). Von sparsamer Bewirtung gilt: „Lawent (Krokt) wor genach, Flisch än der Irdnungk" (Fleisch in der Ordnung, d. i. gerade nur soviel, als es sich gebührt). Doch ißt der siebenbürgisch-sächsische Bauer im Gegensatz zum Städter nicht viel Fleisch und hält sich mit großer Vorliebe an das „Läwent". Aber auch die „Kächen" kann, wenn sie leer und mager ist, nicht nur bildlich eine rechte „Bekridneskächen" (Kümmernisbrühe) werden.

Die „Kächen" wird, sobald Fleisch und Gemüse gar sind, entweder „ägeklopt" (eingeklopft) oder „ägebrät" (eingebrannt). Im erstern Falle — zumeist bei saueren „Kächen" — mit einem Gemenge von Ei, Mehl, Milchrahm, kaltem Wasser und Essig, im letzteren Fall — bei süßen „Kächen" — mit „Äbrä", „Ägebrässel" (Mehlschwitze, Mehl in Fett gebraten) verdickt und gebunden. Dieselbe Zubereitung gilt auch für die fleischlose „Kächen", die aus Sparsamkeitsrücksichten zum Frühstück auch im Winter, aus Fleischmangel aber im Sommer und Herbst überhaupt gegessen wird. Nur werden hier, soweit der „Bachen" langt, größere Speckstücke mitgekocht und das Ganze mit reichlicherem Fettzusatz „ägeklopt" und „ägebrät". In den „uerme Wochen" (arme Wochen, September bis Dezember, wenn die Wintervorräte ausgegangen sind und es noch lange bis zum „Uesdan" ist) werden auch nur die Speckschwarten oder „rintschich (ranzig, nösn. schmirklich) Baslisch" mitgekocht, um der „Kächen" Geschmack zu geben.

Der auf diese Art zubereiteten „Kächen" sind eine ganze Menge, sie werden nach den Gemüsezutaten genannt und richten sich deshalb nach dem, „was die Jahreszeit bietet".

Von der „Kächen" unterschieden sind die Suppen („de Supp"), die ‚bei Rindfleisch' oder bei einer Henne ebenfalls mit Gemüsezutaten (Petersilie, Möhre, Zwiebel, Sellerie) gekocht aber zuletzt abgeseiht werden. „De Flischsupp" wird entweder über Brotschnitten gegossen (als „Gevadderläwent" noch ein Ei darauf geschlagen) oder es wird Reis, Gries, Gerstel, „Paredeis", (Tomaten) oder selbstgefertigte Teigware eingekocht. „Geschniddendich", „Zeddeldich", in Mediasch auch „Schluper", ist die gewöhnliche Sonntagssuppe.

Das Fleisch wird in einer eigenen Schüssel aufgetragen und mit einer Soße — üblich ist die „Paredeis-" (Tomaten), seltener die „Zwibelsoß" — oder mit Sauergurken und „Rimeschen" (rote Rüben, gebraten und sodann in Essig eingelegt), wenn man unter sich ist, mit „ägeschniddänem Zwibel" (rohem Zwiebel in Essig geschnitten) gegessen.

Unter den Speisen, die von vornherein fleischlos zusammengestellt sind, nimmt den ersten Platz „de Palokes mät Mältch" ein. (Maisbrei mit Milch); nösn. „Koläsche", aus rum. colese. In der Reener Gegend „Schulfa," aus rum. julfa, geschrotener Hanfsame; „Palokes" ist über ung. puliska wahrscheinlich türkischen Ursprungs. In der Regel ist das in Zeiten nicht dringlicher Feldarbeiten das Frühstück oder Abendessen. Das Maismehl wird in siedendes Wasser gefüllt, gesalzen, sodann das Palokesdäppen in einem alten Filzhut von einem starken Mann zwischen den Knien gehalten, das Mehl in dem Topf mit dem „Palokeskläppel" tüchtig durchgerührt, bis der Brei steif wird und sich aus dem Wasser und von der Topfwand löst. Die „Palokes" wird auf ein reines Brett ausgestülpt, mit einem Zwirnfaden von oben hinauf zerschnitten und stückweise in den Teller mit Milch gelegt. Oder aber jeder erhält ein Stück „Palokes", und es wird dazu die Milch löffelweise aus der Schüssel gegessen. Statt süßer Milch wird auch „Souermältch" (gestockte

Milch) zur „Palokes" gegessen. Ebenso „Sare" (entrahmte, geronnene Milch wird in einem länglichen Holzgefäß mit einer an langem Stil befestigten durchlöcherten Holzscheibe rasch gestoßen. Die so entstandene Dickmilch wird bis zum Wärmegrad frisch gemolkener Milch erwärmt, bei Büffelmilch durch Zugießen heißen Wassers. Die Milch wird dann solange geschlagen, bis sich oben Butter zeigt). Wenn die Milch ausgeht, muß man sich freilich oft auch mit „Brannemältch" (mit dem im Topf zurückgebliebenen Kochwasser) oder mit „Palokes mät Monschein" (trockene Palukes) begnügen.

Sättigender als die „Palokes mät Mältch", nach der man auf den Zehen ins Bett gehen muß, um nicht zu rasch wieder hungrig zu werden, ist „de Kespalokes" (Maisbrei mit Käse). Am einfachsten wird die „Kespalokes" bereitetet, indem man den scharfen Schafkäse in einen Palukesklos eindrückt und „det Kletzken" (den Klos) auf der heißen Platte noch etwas röstet, oder gar einfach mit der Palukes in die Schüssel mit gebröckeltem Käse tunkt.

Ebenso als fleischlos angelegt sind die verschieden „Broken" (Eingebrocktes) und „Wichperten" (eingeweichtes Brot). Über Brotschnitten oder Brotkrumen wird heiße Milch (Mältchbrok), Einbrennsuppe („Kim"), gesottene und mit Speckstückchen „geriste" Sauermilch („Souermältch-Klämpebrok") gegossen. Ebenso: „Gechbrok", „Gechwichpert", im Burzenland „Gochbrauk", wenn das Brot gebrockt und „Gochschlatz" (nösn. „Gaichschlätz", „Gech" nhd. juche, „schlätz" zu mhd. slitze, „Fetzen", also Brotstückchen), wenn dünne Brotschnitten übergossen werden, genannt. Ein besonderes Festmahl ist es, wenn die „Gechwichpert" mit gebratener Wurst belegt oder Wurst und Schweinshirn in der „Gech" mitgekocht sind. „Gächzibri" heißt nösn. eine Speise mit Speck und Zwiebel gut „gerist". „Weny-" (gesüßter und mit Zimmt gewürzter Wein); „Kes-" (auf Brotschnitten wird zerbröckelter Käse gestreut und das Ganze mit siedendem Wasser übergossen; nösn. „Pränzbrok", im Weinlande „Touerlengkbrok"); „Urde-" (rum. urda), Süßquark, aus der Schafmolke ausgeschieden.

Eier werden vor allem zur Osterzeit, wenn die „gegelft Acher" (gefärbte Eier) zuletzt als wohlschmeckende Speise dienen, meist hart gegessen. Für Kinder als Leckerbissen beim Besuch der Großmutter „än der Jesch gebroden“ und sodann „gesoppt“. In Schmalz oder ausgebratenen Speckstückchen geschmort wird entweder der „wich Arefangkich“, „Arentettes“, auch „Paperade“ und „Krinefangkich“ genannt, zubereitet und aus der Pfanne („ous dem Drafeßken“) mit Brot oder Palukes ausgetunkt, oder der „hart Arefangkich“, der aufs Feld eingesackt mit Brot oder als Beilage zum „Zalateläwent“, sowie zu „gräne Fussoien“ (grünen Bohnen) gegessen wird.

Käse wird zumeist vom (rum.) Schafhirten als Ertrag der eigenen Schafhaltung bezogen oder gekauft. Dafür steht die uralte Benennung der Balkangebirge „Brinse“, rum. branza, „Burdufkes“, rum. burduf, Schafshaut, in Verwendung, weil der Käse in Schafshaut eingefüllt, zum Verkauf kommt. Der Süßkäse wird gewässert, gesalzen und in ein irdenes Gefäß eingedrückt.

Von Gemüsearten, „Gewirz“ (Gewürz), kennt die siebenbürgisch-sächsische Küche eine ganze Reihe. Die eigentliche, im Winter tagtägliche Zuspeise zum Braten ist der „Kampest“. Die Bäuerin säet im „Planzegärtchen“ auf der Gasse, das alle Frühjahre für die ganze Zentschaft hergerichtet wird, den „Kampestsom“, um Pfingsten werden sodann die „Planzen“ (Krautsetzlinge) auf das „Kampeststäck“ ausgesetzt, wo sie in regnerischen Jahren zu dicken Köpfen („Kampesthifder“) anwachsen. Es gilt die Bauernregel: wenn der „Kampest“ gerät, mißrät der Wein und umgekehrt. Im Spätsommer und Herbst wird aus den in vier Teile geteilten Kohlköpfen mit Fleisch und Speckzutat das süße oder „Wengstinkrokt“ (Weinstein-) gekocht, („fogdich Krokt“, in ganzen Blättern gekocht). „Gezeddelt“, „gehackt“, „gescharft“, (geschnitzelt) und in Schmalz „gedinst“ (gedünstet) gibt es mit Palokes ein gutes Abendessen für die Arbeiter („Haidakampest“). Die Hauptverwendung aber findet der Weißkohl im Winter. Die Krautköpfe werden von den Deckblättern gereinigt („gebluet“), der Strunk wird ausgehöhlt und mit Salz gefüllt, die Köpfe sodann schichtenweise in eine Salzbrühe mit Kreen, Dill und „Eisebet“ in die „Kampestbitt“ gelegt. Die Krautsuppe („Gech“) muß öfters mit einem kleinen Besen gepeitscht und abgelassen, d. i. mit der Luft in Berührung gebracht werden. Das so gesäuerte Kraut dient nach einigen Wochen als kräftige Zuspeise zu Schweinebraten, Wurst und Hülsenfrüchten, gibt in ärmeren Verhältnissen allein die Zukost zur „Palokes“ ab. Mit viel Fleisch und Speck wird daraus das sächsische Kraut gekocht („Biddekrokt“, „sakesch Krokt“, „gefällt Krokt“; letztere Bezeichnung nach den „Pillchern“, Pölsterchen, d. i. Rollen von ganzen Krautblättern mit Hackfleisch und Reis, in ärmeren Verhältnissen auch nur mit Maisgrieß gefüllt und mit dem Kraut mitgekocht.) Bei üppigeren Veranstaltungen (an Hochzeitstagen als spätes Nachtessen) fehlt es dabei auch an gebratener Auflage von Wurst usw. nicht.

Schon Rechnungen des 15. und die Kronstädter Quellen des 16. Jahrhundert kennen den „Kompast“, „Kompest gesodden“, doch reicht Name und Säuerung schon in die Urheimat als Folge der Berührung mit der römischen Kochkunst zurück. Der Weißkohl (lat. caulis) wurde am Rhein von den Römern übernommen, ebenso der Kopfkohl (mlat. caputium, ahd. cabuz, kabyz). Beide Namen sind der siebenbürgisch-sächsischen Mundart verloren gegangen und durch den Namen des eingemachten Kohls, „Kampest“ ersetzt worden. Denn auch die Kunst des Einlegens und Säuerns ist römisch. („Kampest“ gibt lat. compositum, ‚in Salzbrühe eingemacht‘, wieder.) Aus dem moselfränkischen Grenzgebiet ist diese Art der Säuerung bis nach Thüringen vorgedrungen (Gumpest, Komstkraut). Das gefüllte Kraut mit den „Pillchern“ wird in der ungarischen Küche als Klausenburger Kraut bezeichnet. In den Speisefolgen der Klausenburger Gastmähler tritt es aber erst im 17. Jahrh. auf, während im 16. Jahrh. einfach Fleisch mit Kraut angegeben wird. Dagegen rügt schon Damasus Dürr (Ende des 16. Jahrh.) die sächsischen Bäuerinnen, daß sie über dem Krautfüllen die Kirche versäumen. Dazu muß noch bemerkt werden, daß ung. káposzta eben auf siebenbürgisch-sächsisch „Kampest“ zurückgeht.

Andere Salate kennt die sächsische Bäuerin wenig, außer die Gurken, die wie schon erwähnt, auf doppeltem Wege, vom 16. Jahrh. an über Kronstadt aus dem Süden als „Kratzewetz“ und von Norden her als nösn. „Audrängk“ ins Land gekommen sind. Man unterscheidet in der Zubereitung „Dissem-“ (Sauerteig) und „ägeschniddä Kratzewetz“.

Den Nachtisch bei Festlichkeiten bilden Äpfel, Nüsse, Dörrpflaumen, vornehmlich aber „Hangklich-“ und „Klotsch“stücke, die auf das Tischtuch gelegt werden, und ein Teller mit Käse. Das ist das „Kesbrit" (Nachtisch). Wer zuerst weggeht, so daß die Zurückbleibenden tüchtig über ihn herfallen können, muß befürchten, für sie selbst zum rechten „Kesbrit" zu werden.

Das eigentliche Backwerk ist das „Brit" (Brot). Es steht so sehr im Mittelpunkt des Essens, daß es als die eigentliche Nahrung bezeichnet wird („wich Nuerungk", ‚weiches Brot'). Der Ersatz für Brot, die „Palokes", wird deshalb nur als Notbehelf angesehen, als „giel Mächeltort" (gelbe Micheltorte) gespottet. Über die Bedeutung des Brotes im Volksleben wolle der Abschnitt Brot im siebenbürgisch-sächsischen Wörterbuch nachgeschlagen werden. Hier nur die Bemerkung, daß zwischen „weißem Brit" (Weißbrot aus feinem gesiebtem Mehl), vornehmer „Brit ous gedästem Miel" — ahd. dyst, mhd. duyest, Staubmehl — und „gressijem Brit" (mit reichlicher Belassung von Kleie, ahd. gruzzi, „Kleie") unterschieden wird. Eine alte Art des Brotbackens ist „äm Tsiest" backen. Man macht den Herd heiß, legt den Teigkloß darauf und stülpt einen erhitzten, ausgehöhlten Steinkegel darüber, (rum. tzest, „Backglocke", vgl. das ahd. caustella, „clibanicus panis"). Brot in Krautblättern eingewickelt und gebunden ist das „Kampestbridchen".

Durch besondere Formung des Brotteiges, später durch eigene Backart und feinere Zubereitung des Brotteiges selbst, haben sich, zunächst wohl als Leckerbissen für Kinder gedacht, ebenso auch als Geschenkabgabe für die Geistlichen, die verschiedenen im siebenbürgisch-sächsischen Haushalt üblichen Gebäcke entwickelt.

Die einfachste Form ist das knusprig gebackene Endstück des Brotes selbst, auch wo es in einer kleinen Wulst ausläuft oder mit einem anderen Brot im Ofen zusammengestoßen ist („en Hubber", „e Hubbesken"; „en Dotzen", „e Detzken"; „e Riffken". Solche „Hubbesken" können nun auch absichtlich gemacht werden, indem der Teigrest aus dem Backtrog („Malt") abgekratzt, zusammengeknollt und auf dem Herdwinkel („af der Schärr") oder in der heißen Asche rasch und knusprig gebacken wird. („De Schärr"; „det Schärrchen"; „Schärrhibes"; „Schärrhibesken". In besserer Zubereitung ist es die „Gevadderschaarr", Gebäck für die Kindbetterin, Kl. Scheuern.) Schon eine Verfeinerung ist es, wenn der Teig dabei vorerst mit Schmalz oder

Butter bestrichen wird. Breit gedrückt ist es das „Bedemchen" oder „de Maldenhangklich", die die Mutter den Kindern auf besonderen Wunsch bereitet. Als breitgedrückter Brotteig, mit Speck, Zwiebel, Apfelstückchen, Pflaumen, Pflaumenmus usw. belegt und gebacken, führt dieses Gebäck auch den Namen „Hangklich", („Brit-", „Schliecht-", „Wiertich-", ‚Werktag-'), im besonderen „Baflisch-", „Zwibel-", „Appel-" usw.)

Der vielbesprochene Name der Hanklich ist wohl am einfachsten als „einer Hand gleich", also als „wie eine Hand breitgedrücktes Brot" zu erklären. (mhd. hantliche, die Lautform wäre wie „Mangkel", ‚Mantel' u. ä. zu verstehen.) Vgl. in den Kronstedter Quellen 1541, noch gut mhd. „pro pane et czypo hantlich"). „Hangklich" würde demnach der Bedeutung nach sich mit „Bedemchen" und „Fladen" (nhd. vlade, ‚flacher Kuchen', urverwandt mit gr. πλαθύς, ‚breit'), decken, mit dem das Wort auch in der Ma. abwechselnd gebraucht wird. Auch in der Zips gibt es ein Handlech, ‚kleines Brot'. Die alte Tröstersche Erklärung „eine Fladens-Art, so mit der flachen Hand gleich gemacht wird", würde damit, als wenigstens in die Nähe treffend, wieder zu Ehren kommen.

In der Entwicklung zur Verfeinerung hin haben „Hangklich" und „Hibes" die Führung übernommen, während der „Fladen" ein gröberes Hausgebäck geblieben ist. Die Verfeinerung des Teigs für die „hiefich" oder „Zaichhangklich" („Hiefijet") besteht außer dem feiner gesiebten Mehl („gedeist Miel") darin, daß statt „Dissem" Preßhefe zur Gärung benutzt wird, vor allem aber in den reichlichen Zutaten von Milch, Butter, Eiern und etwas Zucker. Durch die Fülle der aufgestrichenen Würzzutaten ergibt sich die reiche Zahl verschiedener Hanklichen: Eier-, Rahm-, Grießhanklich usw. Nur den scherzhaft verwendeten Namen mit der „Hangklich" gemein hat die „Schillerhangklich" (als „Hangklich" für die armen „Schiller", die ‚Lehrer', ehemals die scolares ‚Pfarrgehilfen'): Brotschnitten gebäht, in heißes Wasser getaucht und gesalzen. Bei üppigerer Ausstattung wird das gebähte Brot mit Fett bestrichen, gesalzen (an Festtagen gezuckert) und nochmals geröstet, oder es werden die Brotschnitten in einen Brei von Ei und Mehl gehüllt, in Schmalz ausgebacken und gezuckert („gebackä Brit"). Einen anderen Weg ist der „Hibes" gegangen.

Noch heute wird z. B. in Mediasch unter „Hiubes" der kleine Brotkuchen verstanden, der aus dem Teigrest der Brotmulde gebacken wird. Die Bezeichnung „Hibes" haftet aber vornehmlich am Gebäck, dessen Teig ohne Gärung einfach aus einer Mischung von Mehl und Wasser (später mit Fettzutaten) bereitet war. Das nannte man im germanischen Altertum „derb" (ahd. derp, ‚ungesäuert'). Die „Därfhangklich" wird noch in Nadesch aus ungesäuertem Teig bereitet. („Em huet Darwet gemaucht", man hat ungesäuerten Kuchen gebacken, Durles). In die römisch-keltische Backkunst der Stammheimat führt der in gleicher Art gebackene „Feibesch" zurück (in Gr. Probstdorf bezeichnender Weise auch „Hiubes" genannt): ein einfacher Brei aus Mehl und Wasser, manchmal auch als Fastenspeise am Karfreitag, auf dem heißen Herd oder in der Asche gebacken. („Hiubes än der Faierstall gemacht"; „Schärrhibes"; „Eschhibesken"; „Wasserhibes"; „Mellnerhibes"). Der „Feibesch" ist dem Namen nach Entlehnung aus dem Altroman. (lat. foccacius panis und boviscum, „Kuhfladen", altfranz. fouasse, ahd. vochenza, ‚Aschkuchen').

Die Berührung mit der österreichischen Küche hat schon früh den „Kugelappel" (Guglhupf) und „Bumsträtzel" (Prügelkrapfen), der Verkehr am ungarischen Fürstenhof den „Bieltschen" und „Retesch", „Reteschken" in den siebenbürgisch-sächsischen Haushalt eingeführt (ung. béles, ‚Gebäck mit Füllung'; ung. rét, ‚Schicht', rétes, in Schichten zusammengefaltenes, gefülltes Gebäck) danach: „Appel-", „Pelsebieltschen" usw. Die Fülle des „Reteschken" bilden gewöhnlich Nußkerne oder Mohn. Der „Strätzel" (Striezel, ahd. strucel, schon in Kronstädter Rechnungen des 15. Jahrh. als struecżel bezeugt) scheint altes Erbgut zu sein, ebenso der „Klotsch" (geflochtener und in einer „Form" gebackener Feinteig), trotz seines Anklangs an ung. kalács, altslav. kolaci. Vielmehr geht der Name des Gebäckes, das von jeher als „det Gebir" (Gebühr) für den Geistlichen gilt und z. B. bei der Trauung von der „Biddermet" (Brautmagd) für den Geistlichen auf den Altar gelegt wird — die Beanstandung dieses Brauches durch die Synode bezeugt sein volkstümliches, vorreformatorisches Alter — wie die verwandten Bezeichnungen wohl auf lat. collatio, ‚Opfergabe' zurück. Man kann dabei auch an die ehemaligen kirchlichen Gebäcke als Opfergaben der hohen Festtage denken.

Von ‚Gebildbroten und -gebäcken‘ haben sich keine Spuren erhalten. Auf solche Festgebäcke weist nur der Brauch hin, daß zu Ostern der Pfarrer allen noch nicht konfirmierten Dorfkindern — die jüngsten Knaben haben bei dieser Festlichkeit die ersten Höschen an — ein Gebäckstück austeilt (Kuchen, Äpfel). An manchen Orten dient dazu ein Päckchen „Hemmelbrit" (Abendmahlsoblaten), das vom „Kanter" (Kantor) in seinem eigenen Backeisen („Hemmelbriteisen") gebacken wird. Ebenso mag in der in Alzen üblichen „Schuilerhoungklich" noch eine solche Andeutung enthalten sein. In die durch Fettzusatz etwas üppiger bereitete Brothanklich werden mit dem Messer allerlei Figuren eingezeichnet. Solche Hankliche machten früher die Lehrer, weil sie nicht Rahm und Eier hatten. In Wirklichkeit wird es ein besonders geziertes Festgebäck gewesen sein, das an die Kirche (Geistliche und ihre Gehilfen) abgegeben wurde.

Das übliche Getränk, besondere auch in der heißen Feldarbeit, ist das Wasser („Weng ous der langker Koff", d. i. aus dem Brunnen). Daher die Sorgfalt, mit der die Feldbrunnen gereinigt werden, und der Ruhm, den manche gute Quelle („Spreß") trägt. Morgens wird zum Brot ein „Stamperl gebrante Weng" („Pali") getrunken, bei nachbarlichen Zusammenkünften auch heißgemachter und gesüßter („Hussarekafe"). In Weingegenden und wo Pflaumen in größeren Mengen wachsen, wird vom Bauern selbst „Triewere-" (Trebern), „Lieger-" (Lager), „Pelsepali" gebrannt. Den gewöhnlichen Schnaps („den langkgeschniddänen") mischt er aus gekauftem Spiritus. Im Weinland hält der Bauer sich ein Fäßchen Wein zum eigenen Gebrauch im Keller („längst der Kampesbitt"), zu Hochzeiten und für den Richttag versahen sich auch die anderen Gegenden ‚mit dem Notwendigen‘, falls nicht an den eigenen Halden Wein gewachsen ist, der zwar sauer und unverkäuflich, aber für den eigenen Gebrauch ‚auch gut genug‘ ist. Bier ist in früherer Zeit — bis Mitte des 19. Jahrh. — stets auch im Hause selbst zu Festzeiten gebraut worden, Haferbier für den Kornschnitt („Bär kochen"). Die Schäßburger wurden damit gespottet, der Stadtmagistrat habe von Zeit zu Zeit umsagen lassen, man dürfe heute die natürlichen Bedürfnisse nicht in den Stadtbach ausrichten, denn es solle Bier gebraut werden. Bier gilt als teure Ware. Es wird über den Lebensaufwand geklagt: „Wer en kom der Weng gebattert, näi se drängken deire Bär". Im allgemeinen gilt: „Der Bär äs garz, awer e schmackt gad."

Auch noch ein Getränk aus germanischer Urzeit hat nur in einer besonderen Bezeichnung für den Gastwirt und das Wirtshaus seine Schatten hinterlassen: „Letchewer", ‚Gastwirt', „letchewen", ‚ausschenken', „Letchef", „Letches", ‚Wirtshaus' (mhd. litgebe, litgeben, lithus). In altgermanischer Zeit bezeichnete das Wort (got. leithu, ahd. lid, mhd. lit) ein aus Beeren oder Obst (Äpfel, Birnen) bereitetes Getränk, eine Vorstufe des Weins, den die Germanen erst durch die Berührung mit den Römern kennen lernten.

Der Ausschank des Weines wurde in den Städten durch ein ausgestecktes Reis angezeigt („der Ziger"). Gegenwärtig ist ein Buschen von Hobelspänen an seine Stelle getreten. Eine leichte Bretterhütte zum Ausschank, oft auch nur aus einem Laubdach über dem Tisch bestehend, auf Jahrmärkten aufgestellt, heißt man im Weinland „en Lisch", „Litsch" (luxb. lietsch, altrom. Lehnwort aus franz. loge, ital. logia, das seinerseits wieder auf deutsch ‚Laube' zurückgeht).

Einiges über Sitte und Brauch beim Essen.

Der sächsische Bauer ißt gemeinsam mit Frau und Kind wie mit Gesinde und Arbeitern an einem Tisch, der mit einer reinen Webe („Däschdach") gedeckt ist. Dabei sitzt nur der Bauer, die Kinder und Arbeiter stehen um den Tisch, während die geschäftige Hausfrau nur hie und da einen Bissen nimmt, oft nur vom „Galem" (Herddunst) satt werden muß. Jeder erhält seinen Löffel, mit dem aus der gemeinsamen Schüssel geschöpft wird, wobei die hohle Hand unter dem Löffel mitgeführt wird, um das Tischtuch nicht zu „betrepsen" (betropfen), Teller und Gabel nur, wenn es auch Fleisch oder ‚zu tunken' gibt. Auch der städtsche Bürger vom alten Schlag ißt zusammen mit Gesellen und Lehrjungen. Doch halten in vornehmen Bauernhäusern zuweilen „Dickbäuchige" an der Gewohnheit fest, an Sonntagen oder wenn nicht drängende Feldarbeit ist, für sich allein auftragen zu lassen und erst nachher die anderen zum Essen zu rufen. Ein Tischgebet wird gegenwärtig an gewöhnlichen Tagen zumeist nicht gesprochen, zu Töppelts Zeiten war es noch üblich.

Einladung zum Essen: „Kut zem Jessen", „Kud erbä", „Räckt erun"! Scherzhaft: „Na gaden Apetit", „Widen näst bekit, di äs bekrit" (bekümmert). Zu einem sich zufällig einfindenden Gast: „Na, net verschätzt es, mer bidden, kud ießt mät". — Gast: „Gaden Owent! Gott gesen ij et (gesegne es Euch, nämlich das Essen). Hausherr: „Haf Dangk, kud erun!" Gast: „Jch dangke, mer hun ed uch glad enzt (gerade jetzt) gehuet"; oder: „Na ä Gottes Numen, ed äs bä as iwern". — Hausfrau: „Kud erun, ießt e wenich mät". Gast: „Na, net dad icht Schaden!" Hausfrau: „Greift za, net lod icht bidden, mer hun et dich, Gott sa Dangk". — „Nid icht erous! Gewännd icht uch Flisch." Scherzhaft: „Net lekt Hanger wä derhim". — „Nid icht, oder schätzt er es net fuir iglich?" (oder ist Euch unser Haus zu gering?) — „Jeßt ir Giest, angden (unten in der Schüssel) äs det allerbiest" (z. B. „de wälesch Weimern än der Reisekächen"). Aufforderung zum Trinken: „Lot de Becher ämerängk gon, net dat neder!" „Lot de Becher bärjaf (bärjue) gon" (nach links und rechts). „Gevatter, beferdert den Drangk" (Gevatter, trinkt und macht, daß das Trinken flott weiter geht!). Bevor man den Becher (den Krug) zum Munde setzt: „Gott schingk ich de (den) Gesangt!" „Na, hälf Gott!" „Te salt liewen." „Jch wängsche Gesangt!" Zum Pfarrer auf der Hochzeit: „Jch wängsche vollkommä Gesangthit!" „Zer Gesangt!" „De Gesangt!" — Anerkennend: „As Fräe lossen ned ue, se dro weder af" (d. i. ein neues Gericht). Aber auch: „Drod no ir Fräen, de Schässele se lädich". Beim Anblick einer reich besetzten Tafel: „Na, det huet sich hä schälpich geackert" (da sind dicke Schollen auf dem Tisch). Wenn die Suppe heiß ist: „Ded äs bäm Feier gekocht!" Es ist Pflicht der Hausfrau, zu „nidijen" (nötigen): „Jch bidde sich noch ze bedänen". Gast: „Jch kan net mi!" Hausfrau: „Geduld iwerwängd uch e gat Krokt! Ed äs niche Fäder esi hi geladen, dat net noch en Gaffel vol draf geng." Nach dem Essen: „Verzat, dat mer ij esi geräng afgewuert hun". (Antwort: „Ech dangkn, et wor geräng genach", ‚wenn auch gering, so übrig gut genug'.) — Gast: „Set na bedangkt, er wild et net spiren" (möchtet Jhr den Schaden nicht zu empfindlich spüren). Nach der Einladung des Presbyteriums beim Pfarrer: „Mer bedangken es vir de Jrungk, mer wängschen, der Wilerwirdich Härrr wil et net spiren, et sil allent weder än de Ställ kun." — Gegeneinladung: „Hast Dangk! Kut na uch ist ze as!" Ohne Dank und Abschied vom Essen sich entfernen: „Te machst et wä der Bedner Misch."

Die Sprache des siebenbürgisch-sächsischen Volkes.

I. Das siebenbürgisch-sächsische Volk hat von jeher zwei Sprachen gehabt: die eigentliche Mundart und die Schriftsprache. Bis zu Beginn des 19. Jahrhunderts ist in allen Volksschichten die Mundart allein gesprochene Sprache gewesen, während die Schriftsprache vor der Reformation nur notdürftig, von da an in immer weiteren Kreisen gelesen und geschrieben, seit der Mitte des 19. Jahrh. auch gesprochen worden ist.

Seine eigene Mundart benennt der Siebenbürger Sachse erst in neuerer Zeit als „sakesch" (sächsisch), früher und auch gegenwärtig noch in Bauernkreisen galt dafür allgemein „detsch" (deutsch), während die hochdeutsche Verkehrssprache als „muesereſch", d. i. als Sprache der (österreichischen, landfremden) Soldaten, bezeichnet wurde.

Obwohl die Mundart, wie sie etwa in Hermannstadt gehört wird, stark von der im Nösnerland oder im Burzenland gesprochenen abweicht, ja kaum ein Dorf dem andern in seiner Sprache gleicht, kann man doch von einer einheitlichen siebenbürgisch-sächsischen Mundart reden, die durch Verbindung gewisser bestimmter Merkmale sich ebenso von der neuhochdeutschen Schriftsprache, wie von anderen deutschen Mundarten abhebt. Solche Merkmale sind (in Auswahl):

1. Die gesamte Mundart bis in die entlegensten Dörfer hinein zeigt die kennzeichnenden Ausnahmen von der sogenannten zweiten Lautverschiebung, daß von den Zahnlauten der harte Verschlußlaut t im allgemeinen zu z (ts) und ss verschoben ist — „Zekt" (Zeit, niederd. tid), „Wasser" (Wasser, niederd. water), „naß" (naß, niederd. nat) — nicht aber im sächlichen Geschlecht des Artikels, Fürworts und Eigenschaftsworts: „det", „dat" (das), „gent" (jenes), „e gadet" (ein gutes), ebenso nicht im Bindewort „dat" (daß) und in „täschen" (zwischen, niederl. tuschen).

Der weiche Verschlußlaut d ist anlautend nur in der Verbindung mit nachfolgendem r zu t verschoben, sonst bleibt er auf niederdeutscher Lautstufe: „Tropen" (Tropfen, niederd. drop), „trourich" (traurig, angels. dreorig). Dagegen: „Dach" (Tag, niederd. dag), „duf" (taub, niederl. doof). In der Verbindung mit vorausgehendem r (im Wortinnern) ist d in versteckten und gut mundartlichen Wörtern unverschoben; „wuerden" (warten), „gebärdich" (bärtig), „de Hierden" (Herden, mhd. noch herte), „antwerden" (antworten) — dagegen erscheint rt in Wörtern, die entweder vom (biblischen) Nhd. aus beeinflußt sind oder auf Sprachmischung in Siebenbürgen (oder schon in der Urheimat) hinweisen: „de Hirten" (Hirten), „Wirter" (Wörter).

Der harte Verschlußlaut k ist inlautend und auslautend zu ch verschoben: „Bach" (Buch, nd. bok), „Kachen" (Kuchen, nd. Koke), doch hört man neben „schnuerchen" (schnarchen, niederd. snorken) auch „schnuerken" und suchen (niederd. zoeken) wird an den meisten Orten als „säken" ausgesprochen.

Am wenigsten durchgedrungen erscheint die zweite Lautverschiebung des harten Lippenlautes p. Nicht nur in der Verbindung mit l, m, r ist p erhalten: „Schälpen" (Erdscholle, niederd. Schulpe), „dimpich" (dumpf), neben „scharf" (scharf, niederd. scherp) auch „scharp", „scharpen", sondern in einer ganzen Fülle von ureigensten Wörtern der Mundart, besonders in Lehnwörtern aus dem Altromanischen (Lateinischen) finden wir altes, unverschobenes p: „pi" (pfui), „Plach" (Pflug), „Pil" (Pfühl), „Pol" (Pfahl), „Po" (Pfau), „Port", „Purz" (Pforte), „Pätz", ‚Brunnen' (lat. puteus, vgl. Pfütze), „Pädem" (Pfebe) ‚Melone', „Pip" (Pfeife), „Parch" (Pferch), „Planz" (Pflanze), „Piersch" (Pfirsich) usw. „Stappen" (Stopfen), „Däppen" (Topf), „knäppen" (knüpfen) usw.

2. In allen siebenbürgisch-sächsischen Mundarten ist vor s das in sonstigen Mundarten sowie im Nhd. vorhandene -n und -ch geschwunden, im ersteren Falle mit Dehnung des vorangehenden Selbstlautes: „Gas" (Gans), „aser" (unser), „Fuß" (Fuchs), „Issen" (Ochse), „Uesselt" (Achsel).

3. Die siebenbürgisch-sächsische Mundart kennt am Anfang der Wörter kein scharfes, stimmloses, sondern nur ein weiches, stimmhaftes s: „sängen" (singen), „siwen" (sieben). Wo die Mundart aus einer

anderen Sprache Wörter mit einem anlautenden scharfen, stimmlosen s übernahm, ist daraus z (ts) geworden: „Zerbes" (Servatius, Serwais), „Zäller" (Sellerie, mlat. selinum), „Zakel" (ung. székely), „Zäkfi" (ung. szegfü, Nägelblume). Nur im neuentlehnten (österreichischen) Offiziersgruß „Särwus" (gehorsamster Diener) ist es mit übernommen worden.

4. Das r wird als gerolltes Zungen-r, das l u-haltig, als „dickes l", ausgesprochen. „Den Vogel erkennt man an seinen Federn, den Siebenbürger Sachsen an seinem l." Wer das r nicht rollend aussprechen kann oder es durch einen anderen Laut ersetzt, „ratscht" oder „pärrt". Andrerseits wird auch gesagt: „e ka net pärren" (kann das r nicht aussprechen).

5. Kennzeichnend für die siebenbürgisch-sächsische Mundart ist die verschwenderisch ausgiebige Verwendung des Stimmtons im Zusammenhang der Rede. Er setzt so früh für den einem stimmlosen Mitlaut folgenden Selbstlaut ein, daß oft der vorangehende Mitlaut schon davon ergriffen, erweicht und stimmhaft gemacht wird. Man spricht „mät" (mit), „mät dir" (mit dir), aber „mäd äm" (mit ihm); „Gräß" (Gras), aber „Gräser" (Gräser), „Gräsierpern" (Graserdbeeren) mit tönendem s; „Bach" (Buch), aber „Bäjer" (Bücher). Es kann sogar geschehen, daß ganze Mitlautgruppen in den Stimmton des vorangehenden und nachfolgenden Selbstlauts hineingeraten und tönend werden. So nösnerisch: „wadsosde?" („wat sost te", was sagst du?) Das hört man besonders gut auch in der Aussprache des Nhd. heraus: bis du so gut? (bist du so gut?)

6. In der Anordnung der Selbstlaute gehen die siebenbürgisch-sächsischen Mundarten scheinbar so wirr durcheinander, daß kaum gemeinsame Züge herausgefunden werden können.

Doch gilt wohl als gemeinsamer Zug für alle siebenbürgisch-sächsischen Mundarten, daß das a und ä mit übermäßig weiter Kieferöffnung, das ö und ü mit verbreitertem Munde (ohne merkbare Rundung der Lippen), alle Selbstlaute aber mit verhältnismäßig stark nach hinten gezogener Zunge ausgesprochen werden. Dadurch entsteht der Eindruck, daß die Worte zu sehr „ous dem Halz" gesprochen werden. Die Rede erhält damit zugleich einen dunkleren, wuchtigern Ton, was manche Redner, besonders in der Predigt, veranlaßt, diese Art des Sprechens zu übertreiben,

„auf die Kehle zu drücken". Schon Markus Fronius († 1713) tadelte es, wenn die Prediger den „Seufzer zu tief holten".

7. Der Mundart eigen sind auch besondere Formen der Wortbiegung, Wortbildung, Satzbildung, Wortstellung, wobei der Unterschied allerdings nur gegenüber dem Nhd. festzustellen ist, nicht aber gegenüber anderen deutschen Mundarten, da es sich dabei vielfach nur um ehemals gemeinsame, von andern Mundarten später aufgegebene Sprachformen handelt.

Das weibliche Eigenschaftswort zeigt im ersten und zweiten Fall der Einzahl auch nach dem Artikel die bekannte niederfränkische Form: „mät der riechter Hant" (mit der rechten Hand), „er gader Frä" (einer guten Frau).

Die Mundart strotzt von Begriffsbezeichnungen auf -t: „de Greßt" (Größe), „Lengt" (Länge), „Däkt" (Dicke), „Hecht" (Höhe), „Fällt" (Fülle), „Deiert" (Teuerung), „Schwächt" (Schwäche), „Nent" (Nähe), „Wärmt" (Wärme), „Bassert" (Besserung) usw.

Vom Nhd. abweichendes Geschlecht:

Weiblich statt männlich: „de Krach" (Krug), „Bach", „Fli" (Floh), „Zalat" (Salat), „Schungk" (Schinken), „Strouß" (Strauß), „Huewer" (Haber).

Männlich statt weiblich: „der Laft" (Luft), „Stern" (Stirn), „Schurz" (Schürze).

Sächlich statt männlich: „ded Irt" (Ort), „Bezirk" (Bezirk), „Saal" (Saal), „Hintch" (Honig).

Sächlich statt weiblich: „Uert" (Art).

Männlich statt sächlich: „Eis" (Eis), „Bär" (Bier), „Dach" (Stück Tuch).

Weiblich statt sächlich: „de Fenster" (Fenster).

Die Mittelform des Zeitwortes steht als abgekürzter Nebensatz: „e geng agießen, agefrustuckt dervun" (er ging ungegessen, ungefrühstückt, d. i. ohne gegessen zu haben, davon). „Derno kun de Issen agesofen af't Fielt" (dann kommen die Ochsen, ohne gesoffen zu haben, aufs Feld). „Agekalft bekam ich de Bäffel äm 50 Gälden" (ohne daß die Büffelkuh gekalbt hätte).

Eine freiere Wortstellung im Satze zeigt sich besonders darin, daß, auch nicht nur in erregter Rede, das betonte Satzglied vorangestellt wird: „Mach za det Dir!" (mach das Tor zu!) „Hueste brocht Wasser?" (Hast du Wasser gebracht?) „Ich wäll der schin afkratzen de Grängt" (will dir den Grind schon aufkratzen, d. i. dir schon zeigen, wie du bist). Wat hueste mer brocht ous der Stat? (was hast du mir aus der Stadt mitgebracht?) „Mer hun en begruewen um irsten Isterdach" (Wir haben ihn am ersten Ostertag begraben.) Besonders: „Net gangk ewech!" (Geh nicht fort!) „Net froch esevel!" (Frag nicht so viel!) „Net dat te mer det dist!" (Daß du mir das nicht antust!)

8. Dem Volksfremden mag am meisten der Wortschatz der Mundart auffallen, der eine Fülle eigenartiger Ausdrücke enthält, die zu verzeichnen das „Siebenbürgisch-sächsische Wörterbuch" bestimmt ist.

Eine besondere Bedeutung kommt den Lehnwörtern der Mundart zu, die in Vergangenheit und Gegenwart das Zusammenleben mit andern Völkerschaften bezeugen.

Zunächst altromanische Lehnwörter, d. i. Fremdwörter, die noch in der Urheimat, an der Mosel und am Rhein in die Mundart gedrungen sind. Eine Reihe solcher Lehnwörter aus dem Gebiet des Hausbaues, der Feldwirtschaft, des häuslichen Lebens sind in den diese Gebiete behandelnden Abschnitten verzeichnet worden. Doch seien nur einige hier noch herausgehoben, die, bezeichnend genug, dem engeren Gebiet des Frauenberufes und Lebens angehören — die siegreich vordringenden Franken eroberten sich auch die römischen Frauen —: „beppen" ‚saugen', „Beppchen", ‚Mutterbrust' (zu ital. poppare, ‚säugen', altfranz. boupard, ‚Mutterbrust'); „Mommen", „Memmchen", ‚Mutterbrust' (zu lat. mamma, franz. mamelle, ‚Mutterbrust'); „fikeln", ein Kind (namentlich ein schwächliches) heranpflegen, ‚verzärteln' (moselfr. fökeln, zu lat. focillare, ‚erwärmen', ‚am warmen Herd aufziehen'); „Feibesch", ‚Herdkuchen' (s. oben), wie überhaupt eine ganze Fülle der Bezeichnungen der Küche und der Gartenwirtschaft.

Ferner rumänische und ungarische Lehnwörter aus der Zeit des Zusammenlebens in Siebenbürgen selbst. Auch sie sind jeweilen im Zusammenhang der Schilderung des Volkslebens besonders herausgehoben worden.

9. Was aber im äußeren Klang der siebenbürgisch-sächsischen Mundart ihre einheitliche Eigenart gibt, ist das von Andreas Scheiner entdeckte Dreitongesetz ihrer (Satz- und) Wortbetonung. Beginnt

ein Wort mit einem stimmhaften Mitlaut, so setzt dieser in einer mittleren Tonlage ein, der Ton steigt sodann im folgenden Selbstlaut der Stammsilbe zur Höhe und sinkt am Schluß der Silbe unter den mittleren Einsatz zur Tiefe. Das geschieht bei kurzem Selbstlaut mit einem jähen Ruck, wenn die Silbe mit dem Selbstlaut selbst oder einem stimmlosen Mitlaut endigt: n·a˙.! (nun!), m·ä˙.t (mit). Wenn ein stimmhafter Mitlaut folgt, stürzt der Ton von der Höhe wie ein kleiner Wasserfall herab, den Mitlaut verdickend und aufblähend: M·i˙l. (Mühle), n·e˙m.! (nimm!) Bei langem Stammvokal aber fällt der Ton in geschwungenem Bogen abwärts: m·u˙ə.ln (mahlen), s·o˙ə.n (sagen). Handelt es sich um ganze Sätze, so zeigt in ruhiger Rede nur das hervorgehobene Wort diesen Dreiton, während die vorausgehenden im mittlern, die nachfolgenden im tiefen Ton sich einordnen. In bewegter Rede erhalten ihn alle einzeln herausgestoßenen Wörter. —

Auf die besonderen Unterschiede der siebenbürgischen Mundarten untereinander, namentlich der nordsiebenbürgischen (nösnischen) oder den südsiebenbürgischen kann hier weiter nicht eingegangen werden.

Einer besonderen Gesellschaftsschicht gehört die Sprechweise an, die nach A. Scheiner als die „Herrenmundart" bezeichnet wird, d. i. die mundartliche Sprechweise, wie sie an den Vororten der alten sächsischen Stühle in den Beamtenfamilien und auf den Pfarrhöfen ihrer Umgebung geübt wird. Es ist im wesentlichen Hermannstädter Mundart, aber mit deutlichem Einschlag der besonderen Ortsmundart, der sich allerdings um so mehr verflüchtigt, je mehr die Familie etwa durch Ortswechsel aus dem ursprünglichen Heimatboden entwurzelt ist. So sprechen die Schenker „Herrenfamilien", auch wenn sie sich gut Hermannstädtisch ausdrücken wollen, „menj", „Känjt", „Fänjer", ja „Fanjer" (mein, Kind, Finger), für Hermannstädtisch „meng", „Kängt", „Fänger", indem sie einzelne Laute der Schenker Ortsmundart einmischen. Ebenso „Zong" (Zange) für „Zang", „Nast" (Ast) für „Ost", „mielken" (melken) für „mälken" usw.

Einen anderen Ursprung hat die „gehobene Sprache", d. i. die mundartliche Sprechweise, die bei festlichen Gelegenheiten gebraucht, sich absichtlich in Wahl und Formung der Wörter an das feierliche Deutsch der Kirche, der Bibel, des Gesangbuches anlehnt. Ihren Ausgang hat diese „gehobene Sprache" von der Kanzel und von der Schule aus genommen. Beschlüsse kirchlicher Synoden schon vor der Reformation verlangten im Gottesdienst Verlesung und eine „kluge Erklärung" der Perikopen, und in der Schule wurde das Latein an der Hand von deutschen Wörterlisten eingeübt. Diese Perikopenverdeutschungen und Wörterlisten waren in dem Deutsch abgefaßt, das aus der alten mhd. Schriftsprache erwachsen war, wurden aber im Gebrauch in die Mundart umgesetzt. Daraus ist schon früh viel in die Mundart geströmt, zugleich mit einer Anzahl von kirchlich-lateinischen Fachausdrücken, die nun in die Mundart eingelautet wurden. —

Fragen wir nach dieser knappen Übersicht, welchen deutschen Mundarten die Sprache der Siebenbürger Sachsen am nächsten steht, so weist das Gerüst der Gesamtheit der Mitlaute, vor allem die auffallende Ausnahme der zweiten Lautverschiebung (dat, wat, gadet, täschen), ebenso die Verwendung der starken Form des weiblichen Eigenschaftswortes („zer riechter Hant") als Kennzeichen auf Mundarten, die als westlicher Teil des Mitteldeutschen den Übergang vom Oberdeutschen zum Niederdeutschen darstellen. Man hat sie früher als eine einheitliche Mundart unter dem Namen des „Mittelfränkischen" zusammengefaßt. Genauere Einsicht hat ergeben, daß es sich doch mehr um ein Gemenge von Einzelzügen der Lautgebung handelt, die sich vielfach kreuzen und im Laufe der Zeiten sich merklich verschoben haben. Das Gebiet dieser Übergangsmundarten erstreckt sich zu beiden Seiten des Niederrheins ungefähr von Trier im Süden bis Düsseldorf im Norden, von der luxemburg-französischen Grenze im Westen bis Nassau an der Lahn und zu den Quellen der Sieg im Osten, umfaßt also den südlichen Teil der preußischen Rheinprovinz, Luxemburg, Lothringen, den Westerwald, die badische und bayrische Pfalz, Hessen und Nassau. Zu den entscheidenden Merkmalen des Siebenbürgisch-Sächsischen, die hierher weisen, gehört noch eine Reihe, zum Teil oben nicht verzeichneter Eigentümlichkeiten, so der Umlaut eines a, sogar i durch nachfolgendes sch: „Jesch" (Asche), „wieschen" (waschen), „Däsch" (Tisch), „Fäsch" (Fisch), „mäschen" (mischen). Ferner die Verhärtung des w zu b im Anlaut in der Verbindung mit r:

„brängen" (ringen, ahd. wringen), die Formen des Zeitwortes „te dist", „e dit" (mittelfränkisch-niederd.: deist, deit).

Genauere Vergleichung führt zur Annahme engerer Verwandtschaft unter den sog. mittelfränkischen Mundarten zum „Moselfränkischen", das in den Tälern der Sauer und Mosel linksrheinisch hinauf bis zur Eifelhöhe, rechtsrheinisch über Hunsrück und Taunus sich erstreckt. Am dichtesten finden sich die gemeinsamen Merkmale gegenwärtig im Lande Luxemburg beieinander; hier auch eine ganze Reihe von gleichlautenden Orts- und Flurnamen, Bezeichnungen von Geräten und Handgriffen usw., von denen in andrem Zusammenhang noch die Rede sein wird. Reisenden ist schon seit langer Zeit diese besondere Ähnlichkeit zwischen der Luxemburger und Siebenbürger Mundart aufgefallen. In streng wissenschaftlicher Untersuchung hat zuerst Gustav Kisch durch eingehende Vergleichung des Lautstandes und Wortschatzes diese nähere Verwandschaft nachgewiesen. A. Scheiner hat gezeigt, daß der oben erwähnte siebenbürgische Tonfall dem von deutschen Forschern aufgedeckten „rheinischen Akzent" gleichzusetzen ist. Im Luxemburgischen allerdings tritt dieser „rheinische Akzent" in zwei genau geschiedenen Formen auf, in einer vom Hochton abstürzenden und in einer „schwebenden" Form, während im Siebenbürgischen im allgemeinen Ausgleichungen nach der ersten Form hin eingetreten sind und nur in einigen „singenden" Mundarten (Zeiden, Neustadt a. H.) sich Reste der schwebenden Betonung erhalten haben.

II. Neben der durchwegs gesprochenen und nur im letzten Menschenalter reichlicher auch geschriebenen Mundart ist innerhalb des siebenbürgisch-sächsischen Volkes von Anfang an eine geschriebene und nur seit kaum hundert Jahren auch gesprochene Schriftsprache geübt worden. Allerdings bis zur Mitte des 15. Jahrh. nur sehr spärlich, da die Schriftsprache der überhaupt schreibenden Kreise bis ins 17. Jahrh. hinein eigentlich die lateinische war. Noch 1523 setzten wenigstens für die Geistlichen die Schäßburger als Inschrift in das Chorgestühl der Bergkirche:

Wer in dys gestul wil stan
Und nit latein reden kan,
Der solt bleiben daraus,
Das man ym nit mit Kolben laus.

Die Sprache, in der diese Schriftstücke abgefaßt sind, hat mit der von den Schreibern gesprochenen Mundart nichts zu tun. Gewiß noch aus der alten Heimat hatten geistliche Schreiber die Schreibart der in deutschen Klöstern ausgebildeten und gepflegten mhd. Schriftsprache mitgebracht. Sie bewahrte in der Schreibung der Ortsnamen der Urkunden zum Teil noch in althochdeutsche Zeit zurückreichende Formen, obwohl im mundartlichen Sprachgebrauch schon längst Laute üblich waren, die jenen Formen nicht mehr entsprachen, zum Teil vielleicht überhaupt nie entsprochen hatten. Man schrieb in Siebenbürgen noch bis ins 16. Jahrh. Nithus (mundartlich „Nektesen", „Nejtesen"), obwohl gewiß schon in der Urheimat der erste Wortteil als Nekt- oder Nait- ausgesprochen worden war, der zweite schon den Ton verloren hatte. Noch wurde gut mhd. der Familienname Bibrunn geschrieben, obwohl er in der Mundart gewiß immer in einer dem heutigen „bäm Brannen" entsprechenden Form gelautet hat. So auch nur sind verfehlte Schreibungen wie Altemburg (Altenberg), Stoltzenberg (Stolzenburg) zu erklären. Man sprach in beiden Fällen mundartlich: „Aldembrich", „Stultzembrich", der Schreiber aber verwechselte, im Bestreben, die richtige Schreibform herzustellen, die dazugehörigen Stammwörter. In der Niederschrift der Zeugenaussagen vor dem Generalauditor des Kardinals Gentilis im großen Zehntprozeß des Jahres 1309 hört man geradezu heraus, wie dem fremdsprachigen Legaten die deutschen Ortsnamen in möglichst urkundlich richtiger, noch ganz althochdeutscher Form vorbuchstabiert wurden: Nicolaus plebanus de Lanchnrukindorf (Langendorf, ung. Lámkerék, *Langenrückendorf). Und auch die Personennamen in der Urkunde des Stolzenburger Pfarrwahlprozesses um das Jahr 1400: Michel Hokerlink, Michel Rychgolf, Herbordus, Walpurger, Cristellinus Reinolt, Michil Lupricht, Cristan Rudger, Claws Emmelrich, Gurge Wynand, muten in der Tat an, „als ob man im Nibelungenliede läse" (G. D. Teutsch). Es stimmt das genau mit dem auch in andern Mundartgebieten angetroffenen Schriftbrauch zusammen, wie z. B. noch 1526 der bayrische Geograph Aventin berichtet, daß man in den Urkunden die Ortsnamen anders schreibe, als sie im Volksmunde lauten. Man spreche Aunkofen und schreibe noch Abennshoven, man spreche Anspach und schreibe Arnoldespach.

In den Klosterschulen, die noch mhd. Predigttexte aufbewahrten, wurde dieses alte Schriftdeutsch weiter geübt und entwickelt. Dazu führte ebenso das Bestreben, den Schülern für das Erlernen des Latein in kleinen Wörterbüchern Gedächtnisstützen zu geben, wie andererseits die Notwendigkeit, zu lateinisch geprägten Begriffen und Wendungen für den Berufsgebrauch in Predigt und Seelsorge den entsprechenden deutschen Ausdruck einzuüben. Daraus ergab sich allerdings die bis zur Gegenwart festgehaltene Erschwerung, daß das in einer nur für die Schrift bestimmten Kunstsprache Aufgezeichnete erst recht beim mündlichen Gebrauch in die Mundart umgesetzt werden mußte.

Durch die wirtschaftlichen, geistigen und staatlichen Verbindungen mit Ofen, Prag, Krakau erhielt dieses Deutsch einen wesentlich ostmitteldeutschen Einschlag, der sich namentlich in der Vereinfachung des mhd. uo, ie zu u und i, ebenso in der Erweichung der harten Verschlußlaute nach flüssigen Mitlauten äußerte. So zeigt das in der Dominikanerschule zu Kronstadt gebrauchte lateinisch-deutsche Wörterbuch aus dem 15. Jahrh. im ganzen diesen mitteldeutschen Lautstand.

Ebenso war es nur natürlich und zugleich ein Zeichen vielfacher Übung, daß in dieses Schul-Schriftdeutsch aus dem Munde der Lehrer und Schüler unbewußt mundartlich-sächsische Wörter und Laute sich einmischten. Wir finden in diesem Kronstädter Wörterbuch: mosse (gegenw. „Mäsch"), honter, fuz, schannen, swalve, beknagen, während andere, sonst wörtlich übereinstimmende reichsdeutsche Glossare dafür: Spacz, holundir, fuchs, schinden, schwalbe, benagen haben.

Seit der Mitte des 15. Jahrhunderts aber war durch den regen Besuch der sächsischen Hochschüler und durch lebhafte Handelsbeziehungen, nicht zuletzt durch den Zuzug junger Handelsleute und Handwerksgesellen von Wien aus der Gebrauch der dort üblichen österreichischen Kanzleisprache aufgekommen. Sie hatte namentlich die Rats- und Zunftstuben erobert. In den Rechnungen der Stadt Kronstadt wie Hermannstadts finden wir Aufzeichnungen in österreichischer Schreibung: pey, peysorg (bei), pleyben, pawen, potschaft, püchsen, sogar gut bayrisch-österreichische Formen wie: beynachten (Weihnachten), klayder, czu czwayen usw.

Mit der Reformation kam auch Luthers Sprache in das Land.

Schon zu Beginn der zwanziger Jahre wurden in Hermannstadt Luthersche Schriften eifrig gelesen. In den Evangelienstücken des Mediascher Predigtbuches (1536) sind, trotzdem der junge Sammler mit Vorliebe Predigtstücke des heftigsten Luthergegners, J. Eck, aufnahm, doch ganze Sätze einer älteren deutschen Übersetzung mit Sätzen und Wendungen aus Luthers Septemberbibel (1522) ausgewechselt worden. Das Kronstädter Reformationsbüchlein (1543) ordnete statt der alten Perikopen Lesung ganzer Abschnitte des Neuen Testaments an. 1553 stellte Val. Wagner aus Luthers Liedern das erste siebenbürgische Kirchengesangbuch zusammen, 1547 wurde in Kronstadt die Wittenberger Agende im Auszug zum Amtsgebrauch für die sächsischen Kirchen abgedruckt. Die deutsche Übersetzung des Kronstädter Reformationsbüchleins wie die „Kirchenordnung aller Deutschen in Sybenbürgen" (1547) zeigt schon völlig das Vordringen der Sprache Luthers. Der Kleinpolder Pfarrer Damasus Dürr trug die Entwürfe seiner kraftvoll volkstümlichen Predigten (um 1570) in gutem Lutherdeutsch in seine dicken Bände ein. Mit der deutschen Fassung des „Eigenlandrechts" durch Marcus Fronius (1583) eroberte das Lutherdeutsch auch die Gerichtsstuben, so daß nun Luthers Sprache auf allen Gebieten des deutschen Geisteslebens in Siebenbürgen Heimatrecht erhielt.

Seither hat die deutsche Schriftsprache in Siebenbürgen in gemessener Entfernung die Entwicklung der nhd. Schriftsprache überhaupt, „von Luther zu Lessing" mitgemacht. Die siebenbürgischen Studierenden, die nunmehr regelmäßig die deutschen Universitäten besuchten, brachten mit der jeweils neuen Tracht und den neuen Gedanken der Zeit auch die veränderte Art des Schreibens mit. —

Neben der geschriebenen läuft in Siebenbürgen erst seit dem ersten Viertel des 19. Jahrh. auch die gesprochene nhd. Schriftsprache. Der Anstoß dazu kam nicht, wie man meinen sollte, von den sächsischen Studierenden, da diese an den verschiedenen deutschen Landesuniversitäten sich gern und leicht auch in die Mundart der Universitätsgenossen hineinfanden, untereinander aber unentwegt siebenbürgisch-sächsisch sprachen, sondern von auswärtigen Beamten und Offizieren, von einwandernden Handwerkern und Kaufleuten. Noch 1740 blieb der Kronstädter Stadtpfarrer Igel, als er mit

Rücksicht auf die anwesenden österreichischen Offiziere die Leichenpredigt auf Kaiser Karl VI. in hochdeutscher Sprache halten wollte, in der Rede stecken, „und hat in seiner lieben Muttersprache fortreden müssen, worüber sich die Herren sehr moquiret."

Um die Mitte des 19. Jahrh. wurde in Schule und Kirche bewußt die nhd. Sprache eingeführt. Zu gleicher Zeit begann man auch in der Sächsischen Nationsuniversität und in weltlichen Versammlungen nicht mehr in der Mundart, sondern in nhd. Schriftsprache zu verhandeln. Seither ist im Schulunterricht bis auf die Anfangsgründe des 1. Schuljahres und in der Kirchenpredigt die nhd. Schriftsprache allenthalben durchgedrungen. Nur die sog. Kasualien (Taufe, Trauung, Begräbnis, Abendmahl) werden vielfach noch in wirksamster Weise in der Mundart vollzogen.

Da aber außerhalb der Schule und Kirche für weite Kreise sich kaum Gelegenheit bot, die nhd. Umgangssprache zu üben, so erlitt das Nhd. dieser Kreise nach zwei Richtungen hin Einbuße. In seiner Spracharmut machte es Anleihe wie an der eigenen Mundart so an dem Deutsch der Bibel und der Predigt. So entstand jenes gesprochene Sächsisch-Deutsch, das man in seiner oft heiter anmutenden Mischung von mundartlich derben Ausdrücken und biblisch-feierlichen, gewählten Wendungen in Verhandlungen, Trinksprüchen, Festreden aus dem Munde ungeübter Redner zu hören bekommt.

Das Leben in der Gemeinschaft.

Geburt und Taufe.

1. Die Fürsorge für Wartung und Erziehung des Kindes geht schon in die Zeit des werdenden Lebens zurück, deren Geheimnis von allerlei Fürchten und Wähnen umrahmt ist. Findet sich die junge Frau in anderen Umständen („än der Hoffnung"; „det Ennchen, Trennchen" usw., „äs bliwe gon"; „äs ned ellin"; „äs af dem hie, schwere Wiech". Bei noch Unverheirateten: „et hued äst afgeklouft"), so muß sie sich der angestrengten Arbeit enthalten, vor dem Heben eines schweren Gegenstandes,

sowie vor allzu schroffen Bewegungen hüten, darf nicht weben, nicht Kukeruz (Mais) hacken usw. Die Volksmeinung, die allgemeine, auch gesundheitliche Belehrungen gern in der bestimmten Form einer Einzelmahnung gibt, sieht bei jeder solchen körperlichen Verfehlung eine besondere böse Folge für das zu erwartende Kind voraus. Ein Stoß, ja auch nur ein leichter Schlag mit einer Blume, einer Pflaume schafft dem Kind an derselben Stelle einen Flecken genau in der Farbe, Form und Größe des Gegenstandes, der die schwangere Frau berührt hat. Vor allem seelische Aufregungen müssen gemieden werden. Sie darf keinen Toten sehen und muß bei Begräbnissen vor dem Sarg aus der Stube treten, darf nicht in das leere Grab hineinschauen, sonst kommt das Kind bleichsüchtig auf die Welt.

Ein besonderer Fall solcher seelischer Erregung ist das Versehen, wenn die Frau eine mißgebildete Gestalt, etwa einen Krüppel oder einen Menschen mit einem Blutflecken usw., gesehen hat, so daß zu befürchten ist, ihr Kind werde einen ähnlichen Makel tragen. Wie umgekehrt gelegentlich eine junge Mutter steif und fest behauptete, ihr Kind sei darum so schön, weil sie vor der Geburt in der Stadt in einer Bilderauslage ein schönes Bild lange und mit Wohlgefallen angesehen habe. Dem Versehen kann so vorgebeugt werden, daß die Frau den Gegenstand oder den Menschen, an dem sie sich zu versehen fürchtet, erst recht aufmerksam von allen Seiten betrachtet, oder daß sie ungesehen sich in die hohle Hand spuckt und sich über das Kreuz streicht. Einfacher noch ist es, sich an den hinteren Körperteil zu greifen und so das Unheil dahin abzuwenden, oder im voraus beim Anblick einer häßlichen Gestalt heimlich zu sprechen: Herr behüt' mich. Ist das Unheil aber doch geschehen, so kann es nur in den 4 Wochen nach der Geburt („än den Äsätzwochen", ‚Einsitzwochen') gebannt werden. Die junge Mutter sitzt dann jeden Freitag ohne gegessen zu haben („af't Nächtern", ‚aufs nüchterne') — an manchen Orten darf sie von Donnerstag abends bis Sonnabend früh nichts essen — vor Sonnenaufgang (oder während des Abendglockenläutens) auf der Türschwelle („af'm Dirpel"), säugt ihr Kind und denkt unverwandt an den Menschen oder an den Gegenstand, an dem sie sich versehen hat (an den Augenblick, in dem sie sich versehen hat). In Maldorf spricht sie dabei:

„Är zwe hun ij et gesan, enem ellin sal et vergan. Äm Nume Gottes" usw. (zu zweit, d. i. ich und mein Kind, habe ich es gesehen, einem allein, d. i. dem Kind, soll es vergehen). An anderen Orten hat die junge Mutter nur auf die Türschwelle zu knien und zu beten, in Heltau warf sie dabei vor Zeiten dreimal einen Besen über den Kopf.

Noch eine Vorsicht muß geübt werden. Eine schwangere Frau darf man, wenn sie andere essen sieht, nicht „gomern" (sehnsüchtiges Verlangen nach der bestimmten Speise haben) lassen, sondern man muß ihr davon geben, sonst „kit se dräm" (entbindet sie zu früh). Einen ähnlichen Zug zarter Fürsorge sehen auch die Weistümer von der Mosel vor, indem erlaubt wird, daß der Mann für seine schwangere Frau aus dem verbotenen Bach sich Fische holen darf – allerdings muß er dabei mit einem Fuß auf dem Ufer bleiben — oder wenn für die Wöchnerin von den eingehobenen Zinshühnern eines über den Hof wieder zurückgeworfen wird.

Die Geburt selbst wird durch allerlei Mittel erleichtert, durch sinnbildliche, geistige und durch erprobte wirkliche Volksheilkunde. Alles Geknüpfte wird gelöst, Knoten, Bänder, Zöpfe, nur die Fenster werden geschlossen und verhängt. Unter das Kissen wird ein Gesangbuch gesteckt. Dazu kommen erwärmende krampfstillende Mittel: Ein warmer Brei von Roggen und Kornblüte wird auf den Leib gelegt. Mutterrogen, gestoßen und mit Wein gemischt, wird als Trank eingegeben (oder in Wein gekochter Majoran). Dazu kommt das Räuchern („ben", mhd. baejen, „en Be machen"), am einfachsten mit Zwiebelschalen, die auf glühende Kohlen gelegt werden. Oder es werden in einem Schaff, über das sich die Frau stellt, in kochendes Wasser Rübenschalen eingeschnitten und erst recht glühend gemachte Steine hineingeworfen. Ist das Kind zur Welt gekommen, von der „Amtfra" (Hebamme) mit dem freudigen Ruf begrüßt: „Mer hun en Gangen (e Medsche) bekun", — den Geschwistern sagt man auf ihr neugieriges Fragen: „de Bäschgriß (Buschgroßmutter, Hebamme) hued ed ous der Bach, ous'm Gruewe, ous'm Poddel (Pfütze) gefäscht; ous der Limkell, angder'm Birebum, ous dem Backiwen, ous der Darr (Pflaumenröste) mät dem Schurz brocht" – so erwachen erst recht die Sorgen um das junge Geschöpf. Kommt es mit der Glückshaube zur Welt, so ist ihm seine Zukunft gesichert. Auch am Sonntag geboren zu sein („e Sanktichskängt") ist von vornherein eine Anweisung auf glückliches Gedeihen. Sonst aber umdrohen mancherlei Gefahren Mutter und Kind. Die Wöchnerin („de Kromfrä", „Krom" das mit Tüchern umhangene Bett der Wöchnerin, mhd. kram, ‚Zeltdecke') muß davor behütet werden, daß man ihr oder dem Kind den Schlaf nimmt oder daß sie die Milch verliert. Deshalb muß sich jeder Besuch setzen, aber niemals auf das Bett selbst. Junggesellen und Kindern wird der Hut genommen, wenn sie in die Wochenstube kommen. Einer Frau, die selbst ein kleines Kind hat, muß beim Besuch von ihrer Milch etwas auf das Bett (oder in die Türangel) spritzen, sonst nimmt sie der Wöchnerin die Milch. Ist das trotz der Vorsicht dennoch geschehen, so tränkt sie beim nächsten Besuch ein Stück Brot mit der Milch aus ihrer Brust, das sie dann beide gemeinsam essen. Auch Hexen (Truden) stellen der Milch nach und nehmen sie der Wöchnerin. Dann muß diese vor Sonnenaufgang zum Bach gehen, mit einem neuen Rutenbesen ins Wasser schlagen und sagen: „Wai det Wasser vim Biassem sprätzt, esi sol de Malsch eus menger Brast sprätzen. Äm Nime Gottes" usw. (Heltau). Ist die Frau noch im „Äsätzen" und darf deshalb das Haus nicht verlassen, so kann auch ihr Mann zur Mühle gehen, vom Mühlrad Wasser auf ein Stück Brot spritzen lassen und sagen, so solle auch die Milch in die Brust seiner Frau spritzen. Das Brot gibt er ihr sodann zu essen (Eibesdorf).

Vor allem aber muß die Wöchnerin vor den Nachstellungen des „Alf" behütet werden, der sein häßliches mißgestaltetes Kind gegen das ihrige umzutauschen sucht. Besonders wenn die „Alfsfrä" zu gleicher Zeit mit der Wöchnerin entbunden hat, trachtet sie das Menschenkind zu erwürgen und das ihrige an seine Stelle zu setzen. Ausgetauschte oder Alfskinder erkennt man zumeist daran, daß sie unablässig schreien, nicht zunehmen, einen dicken Kopf (Wasserkopf) haben, nicht reden, oft auch bis zum sechsten Jahr nicht stehen lernen, blöd bleiben und im neunten Jahr elend dahinsiechen.

Zur Abwehr werden mancherlei Mittel angewendet. Die Wöchnerin darf nie allein gelassen werden, ebenso das Kind in der

Wiege nicht. Der Wöchnerin wird unter das Kopfkissen eine alte Sichel, Silberstücke, ein „Blael“ (Bläuel, Wäscheklopfer) oder ein weißes Kleeblatt gelegt, in die Ofenröhre ein Spieß oder eine Sense mit der Spitze nach oben gesteckt. In die Wickelschnur wird ein wenig Weihrauch, 4—5 Pfefferkörner und 3 Körner Sommerweizen eingewickelt. Geht die Mutter aber abends mit dem Kinde aus, so hängt sie ihm ein Stückchen Brotkruste an. Dann kann ihm der Alf nichts anhaben (Gergeschdorf).

Bleibt das Kind allein in der Stube, muß unfehlbar an die Wiege ein Besen oder ein großes Messer mit der Spitze nach aufwärts gekehrt, oder ein Gebetbuch hineingelegt werden. Um zu erproben, ob der Schreihals wirklich ein „Alfkängt“ ist, kann man folgenden Versuch anstellen: Man stellt auf den Lutherofen oder auf sonst einen höher liegenden Platz ein kleines Töpfchen mit Milch, daneben einen großen Löffel. Ist es wirklich ein Alfskind, so klettert es in einem unbewachten Augenblick an den Wänden in der Stube umher und sucht Speise für seinen großen Hunger. Findet es nun das Töpfchen Milch mit dem großen Löffel, der in die Öffnung des Töpfchens nicht hineingeht, so wirft es beides mit den zornigen Worten auf den Boden: „Moi, e klinj Däpchen (kleines Töpfchen) och e grüiß Lefel.“ Tritt jemand in die Stube, so ist es im Augenblick in der Wiege, aber die rings umher liegenden Scherben verraten nur zu gut, was man wissen wollte.

Ist es also ausgemacht, daß das Kind ausgewechselt ist, so muß die Frau das Alfskind schreien lassen und darf es nicht säugen, sonst nimmt der Alf es nicht mehr zurück. Hat es auch nur einmal zu trinken bekommen, so bleibt man mit ihm. Oder es wird der Backofen geheizt und es werden Anstalten getroffen, das „Alfskängt“ zu verbrennen. Vor dem Ofenloch wird das Kind auf den Armen geschwungen und dabei gesagt: „Ich schmaißn dij an't Foier“. In rasender Eile kommt dann der Alf durch die Luft, entreißt sein Kind der Gefahr und legt das gestohlene (erwürgt) in die Wiege (Großlasseln). Auch kann man das „Alfskängt“ so lang mit dem „Blael“ (Bläuel) klopfen (oder auf die Dornen des Zauns setzen und es mit einem Dorn blutig schlagen), bis der Alf kommt und es wieder austauscht.

Nicht gar so gefährlich wie das Ausgetauschtwerden durch den

Alf, aber doch eine leidige Sache ist das berufen („berofen") durch den bösen Blick. Auch durch unvorsichtiges Bewundern kann das Kind berufen werden. Das zeigt sich dann ebenfalls in vielem Weinen, im schlechten Aussehen, in allzu langsamer Entwicklung. Deshalb muß man sich hüten, ein Kind zu bewundern. Im Gegenteil. Besuche müssen bei seinem Anblick ausspucken und sagen: „Pi (pfui) ta Garsthalz, ta Zegun", „Zeganän" (‚Zigeuner') und zur Sicherheit hinzufügen: „Net dad ich dich berofen!" Das vorzüglichste Vorbeugungsmittel ist, daß man die Aufmerksamkeit des bösen Blicks auf einen Nebengegenstand lenkt: Man näht ein Fetzchen an die Haube oder das Stirntuch, oder man macht ein dreieckiges Leinwandfetzchen, gefüllt mit Weihrauch und Gewürz, malt darauf einen Natternkopf und hängt es dem Kind um den Nacken. Auch näht man ein Stückchen von einem Glockenseil in die Fatsche (Windel). Die Gefahr des Berufens dauert jahrelang. Sogar noch bei der Konfirmation kann das Kind berufen werden. Ein Silberzwanziger in die Schuhe geschoben hilft dagegen. Noch in der Kriegszeit entschuldigte sich ein junger Bursche aus der Gefangenschaft, er scheue sich ein Lichtbild nach Hause zu schicken, denn er sei so fett geworden, daß er fürchten müsse, seine Angehörigen würden ihn beim Anblick des Bildes berufen. Über die Heilmittel gegen das „berofen", wie auch für andere Krankheiten des frühesten Kindesalters („Gebrech", „Hangtsalder" usw.) ist in einem vorausgehenden Abschnitt schon ausführlich berichtet worden.

2. Doch das neugeborene Kind gehört nicht nur der Familie, sondern der Gemeinschaft an. Vor ein bis zwei Menschenaltern noch nach altem katholischem Brauch am zweiten Tag nach der Geburt, wird gegenwärtig das Kind nach 3—4 Wochen getauft Dazu bedarf es bestimmter Vorbereitungen: die Anzeige beim Pfarrer und das Gevatterbitten, beides in den üblichen gesetzten Worten, die von einem „wichtigen Wortmacher" mühsam eingelernt und deshalb gegenwärtig allmählich abgekürzt oder durch eine gewöhnlich geformte Bitte ersetzt werden. Die Anzeige stattet der Vater am Vorabend der Taufe im Kirchenkleid beim Pfarrer an. Ist das Kind unehelich, so erfüllt die Hebamme diese Aufgabe.

In ähnlich umständlicher Weise geht das ‚Gevatterbitten' vor sich. Es werden gewöhnlich zwei Paare zu Paten genommen, öfter auch bei einem Knaben „zwin Paten“ und „in Git“, bei Mädchen „ene Pat“ und „zwo Giden“.

Gewöhnlich schließt sich an das ‚zu Gevatterbitten‘ die Aufnahme in die Gevatterschaft an: Ich nim dich auf zum christlichen Gevatter. Alle die Tage, die uns Gott läßt leben, sollen wir uns Ehre und Freundschaft erzeigen (Eibesdorf).

Die Taufe findet zumeist in der Vormittagskirche nach der Predigt angesichts der ganzen Gemeinde statt, eingeleitet durch ein Tauflied, das die ganze Gemeinde singt. Das Taufen mehrerer Kinder zugleich gilt nicht als günstiges Vorzeichen. Leicht kann eines dieser Kinder sterben. Doch wird es auch als ein gewisses geistiges Band, zum mindesten als sichere Altersbestimmung empfunden, mit einem anderen ‚aus gleichem Taufwasser‘ getauft worden zu sein. Uneheliche Kinder werden jedenfalls aus solcher Taufgemeinschaft ausgeschlossen. Nach der Taufhandlung übernimmt die älteste Gode das Kind und trägt es um den Altar. (Ins Taufbecken werden kleine Münzen für den Burghüter gelegt.) Zu Hause wird das Kind mit einem Segensspruch der Mutter übergeben. (In Birk zugleich mit einem Geschenk von 2 Gulden von jeder Gode mit den Worten: „Mer bränjen ij e kli Geschinksel, der i Galden äs vü mir, der ünder vüm Pot“ (der eine Gulden ist von mir, der andere vom Paten). Andernorts heißt's nur: Einen Heiden trugen wir hinaus, einen Christen bringen wir herein.

Schon hier mischt sich heiterer Brauch in den Ernst der Tauffeier. Die Goden fügen ihrem Spruch bei der Rückkehr noch einen lustigen Schluß hinzu: „Wonn er backt uch wiescht, stappt en (den Täufling) än de Jesch!“ Oder, die Gode legt das Kind auf Tisch, Bank, Herd, Bett und spricht dabei:

Ha deon ej ed af desen Däsch,
Ha sal et bloiwe fräsch.
Ha deon ej ed af dis Bungk,
Ha sal et wiesse (wachsen) lungk.
Ha deon ej ed af desen Hiert,
Ha sal et bloiwe wiert.
Ha deon ej ed af det Bat,
Ha sal et senj Motter kemme glat.

(Belleschdorf.) Auch verschließt man das Tor und fragt die heimkehrenden Goden: „Wa hued er geduft?“ (D. i. auf welchen Namen?) Antwort: „Liewendich“ oder: „Weln Iwegeljen (Evangelienabschnitt) hued em verliesen?“ Antwort: „Lasset die Kindlein zu mir kommen.“ Mit der Bemerkung, man sehe, daß sie gut aufgepaßt hätten, wird sodann das Tor geöffnet.

Der Taufschmaus beginnt mit Ansprache des ältesten Anwesenden und Gebet. Die üblichen „Kaimesgerichte“ sind entweder die „Reisenkächen“ wie bei der Hochzeit oder „Geschniddendich bä er Hin“ mit nachfolgendem „Gebret“ und „Klotsch“ oder das sächsische Kraut.

Am Taufschmaus nimmt an mehreren Orten die Mutter des Kindes, auch wenn sie schon außer Bett ist, nicht teil, sondern liegt während dessen im Bett.

Der Ernst der Unterhaltung weicht sehr bald ausgelassener Fröhlichkeit. Es ist besondere Aufgabe der Hebamme, durch derbe, mitunter recht eindeutige Späße, Lieder und Kunstfertigkeiten die Gesellschaft zu unterhalten und nicht aus dem Lachen kommen zu lassen, dadurch aber sie zu reichlicher Spende für sie selbst willfährig zu machen. Solche Späße sind: Die Amtfrau springt vor und rückwärts über den Backtrog und spricht dabei:

Hopp iwer de Backtroch,
Uch de Gevadder wil noch,

oder sie tanzt auf dem Milchkübel und singt dabei:

Pelse wich, Weimere seß,
Sat mer e wenij af menj Feß.
Sat, wol stid et,
Sat, wol gid et,
Sat wol stoppt et, uj, uj, uj!

Oder: nach beendigtem Mahl spießt die Hebamme einen Geflügelknochen an die Gabel und hält sie zunächst der älteren, dann der jüngeren Gode vor und spricht dazu Reime, von denen es bezeichnenderweise heißt, daß sie nicht aufgesagt werden, wenn der Geistliche oder Lehrer anwesend ist. Der Reim muß nachgesprochen werden. Die es vor Lachen nicht kann oder will, muß den ihr zugehörigen Paten küssen (Birk).

Zur Belustigung der Anwesenden dienen auch Geschicklichkeitsübungen der Hebamme. Sie setzt sich mit vorgespreizten Füßen, die den Boden nicht berühren dürfen, auf einen Mörser. In der einen Hand hält sie die Nähnadel, in der Rechten einen Faden. Gelingt es ihr, den Faden einzufädeln, ohne das Gleichgewicht zu verlieren und vom Mörser herabzufallen, erhält sie von Paten und Goden ein Geschenk. Natürlich wird sie von den Umstehenden dabei geneckt, und es gibt immer viel zum lachen. Ein anderer Spaß ist die Nachahmung des „Wirkens“ (Webens). Sie öffnet die Türe, dreht den Schlüssel vor, daß sie nicht zugehen kann, dreht sich mit dem Rücken ihr zu und klopft mit dem Hinterteil daran, so daß man das Schlagen eines Webstuhles zu hören vermeint, dabei faßt sie ihren Kittel an verschiedenen Stellen an und sagt dabei: dies gebe ich dir, dies meinem Mann usw. Der Hauptspaß ist jedoch ihr Spießtanz. Zwei Bratspieße werden kreuzförmig auf den Boden gelegt. Die Hebamme springt nun möglichst flink aus einem so gebildeten Winkel in den anderen und spricht dabei die oben beim Tanz auf dem Milchkübel mitgeteilten Verschen.

Zum Schluß folgt die Dankrede („Urlef“, ‚Urlaub‘) des ältesten Paten. Noch der Abschied klingt lustig aus. Wie die Goden sich anschicken, nach Hause zu gehen, werden sie zuweilen aus der Türe die Stiege herab auf der Pflugkarre oder in einem Korb bis zur Gassentüre getragen.

Vier Wochen lang nach der Geburt des Kindes ist die Wöchnerin („de Kromfrä“) altem, auf alttestamentliche Anordnung zurückgehendem Brauch gemäß „äm Äsätzen“ (Einsitzen), d. i. sie hat sich in dieser Zeit noch schwerer Arbeit zu enthalten und darf vor allem das Haus nicht verlassen. In dieser Zeit schicken ihr die Gevatterinnen oder andere Bekannte feiner zubereitetes Essen („Gevadderläwent, Gevadder-, Gidebieltschen“), in Großlasseln eine besonders üppig zubereitete Hanklich („Kaimes“) nebst einer Flasche Wein. Am Abend vor Vollendung der vier Wochen geht der Ehemann im Kirchenkleid auf den Pfarrhof, seine Frau „herauszulassen“. Er bittet, seine Fran auszuleiten („ousliden“, „-segnen“, ‚aussegnen‘). Am folgenden Morgen geht die Wöchnerin (allein) oder von der Hebamme oder einer Nachbarin begleitet, mit ihrem Kinde auf dem Arm zur Frühkirche, wo der Prediger mit ihr ein Gebet vor dem Altare (an einigen Orten vor der Kirchentüre, in der Sakristei, oder vor seinem

Sitz in der Kirche) betet, worin sie Gott für die wiedererlangte Gesundheit dankt und der Pflichten für die christliche Erziehung des Kindes gedenkt. Die Wöchnerin geht sodann ein oder mehrmals um den Altar und legt ein Geldgeschenk darauf. Der Prediger erhält als Gebühr das „Ouslitbrit" (Ausleitbrot). Der „Amtfrau", die nunmehr ihrer Aufgabe, die Wöchnerin zu versorgen, enthoben ist, wird der „Ouschingk" (Ausschenkessen) und die ortsübliche Entlohnung in Korn, Speck, Brot, ein geringer Teil in Geld, gegeben.

Das ist auch die Zeit, in der die Frau noch singen darf. Die Wiegenlieder, zumeist unverstandene, zersungene Erbstücke aus alten Zeiten, sind ihr Eigenrecht in dieser Zeit.

Schliaf Metche, schliaf,
Der Dueter hat de Schiaf,
De Motter hat de Lemmtscher,
En bronjt der zwe däck Memmtscher.

Suse, Suse Sijeltchen,
Der Dueter schus e Vijeltchen,
E schus ed än dem grane Walt,
Schliaf tio klenet Susi balt.

(Belleschdorf)

Aia, popaia, im Sommer kommt die Maia,
Wenn die Kinder spielen gehn, muß ich bei der Wiege stehn.
Die Wiege die geht schnipp, schnapp,
Schlaf du kleiner Dudelsack.

Inijet Metche gäldän Dok
Kamm mät än de Gorten,
Satz der en inich Hotchen af,
Ech gin der ach en Streisken draf.

(Keisd)

3. In das eigentliche Kindesalter — aus dem Alter des „Zizpaia" (Säugling) — tritt der Knabe, wenn er die ersten Hosen bekommt, das Mädchen, wenn man ihm die ersten Zöpfchen flicht. Die Erziehung ist nicht weich. Die Zärtlichkeit erschöpft sich zumeist in der Liebkosung der Kurznamen: Anna, „Ennchen", „Enno"; „Trentchen" (Katharina), „Trenjo", „Tuk", „Tiko"; (Andreas) „Titz", „Dritzo"; (Martin) „Martz", „Martzo"; (Johann) „Hanz", „Hanzo", „Hanzi", „Hanno", „Hanni". Am

trautesten: „Menjo“, „Menjochen“, ‚Meinchen‘. — Schon früh müssen die Kinder mithelfen, zunächst die kleinen Geschwister besorgen und schleppen, dann aber auch in Haus und Hof kleine Handgriffe tun. Solange sie nicht aufs Feld hinausgehen können, bleiben sie zu Hause „häden“ (hüten), zumeist unter der Aufsicht der Großmutter oder einer alten Nachbarin, in jüngerer Zeit gut behütet in den zahlreich entstandenen Sommerbewahranstalten. Das ist dann die Zeit der endlosen Ringelreihen und Haschespiele, von denen die Kinder nicht genug haben können, auch wenn sie kaum erst stehen und gehen gelernt haben. „Florian, Florian hat gelebet sieben Jahr, die sieben Jahr sind um, unser N. N. dreht sich um (nach jedem Vers dreht sich ein Kind in die Innenseite des Kreises, sodann, wenn der ganze Kreis nach innen gewendet ist, wieder nach außen usw.), „Grünes Gras unter meinen Füßen.“ „Raio, maio, Kampesthiftchen, ridet Stinchen, Zizimizu!“ (Die Kinder kauern nieder). Schon größere Kinder spielen das alte Gesellschaftsspiel von Mönchen und Nonnen, „Es kommt eine Dame von Ninive, ade, ade, ade“, sodann die verschiedenen Brückenspiele, wobei die hintersten Paare durch die Brücke durchgehen und sich vorn wieder anstellen müssen. Die größeren Knaben allerdings kommen nur am Sonntag nachmittag oder wenn sie zur „Stat“ (Roßherde) hinausreiten, zum Spiel. In der Reihe der Ballspiele, wobei der Ball meist vom Vater oder einem sonst Kundigen aus Kuhhaaren gefertigt wird, machen die ‚Burgspiele‘ eine besondere Gruppe aus: „der lufäner, stoäner (stehender), zaklescher (ungarischer) Burch“, denen noch uralte Nachahmung der Verteidigung und Erstürmung einer Burg zugrunde liegt. Vor allem geübt wird das Spiel mit dem „Klepsch“, einem 10 cm langen, an beiden Seiten zugespitzten Holzstab, der mit dem „Klepsch-Stock“ in die Höhe geschnellt, mehrmals gewippt und möglichst weit geschlagen wird. Ferner die zahllose Reihe alter Hirtenspiele mit geworfenen Knütteln, die vielfach aus dem rumänischen Hirtenbrauch übernommen worden sind: „der Kläppel“ (es wird mit Knütteln nach einem aufgesteckten Stock geworfen), „der Hetz“ (der an dem aufgesteckten Stock mit einer Hand angeseilte ‚Verkäufer‘ muß mit der andern die ausgebreiteten Kleidungsstücke vor dem Raub schützen), „des Stranf“ (der „Stranf“ wirft mit dem Hut nach den Anstürmern zum aufgesteckten Stab), „der Raden" (Ruten), ein Kreisspiel, wobei die Spieler mit Ruten schlagen) usw. Endlich: ‚Blinde Maus', ‚Ringversteckens' („des Rängeltchen"), „der Blom" (jedes Kind gibt sich den Namen einer Blume, ‚zum Tor hinaus' usw. Sprachlich kennzeichnend ist, daß überall der Name des Spiels im zweiten Beugefall hinzugefügt wird. („Der lufäner Burch spiln".)

Im ganzen werden die Zügel der Erziehung sehr schlaff gehalten. Es sind nur Ausnahmefälle, wenn ein Vater oder Großvater im Hause die Angehörigen unter einen starken Willen zwingt. Der Grundsatz Kindern gegenüber ist zumeist: „Mer wällen em de Wällen net brechen" (wir wollen ihm den Willen nicht brechen). Ein guter Beobachter des Volkslebens (Gustav Arz) erzählte, er habe als Pfarrer einen Bauern vorgeladen, weil dessen Kind regelmäßig die Schule versäumte. Allen Vorstellungen über Notwendigkeit und Nützlichkeit des Schulbesuchs stimmte der Bauer überzeugt zu, aber auf die erstaunte Frage des Pfarrers, warum er dann den Knaben nicht zwinge, in die Schule zu gehen, erfolgte die immer nur wiederholte Antwort: „e wäll net". Die Folge davon ist ein oft störrisches Benehmen den Eltern gegenüber und trotz des ehrerbietigen „Ihr", mit dem das Kind die Eltern anredet, ein gereizter, vielfach grober Ton zwischen Eltern und Kindern: „Ta gedannerder Kärl!" „Ich zerschlon der de Knochen!", von Seite der Kinder allerdings mehr der mürrische grobe Klang der Antwort.

Vom 6. bis 15. Lebensjahr besucht der Knabe die Volksschule (Mädchen bis zum 14. Jahr). Im letzten Schuljahr gehen ihre Gedanken schon über die Schule hinaus. Die Knaben kaufen den Mädchen Broschen zum Jahrmarkt und diese stecken ihnen zum „Blasi" Blumen auf die Kappe. Wer bis zum 1. November des Jahres das 15. (Mädchen das 14.) Lebensjahr erfüllt hat, wird am Palmsonntag (in den Städten am Gründonnerstag oder am Sonntag vor Pfingsten) konfirmiert („ousston"). An ihrem letzten „Blasi" haben sie das Recht, die bunten Papierstreifen der Ketten, mit denen die Schule geschmückt ist, unter sich aufzuteilen. Daraus werden die Lesezeichen in Bibel und Gesangbuch gemacht, wenn sie „än Angdericht" („af de Farrhof") gehn. Das ist der Abschied von der Kinderzeit.

Verlobung und Hochzeit.

1. Am deutlichsten tritt die enge Verknüpfung von altem germanischen Rechtsbrauch und kirchlicher Sitte in der Hochzeitsfeier zutage, wobei erst recht noch Überreste uralter Abwehrmittel gegen Störung durch böse Geister das Ganze durchziehen und umranken. Es soll im folgenden versucht werden, diese einzelnen Fäden aus dem Gewebe des ganzen Festbrauches auseinander zu lösen.

Dem Aufriß der germanischen Eheschließung entsprechend besteht auch die siebenbürgisch-sächsische Hochzeit aus den Haupthandlungen der Verheißung (Verlobung) und Heimholung (Trauung). Der ersteren geht die Werbung voraus, die letztere zerfällt in die Einzelhandlungen der Ausfolgung der Braut, des feierlichen Zugs in das Haus des Gatten (Brautlauf) und des Hochzeitsmahls, das mit seinen Belustigungen auch auf mehrere Tage sich ausdehnen kann (Jungfrauentag). Die kirchliche Weihe hat gegenwärtig die Verheißung ganz an sich gerissen, in der Heimholung greift sie zwischen Ausfolgung der Braut und Brautlauf als Trauung ein und zerteilt die Einzelmahlzeiten und Belustigungen des Hochzeitsmahles durch die Einsegnung der jungen Frau am Morgen nach der Hochzeitsnacht. Das Kennzeichen des alten Rechtsbrauches ist die maßgebende Beteiligung der beiderseitigen Sippe als solche an dem Feste, das der kirchlichen Weihe die Unterstreichung des persönlichen Verhältnisses der zur Ehe sich Verbindenden untereinander.

Schon das Aussuchen der Braut ist nicht eigentlich Sache des einzelnen, sondern der Freundschaft: „As Martz (Martin) sal ir Trenchen (Katharina) nin" oder: „Mer stiße se (stoßen sie) zesammen" ist der Urteilsspruch der Sippe. Die Befürchtung „en groen Zop (einen grauen Zopf) ze bekun", läßt auch das Mädchen nicht lange zaudern. „De Medewuer (Magdware) äs wä de Kampestwuer (gesäuertes Kraut), ä (je) lenger em se hält, ä (desto) weniger se gält".

Wenn oft im Ton sittlicher Entrüstung gerügt wird, daß „nicht der Bursche das Mädchen, sondern der Acker den Acker, der Weinberg den Weinberg, der Hof den Hof" heirate, oder wenn hervorgehoben wird, daß nirgends ein so strenger Klassengeist wie auf dem Dorfe bei Auswahl der zukünftigen Ehefrau herrsche und es undenkbar sei, daß ein („Kniecht") Bursche aus der Hintergasse sein Auge auf eine Hoftochter vom Markt werfe, so trifft das nichts anderes als die Übermacht der Sippe, die nicht dulden kann, daß jemand in sie aufgenommen werde, der unter ihrem Stande sei. Denn „sich frängdern" (heiraten) ist ‚sich einfreunden', ‚feierlich in die „Frängtscheft" (Freundschaft, Sippe) aufgenommen werden'. („. . . zu der ee gegeben vnd vns zu einander gefründet haben".)

Die neuere Zeit mit dem freieren Verkehr zwischen Burschen und Mädchen besonders in der Stadt als Soldaten und Dienstmädchen, auf dem Lande selbst die freiere Entfaltung der Eigenpersönlichkeit namentlich auch durch Einwirkung der protestantischen Predigt, haben vielfach den Heiratszwang durch die Sippe durchbrochen und auch einer Wahl nach Herzensneigung Raum geschaffen. Einzelschilderungen der Hochzeitsbräuche fangen öfters in dahinzielnden Wendungen mit der Darstellung der Werbung an, und auch in den stehenden Reden und Gegenreden ist die Berücksichtigung der Zuneigung zwischen Braut und Bräutigam nicht immer nur verschönernde Formel.

Die Werbung selbst erfolgt durch den Vater, der als Beistand seines Sohnes diese Pflicht erfüllt, oder durch einen eigenen „Framan" (Freimann), der der altübliche Vertreter der Sippe ist. In Belleschdorf z. B. hat ebenso der Bursche wie das Mädchen seinen „Wüirtman" (Wortmann). Am bestimmten Tage vor Tagesanbruch geht der Bräutigam mit seinem „Wortmann" in das Haus der Braut, in dem sich auch ihr „Wortmann" eingefunden hat. Der Wortmann des Bräutigams spricht zum Wortmann der Braut und bittet ihn in biblischen Wendungen, „dem hier gegenwärtigen Jüngling dieses hier gegenwärtige Mädchen" zur Mitgehilfin zu geben. Der Wortmann der Braut sagt Erfüllung der Bitte zu, indem er mit kleiner Veränderung die Worte der Werbung wiederholt. Ebenso versichert sich in Mettersdorf zuerst der Bursche des Jawortes bei den Eltern. Am nächsten Abend hält der Vater für den Sohn um die Hand des Mädchens an. Die eigentliche Werbung bringt aber erst der „Froemung" (Freimann) an („det heschen"), der an einem Morgen zwischen 2 und 4 Uhr um das Mädchen wirbt und dem die Zusage durch

Handschlag und einen „Irnbaechert“ (Ehrenbecher) gegeben wird. Kennzeichnend ist auch, daß in Keisd zuerst der Sohn sich am Freitagabend des Jawortes versichert, am Sonnabend früh sodann der Freimann des Burschen wirbt und nachher erst der Vater hingeht und sich erkundigt, „ob dem alles also sei“, wie der Freimann und der Sohn es ihm gemeldet, damit sie das Weitere besorgen können. Der Freimann, Wortmann, der Braut ist hier überall an die Stelle des altgermanischen Verlobers getreten, von dem, als dem Vertreter der Sippe, die Hand des Mädchens verlangt wird. Deutlich tritt dieses auch in den Wendungen der Werberede zutage, so wenn in Eibesdorf der Wortmann zwischen dem „hemlich Frogen“ (durch den Burschen) und „öffentlich Frogen“ (eben durch den Wortmann) unterscheidet.

Das Hinziehen der Antwort auf mehrere Tage oder gar erstmalige Abweisung, von der man weiß, daß sie nur zum Scheine erfolgt ist, gehört auch sonst zum Stil der Werbung. Es will damit nur der hohe Wert des Mädchens, um das geworben wird, unterstrichen werden.

Besondere Bezeichnungen für das Werben sind: „hischen“, „frogen“, „zason“ (zusagen), „verlangen“, „Drängkenes“ (des Trinkens), „Hantverdrängken“ (die beiden letzten Bezeichnungen eigentlich Bezeichnungen der Verlobung). Als Tag des Werbens wird allgemein der Freitag gewählt, zum Verlangen der Sonnabend, damit am Sonntag die jungen Leute schon als Braut und Bräutigam in der Kirche sich zeigen können.

Dem Werben folgt schon nach wenigen Tagen die Verlobung — „Brokt machen“, „Ijen machen“ (Eigen machen), „Fraen“, „Brokt verdrängken“, „Verdrängkenes“, „Verhissen“, „Hantverdrängken“, „Rängwiesseln“, „Bietstangt“, „Egsamänstangt“, nösn. „Dungkn“ (danken), „Dungksaegungk“ (Danksagung). (1503: geleypnisz) — die eigentliche feierliche Zusage des Mädchens an den Burschen vor den beiderseitigen Freundschaften (oder ihren Vertretern) und Bekräftigung der Zusage durch Handschlag, Handgeld, Kauftrunk und Ringwechsel. Gegenwärtig zerfällt die Feier regelmäßig in die kirchliche Handlung auf dem Pfarrhof und in das gemeinsame Mahl der (engeren) Freundschaft. Das Brautpaar mit ihren zwei Wortmännern (Zeugen), alle in der Kirchentracht, erscheinen am Sonnabendabend, nachdem die beiden Gegenväter vorher die Anzeige gemacht haben, auf dem Pfarrhof, wobei die Braut den mitgebrachten „Klotsch" verlegen in der Küche der „Frä Motter" abgibt. Die Verlobungshandlung besteht gegenwärtig in der Aufnahme und Eintragung der Personenangaben in das Kirchenbuch, woran sich Ansprache und Gebet des Geistlichen schließt. Mancherorts heißt diese kirchliche Handlung auch „Bietstangt" (Betstunde), die jedoch sonst selbständig altem Brauch gemäß abgesondert knapp vor der Hochzeit abgehalten wird.

Der Ringwechsel, gegenwärtig der kirchlichen Trauung zugewiesen, hat früher, an manchen Orten noch heute, ebenfalls zum Inhalt dieser kirchlichen Verlobung gehört. Ja, es gibt Gemeinden (im Nösnerland), in denen eigens eine Flasche Wein mitgebracht wird, wobei die Brautleute vor dem Geistlichen und den Zeugen sich den „Gewäßbecher" (Gewißbecher, Wißtrunk) zutrinken. Beim Ringwechsel sagt der eine Verlobte zum anderen: Hier gebe ich dir den Ring der Treue, Gott gebe, daß es dich nicht gereue. Zugleich gibt der Bräutigam der Braut das Handgeld (früher einen Silbergulden oder einen „Fafer", ‚Fünfer') in die Hand. Damit ist die Braut verkauft und kann ihr Wort nicht mehr zurücknehmen (Keisd).

An die kirchliche Handlung schließt sich das Verlobungsmahl der Freundschaft, das zum Teil schon Züge, die eigentlich erst zur Trauung gehören, an sich gezogen hat. So wird in Marpod dem Bräutigam die Braut, die zuerst nicht anwesend ist, vorgeführt. Zuerst kommt ein junges Mädchen, das der Bräutigam nicht annehmen will, sodann eine alte Frau, die unter Gelächter wieder fortgeschickt wird, zuletzt die Braut, bei deren Anblick der Bräutigam schreit: Das ist meine Braut! Als richtiger „Almesch" (Kaufstrunk — nach ungarisch áldomás) wird dieses Mahl in Birk bezeichnet. Am nächsten Morgen trägt darum hier die junge Braut der zukünftigen Schwieger zwei Hanklichen und einen halben Liter Reselle (Süßschnaps): „Äich hü a winich Almesch gebruecht" (ich habe ein wenig A. gebracht).

In voller Deutlichkeit gibt ein Verlobungsbericht aus 1677 (Nadesch) die reine Form der volkstümlichen Verlobung wieder. (Als Verlober tritt der Wortmann auf, der Ring wird nur allein der Braut vom Bräutigam gegeben, das Mädchen wird erst nach der Zusage um seinen Willen gefragt, der Wißwein wird getrunken). Im Bericht heißt es: „Da fing Lucas Lodwig an (als der Wortmann) und sagt zu der Dirne ihrem Vatter, Mutter und Bruder, soll ich das ausreden, was mir miteinander sein eintzworden, und wolt ihr dabei stehen, oder nicht, da sagten sie einmühtiglich alle drei zu ihm, ja sie wolten dabei stehen, er solle es nur anzeugen. Auf solches sprach er die Dirne diesem Mann] zu einem künftigen Ehegemahl zu, und der Vatter, Mutter und Bruder billigten es und gaben uns alle 4 die Hände drüber. Darnach rief man auch die Dirn hinein, und ich sagt selbst zu ihr: No, liebes Kind, sihe ihn eben an, ob du in lieben kanst oder nicht, denn wo du ihn nicht würdest können lieben, wer es besser, es würde jetzt zuschlagen, denn es ist nicht heut genommen und morgen gelassen, sondern der Todt wirdt euch darnach scheiden. Und der Lodwig redet auch darzu, sie solte sich woll bedenken. Da gab die Jungfer diese Antwort von ihr: Ich will das nicht umbdrehn, was mein Vatter und Mutter gemacht haben, sondern will auch dabei stehen, und gab mir und auch dem Breutigam die Handt darüber; über das gab ihr der Breutigam ein ring zum Zeichen der Verlöbnus, in kegenwahrt unser aller, welche sie auch von ihm empfinge, und trunken darnach einen gruß oder becher Wein darüber zur bekräftigung.“

2. Die Wochen bis zur Trauung gelten der Zurüstung zur Hochzeit. An drei Sonntagen nacheinander wird das verlobte Paar von der Kanzel ausgerufen. Das Brautpaar erscheint – möglichst spät, um von allen als „Verheißene“ bemerkt zu werden – im Brautstaat, der auf dem Jahrmarkt oder in der nächstliegenden Stadt eingekauft worden ist: Der Bräutigam mit dem Verlobungsstrauß aus künstlichen Blumen, dessen Stiel in das „Bräutigamstuch“ eingewickelt ist, die Braut in einigen Gegenden mit dem mit grüner Seide überzogenen Holzreif oder dem Brautkranz auf dem Borten — ältere Trachtenbilder zeigen einen ganzen Kranz auf dem Borten oder als aufrecht stehendes Rad um den Borten befestigt — und dem Brautgürtel („geschwangelt Girkel“ Mettersdorf). In der Hermannstädter Umgebung ist neben dem Strauß auf dem Hut das seidene Halstuch des Burschen und die breiten Partierbänder, die vom Heftel

über die Brust gekreuzt auf dem Rücken der Braut lang herabhängen, wie die beiden seidenen Tücher, die in die Seiten gesteckt sind, „det Zichen" (das Zeichen) der Brautschaft. In Schaas trägt auch der Bursche einen Kranz um den Hut.

Samstag nachmittag vor dem ersten Aufrufen überreicht in Rode der Bräutigam der Braut den Kranz, den sie auf dem Borten tragen soll: „Siehe ich bin hier gegenwärtig mit diesem Ehrenkranz und will ihn dir aufehren. Nimm ihn an uns zu Ehren, zu Frieden. Gott, der Herr, wolle dir den Gesund (Gesundheit) geben, damit du ihn mit Gesund tragen kannst."

Als übliche Hochzeitszeit kam früher allgemein die Woche vor Advent (Katharinenwoche) oder die Woche vor dem zweiten Sonntag nach Epiphanias (Evangelium von der Hochzeit zu Kanaan) oder auch die Drei-Königs-Woche selbst in Betracht. In Alzen heißt die Woche vor dem Katharinentag die „Alzener Hochzeitswoche", da sämtliche Hochzeiten an demselben Mittwoch abgehalten werden. Fallen zu viele Hochzeiten auf diesen Tag, so daß die Freundschaften ins Gedränge kommen, so wird ein Teil der Hochzeiten auf die nächste, die „Leschkircher Hochzeitswoche", verlegt. Dem „Seimegojd" (Simon Juda, 28. Oktober), als übliche Zeit des Brautmachens, sieht das älter werdende Mädchen mit Bekümmernis entgegen.

Der Seimegojd kid än de Net,
Ent fänjt mich noch änj en alt Met.
Ai, dat dich det Wädder sil zeschlon!
Sal ich de Bert (nämlich den Borten) noch e Jor dron!

Die Hochzeit selbst findet entgegen sonstigem deutschen Brauch fast durchwegs am Mittwoch statt („Hochzehmettik"), Kl.-Bistritz, „Am großen Hochzeit Tag als Mitwoch. 1779").

Die letzte Woche ist die Zeit der atemlosen Zurüstung. Die Einladung wird auf verschiedene Weise durchgeführt, aber immer muß sie bis dreimal wiederholt werden, die beiden ersten Male „der Ehren halber", und nur die letzte wird als wirklich ernst gemeint und gültig angesehen. Gewöhnlich sind es zwei „Bidderkniecht" (Bittknechte), „Lader" — der eine Bittknecht ist der „Geselle" des anderen — die im Kirchenanzug (mit Blumenstrauß auf der Pelzmütze und einem Stab mit einem kleinen Strauß in der Hand, Wallendorf) acht Tage vor der Hochzeit oder auch nur am Abend vorher einladen. Die letzte, dringliche Einladung erfolgt am Hochzeitsmorgen selbst.

Die Zurüstungen zum eigentlichen Hochzeitsmahle begannen bei großen Hochzeiten schon am Donnerstag der Vorwoche mit Brotbacken und Holzzuführen. Von den Hochzeitsvätern ist schon früher eine Kuh gekauft und zur Mast eingestellt worden, ebenso ein Schwein („Brelengk“). Gegenwärtig begnügt man sich damit, am Sonntag nachmittag eifrig mit den Vorbereitungen zu beginnen, zu denen von den Hochzeitsmüttern die Helferinnen (dreimal) eingeladen werden. Die Frauen kommen zum Mehlsieben und zum Gewürzstoßen, die Mädchen zum Sträußchenbinden („Blome schnejden“, nösn. „Pokretchi bann“). Zugleich überbringen sie auch als Beihilfe für die Hochzeit Milch, Butter, Eier, Geflügel und Brot mit den Worten: Ich will auch Glück und Segen wünschen zu diesen Ehrenhochzeitsgeschäften. Wollte Gott, daß sie in einer glücklichen Stunde angefangen und in einer glücklichen Stunde zu Ende geführt würden (Alzen). Anderswo (Schönberg) geht am Montag abends die Braut mit Borten und „sangtich ugedon“ (im Sonntagsstaat) mit den ‚hochzeitlichen‘ (zur Hochzeit gerufenen) Mädchen einsammeln („afklouwen“). Die Braut trägt mit der ersten Brautmagd ein weißes Schäffchen in der Hand. Die anderen gehen auf der anderen Zeile. Vor jedem Haus klopfen („taren“) sie mit der flachen Hand an die Wand und rufen: „Nina, sejt gebadden, ent behälft es uch mäd äst!“ Montag wird Brot und Strietzel gebacken, Dienstag die Hanklich, zugleich wird das „Krokt gezeddelt“, das Geflügel geschlachtet und allerlei Kurzweil getrieben. Der Spaß beginnt schon frühmorgens beim Wecken der Frauen zum Backen. Bald nach Mitternacht werden die zur Hilfe geladenen Frauen mit möglichstem Lärm und mißtönender Musik (mit Zinntellern, alten Röhren, Glöckchen) zum Teil auch mit Liedern und Rufsprüchen von den Brautführern und den Mägden und anderen, die sich dazu einfinden, geweckt. („Mer gän bat Klättern“, Scholten). Dabei werden Weckverse gesungen, in die noch Reste alter Tagelieder eingeschmolzen sind.

Et wul en Bakän gor frä affton,
Gor frä wul sä zem kniede gon,
Stand af, stand af, ed äs schin Dach!

Et sul e Metche gar frä asston,
Et sul gor frä no Wasser gon.
Stand auf mein Herr, stand auf mein Herr, es ist tage, ja tage
Es taget sich heut,
Es taget sich neu,
Vor meinem Herzliebchen erscheinen ich noch heut.

Dazu dann neugefundene und alte Reime:

Hä sto mer aw enem nae Biessem,
Mer wile gor gäre seß Wenjbrok iesse.
Stand af usw.

Hä hu mer en Schlässel, di den Dach asschleßt,
Mer wilen en schmeißen, duer't Wasser hifleßt.
Stand af usw.

Im Hof des Hochzeitsschmauses wird unterdessen das „Koches" (Kochhaus) errichtet. Mitten im Hof ist eine Stelle fürs Feuer und die Töpfe freigemacht, über dieser ein hoher Triumphbogen durch „Wisebim" (Heubäume) aufgestellt. Hoch oben spannt man zwei neue Kattuntücher aus. Das Ganze wird mit Wintergrün ausgeputzt. Dieses Gebäu überragt die Dächer, so daß man von weitem das Hochzeitshaus erkennt. Hier wird die Suppe und das Kraut gekocht. Ist das „Koches" fertig, so machen sie einen Strohmenschen und laufen mit diesem singend und schreiend von der Braut zum Bräutigam (Alzen).

Wo in neuerer Zeit das Hochzeitsmahl in einem Haus gemeinsam verzehrt wird, trägt natürlich auch die andere Partei ihren verhältnismäßigen Anteil an den Kosten. In Mettersdorf z. B. führen die Bittknechte, begleitet vom betreffenden Hochzeitsvater von der anderen Partei, auf einem Wagen Mehl, Fleisch, Wein und andere Lebensmittel in das Hochzeitshaus. Der Bräutigam trägt zwei Drittel, die Braut ein Drittel bei („det Zwierl", „det Drättel"). In köstlicher Weise hat eine sächsische Pfarrerin, Susanne Lebrecht, dieses Getriebe der Hochzeitsvorbereitung geschildert:

„Woräm klapperd em mät Schällen?"
Feng me Man des Nochts ist un,
„Dad enem de Ihre gällen,
Oder sen de Tore (Tattern) kun?"
„„Näi et sal jo Hochzet sen,
Hä zem Nober, nemi greng.""

Det Geklapper wäkt de Weiwer,
Dä noch schlofen af der Trun,
Unt de Schälle sen de Dreiwer,
Dat se bald zem Hälfe kun.
Hir se zäh schi mät Gebrous
Wä e Schwuerm än't Hochzethous.

Dra Däch brängd em na mät Backen
Unt dra Däch mät Kochen za.
Frälich mes em Krokt uch hacken,
Hine pläcken one Ra,
Unt besorjen det Gebret,
Dat na ängden drech geret.

Dat mer na det Koches machen,
Mätten än den Hof af d' Jert.
Motter god en schnegt vum Bachen;
Sät dad in de Däppe schmiert,
Dat det Krokt zesumme kit —
Net pätscht (zwickt) Matthes, gid icht Frit! —

„Woräm git de Nobrän himen?"
„„Woräm äs de Hangklich hiß?
Lin, ech wäll det Mell mer zimen,
Nor ech wiß jo, wad ich wiß.
Sekt d' Frä Motter, wä se focht
Mät der Hangklich än dem Schocht?"" — —

Nana klingeld em zem Bieden,
Wo äs't Broktpuer, dat se gon?
„Schwoger, wäßt ir uch dä Rieden,
Dä em asem Farr meß son?"
„„Na, ich kangt se noch als Kniecht,
Ich versto mich dich af't Riecht.""

Besonders hoch gehen die Wogen der Freude am Vorabend der Hochzeit, der nach der früher üblichen Festspeise, der „Bälekächen", auch der „Bälowent", sonst „Kechowent" (Köchinnenabend), „frilich" (fröhlich), „Scheiwen-(Teller-)Owent" genannt wird. Gegen abend geht das Brautpaar auf den Pfarrhof in die Betstunde.

Im Hochzeitshause des Bräutigams hat unterdessen sich seine Freundschaft versammelt, auch die Musik hat sich schon eingefunden. Es wird das „Brodeläwent" aus den Fleischabfällen des Bratenfleisches gegessen, gesungen und getanzt. Etwa nach 10 Uhr geht die ganze Hochzeitsgesellschaft mit Musik in das Haus der Braut. Im Hof angekommen bestellt der Hochzeitsvater zwei jüngere Männer aus ihrer Mitte, sie möchten in das Haus gehen und sich anfragen, ob sie hineinkommen dürften, um zu sehen, ob „das Pfand" (die Braut) noch vorfindlich wäre. Auch diese kleine Aussprache geht nicht ohne umständliche Rede und Gegenrede ab.

Auch das Verstecken der Braut wird mancherorts schon in diesem gegenseitigen Besuch des Vorabends erledigt. In Radeln z. B. wird dem Bräutigam scherzhaft entgegnet: „Ihr könnt kommen, es ist hier keine Braut." „O, sie wird schon hier sein, ich will sie mir suchen." Nun sucht er zur Belustigung der Gesellschaft unter dem Tisch, hinter dem Ofen, hinter dem Rücken der Anwesenden usw.

Hier ist auch der eigentliche Platz für den Abschied der Freundinnen, dem „Rokendron" (Rockentragen), das aber zumeist auf den Hochzeitstag selbst oder den Jungfrauentag verlegt wird. Die Freundinnen bringen der Braut einen schön geschmückten Rocken mit einem mächtigen von bunten Bändern umwobenen „Zoken", der mit allerlei Flittergold, mit Äpfeln und Nüssen geschmückt ist, und in den allerlei nützliche Wirtschaftsgeräte, Löffel, Spindeln usw. hineingesteckt sind. Im langsamen Tanzschritt vorwärts und wieder rückwärts schreitend, singen die Gefährtinnen das „Rokelied" mit der wehmütigen Abschiedsweise und dem frisch munteren Kehrreim:

Na wällen mer gon, mer wolle nemi ston,
Mer wälle aser Brokt en Roken dron.

Das Lied, in das sich mehrere andere Abschiedslieder hineingeschoben haben, läßt die Braut Abschied von den Freundinnen, vom Vater, Mutter, den Geschwistern nehmen und schildert ihr zukünftiges Ergehen. Beim munteren Vorschreiten unter dem Kehrreim reichen die Mädchen den Rocken der Braut hin, ziehen ihn aber, sobald sie darnach hascht, wieder zurück und gehen rückschreitend wieder in einen neuen wehmütigen Abschiedsvers über. Zum Schlusse erhascht der Bräutigam ihn (und zerbricht ihn).

3. Der eigentliche Hochzeitstag ist der Tag der „Brelft", der festlichen Einholung der Braut aus ihrem Vaterhause zum neuen

Herd. Die Verchristlichung der altdeutschen Hochzeitsfeier hat durch die Einschiebung der kirchlichen Weihe dem Brautzug scheinbar ein anderes Ziel gesetzt, die Kirche, aber durch das Geranke der verschiedenen Bräuche schimmert doch das festgefügte Bild des alten Brautlaufs durch.

Wir folgen einer Schilderung aus Radeln: Nachdem frühmorgens die „Bidderkniecht" nochmals die Gäste eingeladen haben, versammeln sich die Freundschaften abgesondert im Hause der beiden Brautleute. Die Zeit bis elf Uhr, manchmal, wenn beim letzten Einladen ein Fehler gemacht und dieser erst ausgebessert werden muß, bis noch etwas später, wird mit Essen und Trinken, im Hause des Bräutigams, wo die Musik ist, auch mit Tanz verbracht. Nun wird die Braut abgeholt. Die Teilnehmer im Hause des Bräutigams ordnen sich zum Zuge und gehen unter dem Liede „Was Gott tut, das ist wohl getan" in das Haus der Braut. Der Brautknecht fordert die Braut mit einer Rede ab. Die Braut verabschiedet sich von den Eltern. Der Zug ordnet sich zum Kirchgang, ebenfalls unter Singen eines geistlichen Liedes. Die Braut geht zwischen den zwei Brautknechten. Beim Herauskommen aus der Kirche erwartet die Musik die Hochzeitsgesellschaft vor der Kirchentür. Hier wird auf dem Friedhof, dem Platz innerhalb der Ringmauern der Kirche, getanzt. Von der Kirche geht's ebenfalls unter Gesang eines geistlichen Liedes zum Hochzeitshaus, wo die Gäste von vermummten Gestalten empfangen werden, die ihnen in einem Glase roten Rübensaft zum Trinken reichen. Das Tor ist mit einer Kette versperrt und der Eintritt muß mit einer Geldabgabe gelöst werden.

Diesem allgemeinen Aufriß mögen einige Einzelheiten folgen: Die Einholung der Braut beginnt allgemein mit der Überreichung der M o r g e n g a b e. Sie besteht aus Stiefeln, Kuchen, Äpfeln, einem härenen Tuch, einem Taschentuch von seiten des Bräutigams. Von seiten der Braut: Hemd, Unterhose, Halstuch, Taschentuch, Kuchen, Äpfel. Die Morgengabe wird vom Brautknecht überreicht.

Auf alten deutschen Brauch zurückgehend werden in Neustadt a. H. auch die Geschwister der Braut (mit Messern und Bändern) vom Bräutigam beschenkt. Eigentümlich vorsehend ist die Zugabe des Bräutigams an die Braut in Martinsberg: Ein langes schwarzes

Haubenband („Heuwebonjdel") zum „bockeln", wenn sie einst sterben wird. Auch dieser Schmuck soll aus der Hand der Liebe gegeben sein.

Der Ernst der Stunde wird scherzhaft gemildert, wenn in Großlasseln zuerst ein zerrissenes Paar Schuhe und ein altes schmutziges Hemd angeboten wird, oder wenn Brautschuhe und Bräutigamshemd durch ein Kind aus der Freundschaft mit der Frage übergeben werden: „Ich hun en barbes (barfüßige) Fra gesan, äs se net hier gelufen? („en nacktije Man")".

Vor dem Abholen bedanken sich Braut und Bräutigam ein jedes im Vaterhause bei den Eltern und Freunden für die bisher erwiesene Fürsorge. In Birk kleidet sich die Braut in einem Nachbarhause an. Dabei muß sie fortwährend weinen, da sonst die Eltern glauben könnten, sie sei kein gutes Kind. Ist die Braut angezogen, so kehrt sie in das Vaterhaus zurück, wohin nun die Jugend (Burschen und Mägde) kommt und wo die Braut sich nun ‚mit allen verzeiht'. In anderen Gemeinden erfolgt dieses Ankleiden der Braut in Beisein der Freundinnen, wobei sie das Brautlied singen:

Aus was sollen wir uns waschen?
Aus der zinnernen Schüssel fein.
Röslein blüh auf!
An was sollen wir uns trocknen?
An ein seiden Tüchelein.
Röslein blüh auf!

Was ziehn wir der Schönsten an?
Ein schönes Hemd, Streifen drauf.
Röslein blüh auf!
Wie schmücken wir weiter die Schönste noch?
Mit silbernem Heftel an der Brust.
Röslein blüh auf!

Wie putzen wir weiter die Schönste noch?
Mit schönem Kittel, Falten drauf.
Röslein blüh auf!
Womit sollen wir sie umgürten?
Mit schönem Gürtel, Knöpfe drauf.
Röslein blüh auf!

Womit sollen wir sie schürzen?
Mit seidener Schürze, Blumen drauf.
Röslein blüh auf!

Und was für Schuhe soll sie tragen?
Schöne Schuhe mit Kreiseln drauf.
Röslein blüh auf!

Die kirchliche Trauung („Kopulatzion") geht nach der alten Wittenberger Agende vor sich, allerdings mit kleinen Abänderungen des Wortlautes, je nach dem Geschmack der Zeiten. 1547: Hans wiltu Greten zum Ehelichen gemahl haben? 1748: Wolt Ihr diese tugendsame N. zum Ehelichen Gemahl haben? Die Agende von 1547 (Honterus) setzt die eigentliche Trauung vor der Kirche voraus, doch hat sehr bald die Kirchenordnung sie in die Kirche, vor den Altar, verlegt. Seit 1895 ist die Trauungsformel selbst, dem Umstand entsprechend, daß der kirchlichen Feier die standesamtliche Eheschließung vorausgeht, in eine Segensweihe umgebogen: „Willst du diese hier gegenwärtige N. N. als deine christliche Ehefrau auch aus Gottes Hand hinnehmen." Auch sind die in der Agende ehemals sich daran anschließenden Vermahnungen und Tröstungen über den Fluch, Pflicht und den Segen, die auf der Ehe ruhen, in die vorhergehende Betstunde verwiesen. Alter volkstümlicher Brauch ist es, daß die Hochzeitsgesellschaft dabei einen Umzug um den Altar macht und die Brautmagd einen Klotsch dabei auf den Altar legt, der dem trauenden Prediger gebührt. Ebenso alt der sinnbildliche Brauch in Birk, daß während des „Schwierens" (Trauung) die Braut mit ihrem rechten Fuß auf den Fuß ihres Bräutigams tritt, „damit sie oben ihm sei", wohl auch der Brauch in Neppendorf und Michelsberg, daß der „Bidderkniecht" die Braut zum Altar ruft, indem er ihr mit einem roten Apfel oder einer Pommeranze winkt.

Der Zug zur Kirche und von da zum Hochzeitshause sucht möglichst die Aufmerksamkeit der Dorfbewohnerschaft auf sich zu ziehen. In Birk geht die Zigeunerkapelle voraus. Darauf folgt die Jugend, die Burschen fortwährend mit Pistolen schießend und die Schnapsflaschen schwenkend, die Frauen und Mädchen „üjü! jü, jü, jü! jobb, jobb, jobb! wiwat Hufzit!" rufend. Der „Bläurefbidder" (Brautlaufbitter, Brautführer) geht in der Mitte des Zuges, die Braut an der einen und den Bräutigam an der anderen Hand führend. Auf den Armen trägt er ein Paar neue Stiefel, in letzter Zeit statt ihrer auch „Papütsche". In die Schuhe sind Kreuzer, Knoblauch, Salz und Korn gelegt. Vor der Kirchentüre zieht die Braut die neuen Schuhe („Schwierschauge", ‚Schwörschuhe') an. Das Korn, Salz und Geld, welches der Braut in die neuen Schuhe gelegt wurde und während der Trauung drinnen bleibt, wird nach dem Austritt aus der Kirche, wobei die Schuhe wieder umgewechselt werden, unter die anwesenden Kinder ausgeschüttet. Während sich die Braut die Schwörschuhe anzieht, tanzen die Burschen auf dem Kirchhof den alten Werbetanz („Wärbung"). Nach der Trauung geht der Hochzeitszug zum Hochzeitshaus. Bevor er ins Haus eintritt, geht er dreimal um das Kochhaus herum. Die Köchinnen bewerfen den Zug mit Salz und Korn und bespritzen ihn mit Wasser. Zugleich rufen sie der Braut in derben Witzen Bemerkungen zu, in der sie ihr zu verstehen geben, daß es mit ihrem Magdtum nun bald aus sein werde.

Alter Brauch ist es, dem Brautzug den Eintritt ins Hochzeitshaus zu verwehren. Er findet das Tor verschlossen, oder die Freunde der Braut stellen sich vor das Tor und wehren mit langen Ruten den Einzug. Die Freunde des Bräutigams beginnen ebenfalls mit langen Ruten den Angriff und dringen gewaltsam in den Hof ein (Maldorf). In Klein-Bistritz verteidigen die Frauen der Freundschaft, von den ältesten bis zu den kleinsten Mädchen, mit Dreschflegeln, Ofenwisch, Besen, mit alten Töpfen, die sie den Eindringenden vor die Füße werfen und mit mörderischem „i-i-i-i-juh" das Tor. Selbstverständlich endigt der Kampf mit dem Sieg des Bräutigams, doch bleiben noch zwei Frauen als Wachposten. Die eine wäscht jeden Eintretenden aus einer Schüssel mit Wasser, die andere reibt ihn mit einem Handtuch ab. Dafür wird ein Eintrittszoll von zwei Kreuzern gezahlt. Ebenso bewegt ist die Verteidigung der Braut beim Auszug zur Heirat in ein fremdes Dorf. In Dörfern an der Kokel stopfen die Eltern der Braut ein Manneshemd und eine Unterhose mit Stroh aus, bewaffnen den Strohmann mit Stöcken und Ruten und stellen ihn auf das Tor. Kommt nun der Bräutigam um die Braut, so wehren sie ihn mit den Waffen des Strohmannes ab, so daß er mit Gewalt eindringen muß. Die Aufgabe des Strohmannes sei, so erklären die Dorfbewohner den Brauch, den Bräutigam zu melden und „die Braut vor ihm sowie vor anderen Unannehmlichkeiten zu bewahren". Oder es werden der Abfahrt allerlei Hemmnisse entgegengestellt: Die Räder des Wagens

Abb. 13. Brautpaar aus Petersdorf bei Mühlbach

Abb. 14. Spinnende Frau aus Petersdorf bei Mühlbach

Abb. 15. Brautpaar aus Jaad bei Bistritz

Abb. 16. Bürger-Festtracht in Agnetheln

Abb. 17. Bürger-Festtracht in Hermannstadt

Abb. 18. Kindtaufe in Hammersdorf
(Aufnahme von Dr. R. Spek)

Abb. 19. Ältere Bauern in Kirchentracht
(Umgebung von Mediasch)

Abb. 20. Büffelmarkt in Hermannstadt

Abb. 21. Schneider=Rößchen und Mummerl in Agnetheln

Abb. 22. Rößchenspiel in Draas

werden von den Dorfburschen herausgenommen, oder ein Ochse am Wagen wird umgekehrt ins Joch gespannt, so daß jeder der beiden nach einer anderen Seite drückt und der Wagen sich nicht fortbewegen kann (Maldorf) usw.

Ist der Eintritt des Brautzuges in den Hof erfolgt, so wird hier haltgemacht. Im Hof ist ein Tisch aufgestellt, hinter dem die junge Frau, an einigen Orten das junge Ehepaar, steht und die Hochzeitsgaben der Freundschaft empfängt („det Gowen, opfern"). Zuerst gabt die Freundschaft des Bräutigams, die Männer Geld, die Frauen Kleidungsstücke, in Dörfern, in denen sich auch sonst alter Brauch gut erhalten hat (Seligstadt), der Vater des Bräutigams Pflugschar und Kulter, der eigene Vater der Braut einen kupfernen Kessel. Die Gegenstände werden zusammengelegt und das Geld abgezählt. Nun erst gabt die Freundschaft der Braut (Neustadt a. H.). Besondere Gaben der Gegenmütter sind ein Polster, darauf das „Gebockeltzel" für die junge Frau. Die Freundinnen der Braut gaben das schön gestickte Gabtuch. Ein Zeichen der neuen Zeit, daß zu den Schürzen, Tüchern, Hemden auch allerlei Stickereien, wohl auch ein Regenschirm hinzugefügt wird. Die stehende Wendung bei Übergabe der Gabe ist: „Ich bringe hier eine kleine Gabe, eine große Freundschaft. Laßt es euch gefällig sein." Zum Schlusse dankt der Wortmann der Braut: Seid gar schön bedankt, ihr lieben Freunde, für das Viele oder Wenige, daß ihr diesen jungen Leuten mitgeteilt habt. Der himmlische Vater erstatte es euch von einer anderen Seite, das ihr es nicht zu schlimm verspüren möget. „No, Zigane, si Werbung!" (rum. Na, Zigeuner, spiel auf den Werbungstanz!)

Dem Ernst des Gabens fügen die jungen Burschen ihren Spaß hinzu. Man zieht ein Schaf oder eine Ziege heran, oder man legt einen Besen auf den Tisch, oder es kommt der Großvater und sagt mit ernstem Gesicht: Sieh, mein Kind, ich gebe dir ein Land, mitten in der Bach, und den schönen Weingarten auf dem Turmdach. Knechte bringen zwei zugedeckte Krüge, damit sich die Braut einen wähle, in dem einen sei Geld. Die Braut trifft unfehlbar den mit Zwiebelschalen, Kukuruzstrünken usw. gefüllten anderen. Oder die Knechte gaben ihr ein Kästchen, aus dem, wenn sie es öffnet, ein Hahn oder eine Katze herausspringt oder in dem eine kleine Wiege enthalten ist.

Der Jungfrauentanz, bei welchem die junge Frau mit jedem Hochzeitsgast vom ältesten bis zum jüngsten tanzt und von ihm ein kleines Geldgeschenk (Sohlengeld) erhält, ist zumeist auf den ersten Hochzeitstag verlegt.

Nach dem Gaben trägt der junge Ehemann seine Frau auf den Armen über die Türschwelle in das Haus und setzt sie auf den Tisch (Schweischer). In Marienburg a. K. geschieht das durch die beiden Brautführer. Im Hause wird sie sodann auf den Tisch „gestoppt" (hart aufgesetzt), wie vorher in der Kirche schon (dreimal) von den Brautfrauen auf die Kirchenbank.

Es folgt nun das Hochzeitsmahl, dessen Üppigkeit und Belustigungen sprichwörtlich geworden sind. „Wuert bäs te dich frängderst, derno bekist te uch Tort" vertröstet man in der Stadt das um Backwerk bettelnde Kind, und „brelwen" (hochzeiten) ist Bezeichnung für ein üppiges Mahl überhaupt geworden.

Die Bedienung besorgen die Brautknechte im Kirchenrock, dessen Zipfel hinten aufgesteckt ist. Ab und zu erhalten auch sie einen Bissen zugeschoben. Sie haben auch für die Belustigung während des Essens zu sorgen, indem sie zwischendurch allerlei Merkwürdiges auftischen. Z. B. ein verdecktes Gefäß, aus dem der Braut beim Öffnen mehr oder weniger derbe und anzügliche Dinge entgegenspringen. An manchen Orten, als Sinnbild des Einsseins, ist es Brauch, daß Bräutigam und Braut auf einem Stuhl sitzen und aus einem Teller essen. Die Speisefolge ist gewöhnlich: die „Reisekächen" mit den dicken „wälesche Weimeren" bei gekochtem Rind- und Hühnerfleisch. Von Zeit zu Zeit werden die Schüsseln aus einem Töpfchen von den Köchinnen nachgefüllt, zugleich mit der freundlichen Mahnung, ja fest zuzugreifen: „Wilt er ich e jeder begelästen (begelüsten), e si vil e Laiw uch Last hot! Giaden Apetit wänjschen ich" (Kl.-Scheuern). Darauf folgt das „Gebret" (Schweinebraten und Geflügel) mit „Rimeschen" (Rote Rüben) dazu, Hanklichen, Klotsch usw., um Mitternacht das gefüllte Kraut. Doch gilt auch die Reihenfolge: Suppe, Kraut, Gebrät. Zwischen den einzelnen Gerichten sind oft stundenlange Pausen, wie es in dem schon genannten Gedicht der Frau Lebrecht heißt:

Bä der Hangklich sätzt em drimen,
Bäs det Krokt kit, schleft em ous,
Bäs em Wirt macht, wid et kalt,
Mer brengt em hiß Läwent balt.

Tischreden werden nicht gehalten. Zu Beginn des Mahles spricht der Hochzeitsvater ein kurzes Tischgebet. Zwischendurch folgt die Aufforderung, den Weinkrug reihum gehen zu lassen, mit dem Segenswunsch: „Der Härrgott wil uch desem jange Puer Gläck, Friden uch Gesangthit schingken!" Oder einfach: „Beferdert den Drangk!" Wie beim Taufschmaus die Hebamme, so ist beim Hochzeitsmahl der Kantor (der „Domnu Kanter" alten Stils) der zuständige Spaßmacher und Unterhalter der Gesellschaft. Die siebenbürgisch-sächsische Hochzeit kennt vor allem drei immer wiederkehrende Belustigungen dieser Art („de Komedi"): Die Hochzeitspredigt, das Spiel vom Tod und vom König und den gegenwärtig immer mehr abkommende Rößchentanz („Schnegderhastchen"). Vielfach wird auch das „Rokendron" (Rockentragen) in die Zeit des Hochzeitsmahls verlegt.

Die Hochzeitspredigt gibt sich als eine lustige Nachahmung einer wirklichen Predigt, wobei in regelrechtem Aufbau des „Seufzers", der Evangelienverlesung, der Abkündigungen usw. die Predigt verdreht und ins Lachhafte gezogen wird. Mitten durch gibt der „Domnu Kanter", der auf einem weißen Schimmel, d. i. dem „Klekner" (Glöckner), der ein Leintuch übergeworfen hat, hereingeritten kommt, diesem oder auch den Umstehenden einen derben Verweis oder macht Anspielungen, ihn mit einem Trunk zu laben. Der „Seufzer" wendet sich in spottender Nachäffung eines salbungsvollen Kanzeltones an den „hohen, höchsten und allerhöchsten" Schlehenstrauch, das Evangelium wird zur Belustigung mit Anführungen in rumänischer und ungarischer Sprache, statt der in früherer Zeit auf der Kanzel noch üblichen griechischen und lateinischen Brocken, durchspickt. Statt der Formel der Schriftverlesung „vom . . . bis zum . . . Vers" werden räumliche Entfernungen gewählt, z. B. ‚vom Stalleck bis zur Scheune', ‚von der achten bis zur zwanzigsten Latte des „Guertegeschätz" (Gartenplanken)'. Das Aufgebot gibt zu einer spaßhaften Beschreibung der körperlichen Vorzüge oder Mängel des Brautpaares wie auch seiner Herkunft Gelegenheit. Es folgt eine witzige Aufzählung der Mitgift oder der zusammengebrachten Gaben usw. In durchaus eindeutiger Weise wird dabei der naturhaften ehelichen Pflichten gedacht. Die Predigt selbst reizt durch sinnlose Anhäufung von Wörtern, die oft gewiß auch den gehörten Wortschwall von Predigten nachahmen wollen, zum Lachen. Dabei klingt noch etwas von der derben Art ehemaliger Kapuzinerpredigt nach.

Zu den Belustigungen des Hochzeitstages, ehemals von ernsterer Bedeutung, gehört endlich auch das Ausschuhen der jungen Frau (um Mitternacht, mancherorts am Vorabend) durch die Brautknechte (oder Mägde), wofür der junge Ehemann ihnen einen Ehrentrunk gewährt („det Ausschägen"). Zu Mitternacht, wenn das Kraut gegessen worden, wird der Borten abgetanzt. In Schlatt geschieht das auf folgende Weise: die Frauen schließen einen Kreis, nehmen die Braut in die Mitte und springen, einen Rundtanz ohne Text singend, im Kreise herum, während eine von ihnen mit der Braut tanzt. Während des Drehens reißt nun eine der Frauen der Braut den Borten vom Kopf, setzt sich ihn auf und eilt davon. Weinend geht die junge Frau in ein anderes Zimmer, die Frauen folgen ihr nach und stimmen den Choral an: „Der Stand, in den ich trete". Es wird nun die große „Burtenhangklich" und ein Krug Wein gebracht, der letztere getrunken, die erstere unter die Frauen aufgeteilt.

4. Der zweite Hochzeitstag, der Jungfrauentag, ist im wesentlichen nur eine Fortsetzung der Lustbarkeiten des Hochzeitsmahles: Essen, Trinken und Tanzen. Nur zwei feststehende Sitten geben ihm ein besonderes Gepräge: Das Waschen der Gäste am Morgen und die ‚Einleitung' der jungen Frau. Wer am Jungfrauentag in Alzen zuerst im Hochzeitshaus ankommt, nimmt sich einen Besen und die Musikanten und geht, ‚die Gäste zusammenzukehren'. Bis sich diese fertig machen, wird im Hof getanzt. Auf diese Weise wächst der Zug durch die Geladenen und Neugierigen an. Nach dem Frühstück kommen die Frauen mit Rosmarinstengel, Wasser und einem reinen Tuch, die Männer zu waschen. Während des Waschens sagen sie (rum):

De la schura mare pănă la schura mică
Pănă mâne nu zic nimică.

(Von der großen Scheune, bis zur kleinen Scheune, bis morgen sag ich nichts!) Ebenso beim Trocknen:

Mer sellen ij e kiejt (ein wenig) weschen,
Dad er besser kannt essen,
Mer sellen ij e kiejt schmänjken (schminken),
Dad er besser kannt dranjken (trinken).

Oft hält eine ein berußtes Tuch versteckt und streicht mit diesem rasch über das Gesicht eines frisch gewaschenen Mannes, der so nichts Böses ahnend geschwärzt und brav ausgelacht wird. Für dieses Waschen müssen die Männer einige Kreuzer geben. Mit dem Geld wird etwa 14 Tage nach der Hochzeit im Hause des jungen Paares ein lustiger Abend veranstaltet („Gielt verdrängken"). In den Nachbarschaftsordnungen in Hammersdorf aus 1826 wird dieses Waschen der Gäste am Morgen des zweiten Hochzeitstages als eine unverständige Gewohnheit, die zu Possenreißereien und oft ärgerlichen, unschicklichen Auftritten führe, verboten. Ebenso auch der „Hoinal", der Umzug der Knechte und Knaben mit Musik durch das Dorf, der aus ungarischem Hochzeitsbrauch stammt (ung. hajnált, húzni, den Brautleuten eine Morgenmusik machen).

Zum Kirchgang am Jungfrauentag trägt die junge Frau zum erstenmal ihren Ehrenschmuck, das „Gebockelsel", den ihr die Mutter mit Hilfe der älteren Freundinnen zurecht ordnet. Ihr zur Seite gehen die beiden ebenfalls gebockelten Brautfrauen. In Draas wird die junge Frau nur bis zur Kirche begleitet. In die Kirche geht sie mit dem Geistlichen allein, der den Segen über sie spricht. Sie wird sodann in die Kirche eingesperrt und muß durch ein Fenster oder eine Nebentüre herauskommen. Der Befreier sucht sie nun auch zu rauben.

Der Zug nach Hause, an einigen Orten durch Besuch und Vorstellung auf dem Pfarrhofe unterbrochen, wo Weinsuppe („Wengebrok") aufgewartet wird, ist mit allerlei Kurzweil, Tanz, Vermummungen, dem Pflugfahrrad wie am Ascherdienstag usw. verbunden. Gewöhnlich wird bei dieser Gelegenheit auch das schon erwähnte Brautverstehlen oder Brautverstecken geübt. Auch das Verkleiden oder Verhüllen der jungen Frau zusammen mit anderen, wobei der junge Ehemann die Seine herauszufinden hat, fällt gewöhnlich diesem Vormittag zu. An einigen Orten wird der Brauttanz als Jungfrauentanz aufgeführt. Die junge Frau tanzt mit jedem Hochzeitsgast und erhält dabei von jedem einige Geldstücke auf ihre zerrissenen Sohlen (Felmern). In Rohrbach heißt man das: „de gang Fra deunzt det Schäugeflaiken", in Trapold: „die junge Frau lösen", sie sagt dabei: „Mein Schuh ist mir zerrissen, gebt mir etwas, daß ich ihn mir flicken laß." — Abends wird der Spaß des Scherens und Rasierens gemacht: Die Hochzeitsfrauen nehmen Ziegel statt Seife, einen Wachholderzweig statt des Pinsels, einen abgenagten Rippenknochen an Stelle des Rasiermessers und rasieren damit („kratzen") die männlichen Hochzeitsgäste, wofür sie von jedem etliche Kreuzer erhalten, die sie acht Tage später verjubeln.

Den Schluß der Hochzeit macht am dritten Tage die Nachhochzeit („Nohochzet", „Kechdach", ‚Köchinnentag'; „det Fatt verzieren"; der „Hochzet den Schwanz ousreißen"; „de Koade" (rum. coadă, ‚Schwanz'), die Gäste versammeln sich zum Übriggebliebenen, das als „Knoblengklawent" verzehrt wird, wobei nunmehr die Köchinnen an der Ehrentafel sitzen. In sechsspännigem Wagen, begleitet von Vermummten, wird die junge Frau nochmals mit Musik und Juchzen um die Kirche und durch die Gassen geführt. Im Namen der Hochzeitsgäste nimmt der Brautknecht oder Wortmann vom Hochzeitshause Urlaub und wünscht, „sie sollten es nicht spüren". Wenn sie mit etwas gefehlt hätten, so solle es verziehen werden. Am Sonntag nach der Trauung besuchen die Mägde nach dem Gottesdienst noch einmal die Gefährtin, sie kommen aber nun nicht mehr zur „Reisekächen", sondern nur zum „dreje Reis" (zum trockenen Reis, Holzmengen). —

Es ist nur natürlich, daß in den Städten die alten Formen der Verlobung und Trauung gegenwärtig aufgelöst erscheinen. Beschränkung der Wohnräume, das hastigere Treiben des Tages, das die behagliche Ausdehnung der Feier nicht gestattet, nicht zuletzt auch die hohen Kosten, haben hier zunächst die Verlobung auf ein einfaches Abendessen, die Hochzeitsfeierlichkeiten auf einen Tag oder Nachmittag eingeschränkt. Das Gaben hat sich zum Zusenden von Hochzeitsgeschenken verflüchtigt. Andeutungen aus früheren Zeiten bezeugen jedoch auch für die Städte die volle Entfaltung des alten Brauchs bei Verlobung und Trauung, wie denn auch die stehenden Reden mit ihrem zunftmäßigen Einschlag zweifelsohne zum guten Teil aus den Städten den Weg in die Dörfer gefunden haben. Auch der Brauch der Hochzeitsgeschenke ist reichlich bezeugt. Hervorragende Männer erhielten von den Stadtmagistraten zum Hochzeitsfeste ein Ehrengeschenk, so Johannes Honterus 1535 eine vergoldete Kanne aus der Werkstatt der Thomas von Klausenburg im Werte von 23 Fl. und 44 Asper. Ebenso waren zu Ende des 18. Jahrhundert die zur Erheiterung des Hochzeitsmahles von den Lehrern der Lateinschule beigestellten Hochzeitsgedichte wohl zumeist in gespreiztem, gelehrtem Stil gehalten, manchmal aber gaben sie an Derbheit der offenen Natürlichkeit der Kantorengedichte nichts nach. Aus einem von ihnen sind die Anfangsverse noch heute in Erinnerung geblieben:

Wol uertlich gid ed än der Wält,
Wonn em sij et riecht virställt.
Munch ener hued um Fränjdere Last,
Em andern äs uch dat verhaßt.

Zur Doppelhochzeit der „bieden Wulf und Gangteröschen wä uch Zacharias und Wulfeschen Broktpuere em Johre 1793 den sechsten Spirkel" pries der Hochzeitsdichter, daß sie es verstanden hätten,

Fum Ovend bäs zem Morgen
Sech af det Boslisch sorgen,

und widmete die schöngeschriebene Abschrift des Gedichtes der einen jungen Frau „Mademoiselle nee de Gunthardt Nouvelle mariee de Wolff (will besagen: Frau Anna Marie, Tochter des Tuchmachers Gundhardt, die am 3. Februar 1793 — nach Ausweis der Hermannstädter Kirchenmatrikel — den jungen Fleischhauermeister J. G. Wolff heiratete).

Der alte Volksspruch ist: „Af der Hochzet weiß (wich) Brit, no der Hochzet Mä uch Nit." Oder, die Hochzeit als Abschluß langen Geredes und Vorbereitens wertend: „Fed em un ze fraen (fängt man an zu freien), esi fed em un ze kaen (kauen, in den Mund nehmen), fed em un ze gejen (geigen, nämlich auf der Hochzeit), esi fed em un ze schwejen."

Tod und Begräbnis.

1. Wohl am meisten von allen Feiern des Hauses, die in die Gemeinschaft hinübergreifen, ist gegenwärtig die Leichenfeier in allgemein christlich kirchlichen Brauch eingeschmolzen. Doch läßt sich auch hier das kirchlich Hinzugekommene leicht ablösen, so daß die altgermanische Totenbestattung in reinster Form in Erscheinung tritt: Zurüstung des Toten, Totenwache, Klage, geordneter Gang zum Begräbnis, Umzug um den Grabhügel, Totenopfer auf dem Opferstein, Leichenmahl.

Die Leichenfeier heißt „de Lech" (Leiche). Wenn man sagt, es war eine „schöne Leiche", so will damit zahlreiche Beteiligung, zu Herzen gehende Reden und würdiges Benehmen der Leidtragenden gerühmt werden. Der entseelte Körper wird einfach als der Tote bezeichnet.

Sobald der Tod eingetreten ist — was neuerdings durch den sofort hingerufenen Totenbeschauer festgestellt werden muß — werden Fenster und Türen geöffnet, der Spiegel verhängt. Der Tote wird von den nächsten Anwesenden auf eine Bank (früher auch auf ein über den Fußboden gebreitetes Leintuch oder auf Stroh) gelegt und mit warmem Wasser, das schon vorher vorsorglich zum Herd gestellt worden war, gewaschen. Das Waschwasser wird sodann an einen abgelegenen Platz des Hofes oder des Gartens unter den Zaun gegossen. Die Nägel von Fingern und Zehen werden beschnitten, die Haare gekämmt, bei Männern der Bart rasiert. Früher war es üblich, diese abgeschnittenen Nägel in ein Tüchelchen gebunden unter einem Balken der Zimmerdecke oder auf dem Schüsselrahmen zu verbergen, „damit das Glück des Hauses nicht verloren gehe", oder „damit der Tote nicht noch mehr Familienmitglieder mit sich ziehe" (Bekokten). Darauf wird der Tote ins „Stärfgedeis" (Sterbekleidung) gekleidet, und entweder gleich oder bei der Einsargung mit seinen schönsten Sachen angezogen: für den Mann das Bräutigamshemd, die feinen Sonntagskleider, auf dem Haupte eine weiße Mütze, früher der Marderhut, statt der Stiefel leinene Socken; für die Frau die Haube mit den schwarzen Bändern, die sie noch am Hochzeitstag erhalten hat, oder das „Gebockelsel", früher der weiße „Basemkeddel", das Brauthemd und die

Brautschuhe. Die Bockelnadeln werden vor dem Schließen des Sarges abgenommen. Mägde werden im Borten begraben — die „Flietschen" an beiden Seiten den Körper entlang geordnet — junge Mädchen in ihren bunten Häubchen. Bis zur Anfertigung des Sarges wird der Tote so auf eine Bank zwischen die Fenster gelegt (im Nösnerland auf eine Wagenhürde, „Huiert-Schingen", Mettersdorf), der Kopf etwas erhoben, die Hände gekreuzt oder übereinander gelegt, die Füße gerade gestreckt, die Augen geschlossen. Geistlichen gibt man eine Bibel, Lehrern ein Gesangbuch in die Hände. Auf den Bauch wird, angeblich um das Anschwellen desselben zu verhindern, eine Sichel oder ein zinnerner Teller gelegt, in der Regel auch mitbegraben. Das Antlitz ist, solange der Tote „iwer Jere lat" (aufgebahrt liegt) mit einem Leintuch bedeckt, das öfter mit Wein, Essig oder Branntwein angefeuchtet wird. Unter der Totenbank wird ein mit Wasser gefülltes Schaff gehalten. Selbstmörder werden ungewaschen, in der Kleidung, in der sie tot gefunden worden sind, aufgebahrt.

An einigen Orten beginnt sofort nach der Aufbahrung das Klagen („dat Klon"). Die Mutter beginnt, oder wenn sie gestorben ist, die älteste Tochter. Es folgen dem Alter nach die Töchter und Schwiegertöchter (Neustadt a. H.) In Obereidisch ist das Klagen eine Antwort auf das „bedouern" (Beileidsworte), zu dem sich die nächsten Verwandten und Bekannten einfinden, sobald die Nachricht vom Tode sich verbreitet hat. Der Besuch spricht: „Guten Abend! Unser Herrgott tröste euch mit eurem verstorbenen Hausvater! Unser Herrgott wolle ihn erwecken in die ewige Freude". Antwort: „Unser Herrgott wird uns trösten, aber er (der Tote) nicht mehr." Darauf dann die Klage der Witwe: „Wirt, mein herzer Wirt, wie hast du mich verlassen können? Wie gingst du aus früh morgens und kamst erst spät heim. Wie soll ich dies ertragen?!" Andere übliche Wendungen für das Bedauern sind: „Gott trist ij än irem Lit unt erfra em de Sil äm iwije Liewen!" — „Kummer, es ist uns aber auch leid Gevatterin (Nachbarin usw.) um euren Hausvater, er hat nun ausgelitten, er hat überstanden, der Herr erfreue seine Seele im ewigen Leben, er wolle aber auch euch trösten in eurer Bekümmernis. (Bekokten; übersetzt). — Eigentümlich in Brenndorf (Burzenland): „der Raujen as mer eouk laid" (das Geschlecht weist eher auf mhd. re, ahd. hreo, ‚Leichnam, Tod' als auf mhd. riuwe ‚Bekümmernis' hin.)

Der Gemeinde wird der eingetretene Tod durch den nächsten männlichen Verwandten angezeigt, der im Kirchenpelz allein oder mit dem Nachbarvater zum Pfarrer geht. Der Nachbarvater erstattet die Anzeige etwa in folgender Form: „Es wird Euer Wohlehrwürden nicht unbewußt sein, daß Gott der Herr unsern Mitchristen N. N. vor etlichen Wochen ins Krankenbett gesetzt hat, aus dem er nicht hat genesen können, sondern er ist durch einen natürlichen Tod abgefordert worden, den wir alle Menschen schuldig sind. Ich wünsche ihm eine sanfte Ruhe, auch eine fröhliche Auferstehung auf den lieben jüngsten Tag. (Gr.-Casseln.) Hierauf sagt er die Stunde des Todes an und fragt an, wann das Begräbnis stattfinden kann.

In Alzen begibt sich der Anzeiger vom Pfarrer auf die Burg und läutet zur Kunde an die Gemeinde die Totenglocke in drei Absätzen (von den Bewohnern als Sinnbild der Dreieinigkeit gedeutet). Der Burghüter übergibt ihm — ein Überbleibsel aus vorreformatorischer Zeit — 2 Kerzen vom Altar, die neben den Toten gelegt und bei der Leichenfeier vom Kirchenvater vor dem Sarg getragen werden.

Es ist üblich, den Nachbarn den Todesfall eigens anzusagen. Auch kommt es vor, daß dem Vieh im Stalle und den Bienen der Tod des Hauswirten gemeldet wird. Die Witwe klopft weinend an den Bienenstock: „Der Herr ist gestorben." Zum Vieh im Stalle spricht sie: „Er wird euch nicht mehr nachgehen." Auch die Mitteilung wird hinzugefügt, wer jetzt der Herr geworden ist.

Der Sarg wird zumeist fertig aus der Stadt oder dem nahen Marktflecken gebracht. Im Unterwald ist es vereinzelt üblich, einen Sarg im Vorrat in dem Hinterstübchen oder in der Kammer zu halten und ihn, wenn er lange nicht zur Benützung kommt, gelegentlich auch als Aufbewahrungsraum für Nüsse usw. zu benützen. Der Sarg („de Didelat") ist eine nach den Füßen zu sich verjüngende Kiste aus Tannenholz — nur in den Städten aus Eichendielen — mit spitz zulaufendem oder oben abgewalmtem Deckel. Eine einfache Truhe mit flachem Deckel (scherzhaft Nasenquetscher genannt) wird nur in ganz armen Verhältnissen gebraucht.

Die Nacht über hüten („häden") die Nachbarn und Freunde den Toten (in Birk: „Priwetch". nach rum. priveghere, ‚Wache'). Die Eintretenden grüßen mit einem frommen Segenswunsch für die ewige Ruhe des Gestorbenen. In Birk stellt sich zunächst die „Freundschaft" um den Toten und singt einen Sterbepsalm. Darauf entfernen sich die weiblichen Mitglieder, während für die Männer Tische zurechtgestellt werden, an denen sie bis zum frühen Morgen Karten spielen und Schnaps trinken. Am zweiten Tag ist wieder „Priwetch". Auch sonst werden die anfänglich gedämpft geführten Gespräche über den Toten, seine guten Eigenschaften und seine Verdienste bald durch lauterere und heiterere abgelöst. Als Speise und Trank wird frisch gebackenes Brot, höchstens etwas Käse dazu, und Wein gereicht.

Das Grabmachen („det Graf", „de Kell machen") besorgen die nächsten Anverwandten, Gevattersleute, oder aus der Nachbarschaft die vier Hauswirte, die „un" (an der Reihe) sind.

Im ersteren Falle werden sie im Sterbehause mit einem „Brodeläwent" bewirtet, im letzteren erhalten sie als Gebühr Brot, Speck und Schnaps (oder Wein). Der älteste oder vornehmste unter den Führern tut den ersten Spatenstich. In Heltau läutete man früher frühmorgens eigens zum „det Graf iwesen" (das Grab anweisen). Berufsmäßige Totengräber („Kellegrawer") gibt es nur in den Städten.

Begraben wird seit der Josefinischen Zeit (Ende des 18. Jahrhunderts) allenthalben auf dem eigens dazu ausgeschiedenen Friedhof („det Begräfnes"), der zumeist an einer Anhöhe liegt, auf steiler Treppe zugänglich. Die Gräber sind der Reihe nach angelegt, womöglich von West nach Ost, so daß der Tote mit dem Gesicht der aufgehenden Sonne zugewandt ist. Familiengräber oder Gruppen von Grabstellen werden nur in den Vororten und in den Städten eigens ausgeschieden. In der Mitte des Friedhofs, um die schindelgedeckte Friedhofskapelle („de Tornatz"), ist ein kleiner Raum für die Gräber der Pfarrerfamilien vorbehalten.

Früher wurde auf dem Platz um die Kirche begraben – daher der Kirchhof öfters auch Friedhof genannt — vornehme Geschlechter der Städte auch in der Kirche selbst. Der letzte, der in der Hermannstädter Stadtkirche seine Ruhestätte gefunden hat, war Freiherr Samuel von Brukenthal († 1804).

Das Begräbnis fand früher schon am Tage nach dem Tode statt. Durch staatliche Verordnungen aus dem Ende des 18. Jahrhunderts ist es auf frühestens 48 Stunden nach dem Ableben gesetzt.

Die Einladung zur Leichenfeier erfolgt durch die Nachbarschaften (durch „det Lechzichen"). „Ich bä ku mät dem Lechzichen" (‚ich bin gekommen, einen Todesfall anzuzeigen'). Im Nösnerland auch durch zwei Knaben mit zwei weißen Stöckchen, die auf die Leiche bitten, oder durch die zwei Leichenfrauen. In Schäßburg hat sich die eigentümliche Sitte erhalten, daß durch Schüler aus der zweiten Gymnasialklasse zur Leiche gerufen wird. Wenn die Schüler ins Trauerhaus kommen, sagen sie: „Gehorsamster Diener! Schönen Empfehl haben wir abzulegen von unseren Eltern. Sie wären gern in einem anderen Fall zu Diensten gestanden, aber nachdem es Gott der Herr zugemittelt hat, so wollten sie auch in diesem Fall gern zu Diensten stehn." Die Schüler werden nun zu den Einzuladenden geschickt. Die Einladung lautet dabei: „Gehorsamster Diener! Schönen Empfehl habe ich auszurichten von N. N. Er läßt Sie höfl. ersuchen, Sie sollten von der Güte sein, morgen um 2 seinem verstorbenen Töchterchen den letzten Ehrendienst helfen leisten." Antwort: „Wann ist die Leiche?" (Die Zeit wird nochmals angegeben.) Beim Abschied: „Ich danke der Mühe." — Wenn die Schüler in das Trauerhaus zurückkommen, sagen sie dieselben Worte, nur der „schöne Empfehl" kommt jetzt von allen Freunden und Bekannten. Nun setzt man die drei Knaben an den Tisch und gibt ihnen etwas zu essen, wobei irgendeine ältere Frau sie unterhält, indem sie beginnt: „Wem bist du mein Kind?" (Antwort: „Dem Herrn Roth"). „Na ich dachte mir es ja, ich erkannte dich an der Art" usw.

Die Leichenfeier findet gewöhnlich am frühen Nachmittag, bei dringender Arbeit in frühster Morgenstunde statt. Die Zeit wird in Braller 12 Stunden vorher durch das „Härrgottklekelchen" (Herrgottglöcklein, das Glöcklein, das in katholischer Zeit die Wandlung verkündigte), angesagt. Zum Begräbnis wird zuerst eine Stunde lang mit der kleinen Glocke geläutet, sodann nach kurzer Pause mit allen dreien den „Schillern" (Lehrern, „Schillerpuls") und wieder nach kurzem Absetzen den „Legden" (den Leuten). An einigen Orten ist das dritte Läuten der „Schillerpuls".

Während des dritten Trauergeläutes versammeln sich die Trauergäste im Hof, dessen Tor offen steht. In der Toröffnung sind einige Stühle für den Pfarrer und für vornehmere Gäste ‚gestellt'. In der Mitte des Hofes steht die Totenbank, davor das schwarz verhangene Betpult. Mit dem Eintreffen der Adjuvanten, an ihrer Spitze die „Schiler" („wenn der Kantor seinen Hut an das Tor aufhängt"), beginnt die Leichenfeier. Als Trauergäste haben sich außer der Freundschaft die Nachbarn eingefunden, aus jedem Haus ein Vertreter — die Nachbarschaftsordnungen sehen streng darauf, daß diese Pflicht nicht versäumt wird – alle in dunkler Festkleidung, die Mägde mit schwarzen Maschen am Zopf. Die nächstverwandten Frauen tragen für längere Zeit zum letzten Mal das weiße „Knäppdach", da es in der darauf folgenden Trauer mit einem schwarzen oder braunen umgetauscht wird. Die Männer stellen sich hinten im Hof im Halbkreis auf, die näher bekannten Frauen gehen in das Zimmer, in dem der Tote aufgebahrt wird, die anderen bleiben im „Hous" oder in einem anderen Raume stehen, an der Türe mit dem Gruße „Gott trist de Bedräften" vorbeigehend. Der Nachbarvater fordert den Toten von den Hausgenossen ab: „Wir haben erfahren, daß Gott unseren lieben Freund in ein sehr schmerzhaftes Krankenbett hat lassen geraten, woher er nicht hat können genesen, sondern Gott hat ihn zu sich gefordert. So wissen wir auch, daß solche verblaßte Totenkörper bei uns Lebendigen nicht aufbehalten werden können, sondern christgebührender Weise dem Schoß der Erde überliefert werden müssen, wie es auch für diesmal geschehen muß. Gott mache aber auch uns bereit, wenn unsere Stunde kommt, daß wir eingehen können zur Seelenseligkeit. So komme ich mit einer ehrsamen Nachbarschaft. Seid gebeten und laßt ihn folgen."

Unter den Klängen eines Sterbeliedes (Trauermarsches) wird der Sarg von den Jüngsten der Nachbarschaft aus dem Hause – mit den Füßen voran – hinausgetragen und auf die Totenbank gestellt. Die nächsten Angehörigen stellen sich, nach Geschlechtern gesondert, zu beiden Seiten des Sarges, dabei spricht die Witwe zu ihren „Freundinnen“: Ich danke Euch, ihr lieben Freundinnen und Gevatterinnen und Nachbarinnen, weil ihr meinem werten Hausvater das letzte Geleite wollet geben. Gott wolle einen jeden behüten vor einem solchen Trauerfall.

Nun beginnt das „Klagen“, das durch den lauten Schmerzensausbruch die Größe des Verlustes und den Wert des Verstorbenen zum Ausdruck bringen will. Zu diesem Zweck wird an einigen Orten der Sarg noch einmal geöffnet, angeblich damit der Tote sich zum letzten Male im Hofe umschauen könne.

Über diesen Brauch des „Klagens“ ist viel gelächelt und gespottet worden. Jedenfalls aber ist es eine Form, die dem Bauerngemüte, das sich nur schwer und scheu anderen erschließt, Gelegenheit gibt, offen und ungescheut davon Kunde zu tun, was in ihm vorgeht. Es ist nur natürlich, daß in dieser Klage, die mit Vorliebe Einzelheiten des Erlebten als dankende und schuldbewußte Erinnerung an den Verstorbenen zum Ausdruck bringt, so manches Nichtige, dem ferner Stehenden läppisch Erscheinende mitläuft. So wenn die Frau klagt: „Dau mäi Wierder Gader (du mein Werter, Guter), wänn ich sett (sagte), de sillt ter Tubok kife, denne kufst te der (Schluchzpause), und wänn ich sett, te sillt der niche kife, denne kufst te der niche“. Daneben finden sich aber auch wahre Perlen volkstümlicher Formgebung echtesten Leidempfindens. (Übersetzt): Du mein guter Hausvater, mein Eichenbaum, unter dem wir uns bergen sollten. Mein Hausvater, du hast deine Sense zu hoch gehangen, daß sie unser Hans nicht kann erlangen. Der Erntewagen zerscheidet sich, der Pflug verteilt sich. Mein fleißiger Ackergänger, mein Pflugführer, wer soll für uns nun zusammentragen? Mein herzer, guter Hausvater, wie soll dein junges Blut die Erde färben, wie soll ich dich vergessen in diesem Leben, bis mir die Augen auch werden brechen! Ruh' wohl, mein Hausvater, in der kühlen Erde, mein Hausvater! (Klzen.) „Woräm host de mer det gedon! Mierte! Mierte! Sonst host te esi geat gedilt, mir host te det gresser Stäck Brit gegien, dir host te det Klener gehalden. Itzt host tea ed andersch gemacht. Mir host te fuif Känjt gelossen, nor int host te der mät genien. Mierte! Mierte! Wat vir en hiesch fest Stuf host tea der genien, mir host tea in gelossen, wo ed äne rent! Mierte! Mierte!" (Gr.-Scheuern.) „Denj Nume bleift, awer dech wärde mer nemi sähn, mer wärden dij än der Stuf säken, awer mer wärden dich net bekun." (Ebenda.) Vielfach benützt die Totenklage schon geprägte Wendungen und Reime oder schafft selbst solche. Klage um eine Mutter: „O wi, o wi! Mottero mienj! ir wearter Numen, wonni ku mir mi zesummen? Tea breider Weach, tea schmoaler Gung, er wart mich roan (reuen) me Leawe lung. Motter mienj, verzoat, wio mer ich beleidicht hun. Motter mienj, haft Dungk am alles, Motter mienj, harz Motter mienj!" (Alzen.) Klage um einen Sohn: „Me Sann, me Sann, mienj Riuseboum, äs der Sturm kun en hout dij amgebrochen! Me Sann, me Sann, mienj Eicheboum, di mich beschajde (beschatten) soul! Me Sann, me Sann, mienj gäodet Kanjt, räo wiul!" (Ebenda.) Solche geprägte Wendungen sind z. B. in Reußen: „Wä en afgeschossä Bimtchen; wä en afgeblät Bleam; wä e riut Risken; en ogebrochä Blät; en ogeräßä Riuseknup; en zetriudä Valtchen; en eosgeräßan Ich; en ormselich Känjt; de kal Iert; det ställ Graf; der verinsemt Hof; de treorä Fränjt."

Der Scheu, den Namen des Toten zu nennen, entspringt es, wenn die Witwe in der Klage nicht von „meinem Mann" spricht, sondern den Toten nur als „deser" (dieser) bezeichnet. Es gilt als gute Sitte, dem Schmerz über den Verlust bei dieser Gelegenheit überlauten Ausdruck zu geben. Schon Sebastian Pausner rügte in seinem Pestbüchlein (1550) als ansteckungsgefährlich den Brauch, sich auf den Sarg zu legen oder den Toten zu küssen. 1788 wurde aus gleicher Ursache dieses behördlich streng verboten.

Die Leichenfeier nimmt in den einzelnen Gebieten verschiedenen Gang. In der Schenker Gegend hält der Prediger, nachdem die Adjuvanten ein Quartett oder eine „Leichenarie" gesungen haben, am Betpult die Leichenrede, in der er an eine Würdigung des Lebens und der Schicksale des Verstorbenen allgemeine Betrachtungen über Leben und Sterben anschließt. Es wird streng darauf geachtet, daß diese Leichenrede gelesen werde. Nach nochmaligem Musikstück wird der Sarg mittels der beiden Tragbäume („Didebum"), die durch Riemen verbunden sind, von der Totenbank gehoben. Die Bank wird sofort umgestürzt, damit nicht bald jemand aus dem Hause dem Toten nachfolge. Nun setzt sich der Zug in Bewegung. Voran schritten früher die Schulkinder. Gegenwärtig ist die Beteiligung der Schulkinder als Gruppe an der Beerdigungsfeier aus Gesundheitsrücksichten untersagt. Es folgen die Lehrer mit den Adjuvanten, die abwechselnd ein Begräbnislied singen oder einen Trauermarsch blasen, und der Geistliche vor dem Sarge. Der Sarg, der nur bei jugendlichen Verstorbenen mit einer Blumenkrone, darin eine vergoldene Birne befestigt ist, geschmückt wird, wird von den jüngsten Männern der Nachbarschaft getragen. Dabei liegen die Tragbäume auf den Schultern der Tragenden. Nur bei Beerdigung eines vornehmen Gestorbenen, wie z. B. des Pfarrers, werden sie in den Händen getragen. Hinter dem Sarge schreiten die nächsten Anverwandten, sodann die Männer in Reihen zu zweit, zuletzt die Frauen. Die weiblichen Verwandten tragen Wintergrün- und andere Kränze zum Grabe mit.

Je zahlreicher die Zahl der Begleiter, desto schöner ist die Leiche und ehrenvoller für die Familie und den Verstorbenen. Ebenso in den Zunftsatzungen der Städte wie in den Nachbarschaftsordnungen der Dörfer wird deshalb die Pflicht der Teilnahme am Begräbnis streng eingeschärft. Eigene Leichenvereine suchen neben geldlicher Unterstützung gerade auch eine anständig große Leichenbegleitung zu sichern. Neuerdings haben sogar einzelne Frauenvereine die vollzählige Teilnahme der Mitglieder in der alten Kirchentracht als satzungsmäßige Pflicht aufgenommen.

Beim Eintritt des Leichenzuges in den Friedhof hebt nochmals das Geläute aller Glocken an und dauert solange, bis der Sarg eingescharrt ist. Der Geistliche hält vor dem offenen Grab ein kurzes Gebet, einmündend in die schlichten Einsegnungsworte der Agende und abschließend mit dem Vaterunser. Nun wird der Sarg an Seilen hinabgelassen, und der Nachbarvater (beim Begräbnis eines Knechts oder einer Magd der Altknecht) gibt den Befehl: „Un de Haen (an die Hauen) ir Neber (Bräder)! Unter dem Gesang der Adjuvanten und Lehrer „Ja Christus ist mein Leben“ wird das Grab zugescharrt. Die Nächststehenden werfen mit stillem Segenswunsch eine Handvoll Erde nach (an einzelnen Orten mit verkehrter Hand). Sobald die ersten Schaufeln Schollen hinabfallen, tritt der Geistliche vom Grab zurück. Über dem aufgerichteten Grabhügel werden die Hauen gekreuzt. Nun dankt der Nachbarvater ab: Ihr guten frommen Leute. Hier sind diese armen betrübten Leute, die Gott der Herr betrübt hat. Sie bedanken sich ehrlich und freundlich, daß ihr ihnen nach seid gefolgt in diesem ihrem Trauerfall, daß ihr diesem unserem Mitbruder den letzten Dienst habt helfen tun, bis bei seine Grabesstätte. Sie verheißen aber Christum den Herrn anzurufen und euch einen anderen Dienst zu leisten, auf daß sie ein größeres Wohlgefallen möchten haben. Nun wollen wir ihn ruhen und schlafen lassen auf den allgemeinen jüngsten Tag, bis Christus der Herr wird kommen, mit der Posaune Gottes, daß er ihn wird auferwecken und ein wird führen in die ewige Freud' und Herrlichkeit (Obereidisch).

Vor dem Abdanken umschreiten die nächsten Freunde schweigend das Grab. An mehreren Orten (Großlasseln) tun dies alle Anwesenden mit Ausnahme der Geistlichkeit, ein Zeichen, daß dieser Umzug als etwas Nichtchristliches, der Geistlichkeit nicht Angemessenes empfunden wird. In Neustadt a. H. erfolgt dieser Umzug je nach dem Geschlechte des Beerdigten durch Männer und Frauen, an einigen Orten nur durch die Frauen überhaupt. Der Nachbarvater ruft sie dazu auf: Umzingelt ihr Weiber! In Seligstadt wird nach diesem Umzug auf einen eigens zu diesem Zweck hergerichteten Steintisch das Opfer (eine Geldgabe) für die Kirche niedergelegt. In Kleinscheuern übergibt der Hausherr des Trauerhauses im Hofe vor dem Aufbruch des Zuges jedem Teilnehmer einen Kreuzer. Diese Gabe wird nach dem Trauergottesdienst in den Gotteskasten eingelegt. Sonstwo ist dieses alte „Totenopfer" als ein Geschenk des Hauses an die Kirche abgelöst („Trenenopfer"), vielfach in Form von Kanzeltüchern usw., auf denen leider oft allzu breitspurig Veranlassung und Name des Spenders prangt.

In den Städten wurden früher je nach der Mitwirkung der Geistlichkeit jetzt nur nach der Häufigkeit des Läutens bestimmte Unterschiede gemacht. Es gab z. B. in Schäßburg Spezial-, General-, Generalius- und Generalissimumleichen. In Mühlbach: Beisetz-, Stundenbeisetz-, Spezial- und Stundenleichen. Zur regelmäßigen Leichenbegleitung gehörten in den Städten mit Gymnasien auch die zum Lehrerberuf sich vorbereitenden Togaten,

d. i. die mit der Toga Bekleideten, im Unterschied von den Chlamidaten, die den Studentenmantel tragen. Eine besondere Gebühr war in Hermannstadt vorgeschrieben, wenn der Stadtpfarrer mit dem Leichenzug mitging, eine erhöhte, wenn er dabei den silberknaufigen Stock trug. In Mediasch war 1762 die Generalleiche erster Ordnung dadurch ausgezeichnet, daß der Tote in der Kirche begraben, der Leichenzug von der ganzen Schuljugend geführt, auf der Straße aber der offene Sarg zweimal niedergesetzt wurde, eine Ehre, die gemäß Magistratsbeschluß 1740 auch dem Hermannstädter Bürgermeister zu erweisen war. Sonst ist das mehrmalige Niedersetzen des Sarges während des Leichenzuges allgemein geübter rumänischer (orthodoxer) Brauch im Lande.

Seit etwa 30 Jahren ist in Hermannstadt wenigstens die Leichenbegleitung durch die Stadt völlig abgekommen, und es wird die Beerdigungsfeier auf dem Friedhof in der Kapelle abgehalten.

Nach der Beerdigung wird den Adjuvanten und Lehrern in die Schule „det Gebir" geschickt, eine „Kächen" („de Lechekächen") oder Gebräte und Wein. Das früher überall übliche Tränenbrot („Trenebrit, Lechzichen, Lechentrist, Lechmes, Lechemol, Begräfnes", nösn. „Bestuednes", „Beguessä Brit", „Lechetor[t]", aus ung. tor, ‚Leichenmahl') ist seit der großen Kirchenvisitation durch Bischof G. D. Teutsch († 1893) aus wirtschaftlichen Gründen vielfach abgeschafft. Durch die große Anzahl der Geladenen erforderte es übermäßige Kosten. Es gab Gemeinden, in denen sich arme Leute bei dieser Gelegenheit in Schulden stürzen mußten, wenn sie nicht ins Gerede kommen wollten. Verbote aus früheren Jahrhunderten durch die Synode galten zweifellos ihrem heidnischen Ursprung. Wo das Leichenmahl noch abgehalten wird, wartet man eine „Kächen" und „Klotsch" auf, die dabei gehaltenen kurzen Ansprachen ehren das Gedächtnis des Toten und danken einerseits für die Teilnahme, andererseits für die Bewirtung: Wir bedanken uns für das Essen. Unser Herrgott möge es euch „ersturnen" (erstatten), daß ihr es nicht möchtet spüren, woher ihr es genommen habt. Antwort seitens der Hausleute: Unser Herrgott soll es einem jeden zur Gesundheit geben (Ober-Eidisch).

Mit der Beerdigung erlischt das Gedächtnis des Toten nicht. Die dunklere Kleidung der Frauen und die Enthaltung von der Teilnahme an Lustbarkeiten hält es auch äußerlich fest. Die Trauer dauert bei Nächststehenden ein halbes Jahr, bei weiteren Verwandten 4—6 Wochen. In Alzen war es Brauch, daß Witwen in der Trauerzeit während des Gottesdienstes knieten. Es kommt auch vor, daß Mütter, die ein Kind verloren haben, eine Kette um den Leib tragen und monatlich oder am Jahrestag des Todes einen Fasttag halten. Grabsteine zu setzen ist im allgemeinen nicht üblich. Die Gräber werden mit Wintergrün bepflanzt und am Gründonnerstag oder am dritten Ostertag ‚verordnet'.

Noch ist der Tote auch im Grab eine lebende Persönlichkeit. Wenn nur irgendwie die Frau in A. etwas Unangenehmes erlebt, einen Schaden in der Wirtschaft erleidet usw., so geht sie auf den Friedhof an das Grab ihrer Angehörigen und erleichtert sich ihr Gemüt durch Klagen. Geradezu an die Heimkehr des Toten in der germanischen Helgisage erinnert die Bitte der Witwe im Unterwald: „Komm wieder, lieber Georg! Und wenn du nicht am Tag kommst, so komm am Abend. Und wenn du nicht die Gasse heraufkommst, so komm hinter dem Garten." („Kamm weder lawer Gerch! Ent wo te ned um Dach kist, esi kamm um Owent. Ent wo te net de Gaß eraf kist, esi kamm hänjder dem Guerten.") Auch ist es üblich, eine Zeitlang den Namen des Gestorbenen nicht ohne einen frommen Wunsch zu erwähnen: „Mein Vater, Gott hab' ihn selig!"; „Unser Nachbar, der im Gericht des Herrn ist"; „Meine Mutter, Gott erfreue sie" usw.

Die Furcht vor der Heimkehr der Toten lebt nicht nur in der verallgemeinerten Bezeichnung für Geistererscheinungen überhaupt „et kit him" (es kommt heim), „et stallt sij em vür" (der Tote kommt heim, Birk), sondern in halb gläubig, halb ungläubig angewendeten Abwehrmitteln und in Erzählungen von Toten, die Lebende nach sich ziehen, die als sicher bezeugt angenommen werden.

Der Tote kann in verschiedenen Gestalten erscheinen, zumeist in der einer schwarzen Katze oder eines schwarzen Hundes. Gegen einen solchen Geist hilft kein Schlagen, er zerfliegt in Staub und nimmt dann sofort seine oder eine noch schrecklichere Gestalt an. Will man ihn aus dem Haus verbannen, muß man ihm eine hölzerne Axt auf den Rücken legen und ihn in den Geisterwald verwünschen, wo er dann mit den übrigen Geistern in Felsenabhängen und Schluchten seinen Spuk treibt. Man kann ihn jedoch nur auf 100 Jahre verwünschen, dann wird er wiederum erscheinen und die Leute im Hause plagen (Draas).

Auf dem Grabstein des Pfarrers Fr. Fr. Franiris († 1885) auf dem Agnethler Friedhof steht die Inschrift, mit der er seine „Bilder aus dem sächsischen Bauernleben in Siebenbürgen" schließt:

Wohl stirbt der Mensch, der gute, nie
Für sich und Gottes Ruf zu früh,
Doch stets zu früh verlieren wir
Die Guten — ach so selten hier;
Drum weinen wir um sie.

Geselliges Leben.

Auch das gesellige Leben ist mit Ausnahme der für die „Freundschaft" vorbehaltenen Feste und Feierlichkeiten — Taufe, Hochzeit, Begräbnis — an die Gemeinschaft gebunden. Nicht das Haus, noch weniger die einzelne Person, sondern die Gemeinschaft des Dorfes in ihren verschiedenen Verbänden nimmt an den geselligen Veranstaltungen und Festen im Kreislauf des Jahres teil. In der Stadt, wo die alten Verbände sich zum großen Teil aufgelöst haben, sind an ihre Stelle Zweckverbände getreten — Vereine, Kränzchen, „Abende" — doch werden sie vielfach vom Wunsch nach persönlicher Gestaltung der Feste durch Beschränkung auf den Kreis der erweiterten Familie durchbrochen. Die Feste selbst zeigen in ihrer volkstümlichen Ausgestaltung die Grundlage altgermanisch-heidnischer Naturfeier, die in den Bau des noch zahlreiche Überbleibsel aus vorreformatorischer Zeit aufweisenden protestantisch-kirchlichen Brauches eingefügt ist. Die einfachsten Formen des geselligen Lebens spielen sich auf der Gasse ab: an Sonntagnachmittagen „im Gespräch", auf Bänken, Stühlen, im Nösnerland auf der „Häst" vor dem Haus, „vir den Wänden". Hier werden die Neuigkeiten des Tags ausgetauscht, hier wird das Urteil über Menschen und Geschichte gefällt. „Mät der Gaß beschächt" (beschuht) ist, wer von überallher das Neue zusammenzutragen pflegt. In den Städten bildeten früher die Nachbarschaftsbackhäuser die Herberge des Stadttratsches, „Backesmeren" war daher die Bezeichnung für unglaubliche, übertriebene Gerüchte. Auf dem Lande findet die geordnete Geselligkeit in den Spinnstuben („Rokestuf") ihre feste Gestalt (auch „Lichtels" und „Geschicht" genannt). Ebenso die Mädchen wie die Frauen haben je nach der Größe des Dorfes ihre oder mehrere Rockenstuben („mät dem Roke gon") entweder reihum („wällt er es härbrigen?" wird beim Eintritt gegrüßt) oder in einer für den Winter gemieteten Stube. Die Rockenstube beginnt Ende Oktober (am Montag nach Gallus, in den Weingegenden etwas später) und dauert bis kurz vor Weihnachten (Thomasnacht), mancherorts bis Aschermittwoch. Besondere Belustigungen sind es, wenn die Nacht „gemessen", d. i. die Nacht hindurch bei „Hibes" und Wein, oder das „Frühaufstehen" („zem frähen Affton"), wenn (am Montag) schon am frühsten Morgen (von Mitternacht an) gesponnen wird. Von 8 Uhr an dürfen auch die Knechte in die Rockenstube der Mädchen gehen, die entfallene Spindel gegen ein „Matzken" aufheben, mit Liedern, Rätseln, Gesellschaftsspielen an der gemeinsamen Unterhaltung teilnehmen, wobei der „Herbergsvater" die mehr oder weniger ernst durchgeführte Aufsicht über Anstand und Ordnung hat. Die früher strengere Kirchenzucht verlangte, daß die Rockenstube mit einem geistlichen Lied („Breit' aus die Flügel beide") und Dankesrede mit Antwort abgeschlossen wurde. Ein besonderer Spaß wird am „Gänjzelowent", dem Vorabend vor Christsonnabend, oder am letzten Spinnabend vor Advent, wenn die Knechte zum letztenmal zu den Mädchen gehen dürfen, geübt. (Daher vielleicht der Name als „Günzelabend" — 25. Nov. h. Konrad —. Es ist dies der

Kathrinentag, an dem auch in den Städten Tanzunterhaltungen abgehalten werden.) Die Knechte haben das Recht, die Mägde im Spinnen zu stören, ja den Rocken zu zerbrechen, weswegen die Mägde statt des schön geschnitzten Rockens einen Rebpfahl („Rom"), der dazu noch im Rauch zäh und schwer zerbrechlich gemacht worden ist, und statt Hanf das gröbste Werg mitnehmen („Gänjzelroken").

Die fröhlichste Unterhaltung der Jugend ist der Tanz, der doch auch vom Alter nicht verschmäht wird. Der Stefanstag (zweiter Christtag), der „geschworene Montag" (zumeist die Fastnacht), sowie je der zweite Feiertag zu Ostern und Pfingsten waren ehemals die größten Tanztage der Jugend, die „gebotenen Irtentänze", sonst wird mit Erlaubnis des Pfarrers und Hannen auch an Sonntag-Nachmittagen getanzt. Zu den Irtentänzen müssen die Knechte und Mägde, z. B. in Wallendorf, im vollständigen Kirchenanzug erscheinen, und zwar die Knechte über dem weißen Festanzug noch mit dem langen weißen, rot ausgenähten „Kirchenmantel", und zwar ebenso Sommers wie Winters. Die Mädchen erscheinen mit dem Kirchenpelz und Borten, im Sommer ohne Pelz. Der Reihen („Irtenrain") wird nur „angeführt" getanzt. Die Reihenfolge der Anzuführenden richtet sich nach Würde und Alter. Zuerst wird die Altmagd vom „Irtenknecht" „angeführt", sodann die Jungaltmagd und die übrigen. Jeder Knecht ist verpflichtet, mit der ihm „angeführten" Magd zu tanzen. Nach dem ersten Reihen legen die Knechte die Pelze, die Mägde den Borten ab, die Wahl der Tänzerinnen ist frei, doch bleibt es Pflicht des Irtenknechts, Mägden, die „sitzen" bleiben, auch weiterhin noch Knechte „anzuführen". Von den Tänzen ist der langsame, im engen Kreise geführte „Dreer" und der stampfende „Hopsän" üblich. Einen Rosentanz erwähnt einmal Damasus Dürr (1573). Das Tanzen wird schweigend und würdig als ernstes Geschäft ausgeführt. Als feiner Anstand auf dem Dorf gilt dabei für die Mädchen, den Mund zu „pännen", d. i. die Lippen fest zusammenzupressen, als schickliche Haltung, in der Pause zierlich, d. i. mit einem Fuße einwärts zu stehen.

Im Kreislauf des Jahres.

Den vollen Pulsschlag des Volkslebens aber, in bewußtem Genießen des körperlichen Ausruhens und gehäuften Essens und Trinkens, in ausgelassener Fröhlichkeit, zugleich aber doch auch mit dem Unterton dumpfer Scheu vor einem Heiligen, Dunkelgeahnten, tragen die kirchlichen Feste im Kreislauf des Jahres, in denen sich uraltes Vorstellen und Glauben mit festgefügtem kirchlichem Brauch zu einem eigentümlich stimmungsvollen Ganzen verbindet. An den „heiligen Tagen", besonders den „Higefirsteten" (den hochgefirsteten, höchsten Festtagen) nicht „derhim" (daheim) sein zu dürfen, ist immer schweres Entsagen.

Das Festjahr beginnt mit „der heiligen Advent", die als halbe Fastenzeit und als Vorbereitung zu Weihnachten gilt. Der „Kristtag" selbst wird am „Krästsannowent" um 11 Uhr vormittags eingeläutet, wobei wie am „Jorschowent" (Vortag des Neujahrs) die Obstbäume durch Umbinden mit Stroh fruchtbar gemacht werden. Höhenfeuer, Fackelschwingen vom Turm in der Christnacht halten alte Sonnwendbräuche fest, während der Choral von der Berghöhe oder dem Turm, das „Ansingen" der Knechte vor den Türen der Dorfbewohner (das alte Rorarunt, die eine Hälfte lateinisch, die zweite deutsch) kirchlichen Brauch fortführt. In der Abenddämmerung schreckt der „Kristmann" („der helich Kräst", „der Krampes", „Gotsbuorich", „Pielzmierten"), der auf weißem Schimmel reitet (oder mit Esel-, Katzen-, Mäusegespann dahinfährt) mit Geklirr und Drohen die Kinder, begütigt sie doch auch wieder mit Geschenken. Oder auch, es werden die Schuhe zum „Einsacken" aufs Fenster gestellt. Falls der „Glikzu“ in Belleschdorf auf die richtige Spur führt, steckt in diesem „Krästman“ noch der heilige Nikolaus der Stammheimat, der selbst die Rolle germanischer Spendegötter übernommen hat. Den Höhepunkt der Christfreude bildete noch bis in die Gegenwart hinein die Christmette („de Matten“) um 5, früher um 3 oder 4 Uhr morgens. In vier Chöre geteilt sang die Schuljugend im Wechselgesang das Puer natus und Quem pastores lateinisch oder in deutscher, der alten Melodie unterlegter Umdichtung. Jede Gruppe trägt den „Leuchter“, ein Stangengestell in Kreuzform, dessen Gestänge mit bunten Papierblumen, Kränzen aus Wintergrün geschmückt und mit Wachskerzen besteckt ist. Das Herrichten des „Leuchters“ und das Einüben der Lieder bildet die Hauptangelegenheit der Schuljugend in der Adventszeit. Die Weihnachtstanne ist erst um 1830 durch einen eingewanderten Dänen in Kronstadt, wohl zu gleicher Zeit auch in Hermannstadt eingeführt worden.

Der „Neujahrsmorgen“ ist der eigentliche Tag der Wünsche und Geschenke. An die Patenkinder werden „Giorsker“ (‚Jährchen‘) aus Zuckerteig ausgeteilt, dem Pfarrer wird unter wohlgeordnetem Glückwunsch das „weiße“ (Eier) oder „grüne Jahr“ (Obst) getragen, Lehrer erhalten das Neujahrsgeschenk von den Schülern in einen Apfel gesteckt oder zum mindesten in Begleitung eines Apfels. Die Patenkinder selbst „sagen“ ihren „Giden“ und „Paten“ die Wünsche („de Wängsch“). Wie überall wird auch in Siebenbürgen aus Zwiebelschalen, Wintergrünblättern, Bleiguß auch die Zukunft für das Leben und Gesundheit oder zum mindesten für Wetter und Fruchtbarkeit im kommenden Jahr erforscht.

Der „Fasching“ dauert vom „Geschwornen Montag“ (de klin Fuesndich), dem Montag nach dem Dreikönigstag, bis zum Aschermittwoch. In ihn werden die „Richttage“ der Zünfte und Nachbarschaften wie auch die Tanzlustbarkeiten ebenso der Jugend wie der Alten verlegt.

Der große Festtag der Schuljugend ist der „Blasi“ (Blasius, 3. Februar). Er spielt im Gemütsleben des Dorfkindes daher die Rolle wie in dem des Stadtkindes der Weihnachtsabend: man zählt, wie oft man noch zu schlafen hat, bis der „Blasi“ kommt. Die Vorbereitung beginnt damit, daß der Lehrer am bestimmten

Tag auf der Schultafel einen Fuchs oder ein Pferd gezeichnet findet, mit der Überschrift: Blasius Fuchs. Der Klassenerste steht dabei hinter der Türe, verbrennt in einem Topf Schafwolle und „bittet um den Blasi". Nach eingeholter Einwilligung auch des Pfarrers geht nun die Schuljugend in Gruppen geteilt „ansingen" — oder am Vortag die Mädchen, am eigentlichen Festtag die Knaben — und sammelt Lebensmittel und Geld. Der übliche Blasispruch lautet:

Motter gäf Batter, gäf Schmalz,
Dad äs gad än Halz.
Wo er näst wällt gin,
Si frieß ich der Fuß de Hin.

Auch erbitten sie „Achen, Kokachen, e Stämpche Lächt", wie auch in Luxemburg die Kinder am Abend vor Mariä Lichtmeß mit den Bliesjen (Blasius-Lichtchen) ansingen gehen und Gaben sammeln. Aus dem eingesammelten Geld wird der Kettenschmuck für das Schulzimmer und der Wein für die „Adjuvanten" beschafft, die am ersten Tag die Tanzmusik besorgen. Am zweiten Vor- und Nachmittag fiedelt der Herr Rektor oder der „Diskantist". Die zusammengebrachten Lebensmittel werden von den „Kirchenmüttern" zum „gefüllten Kraut" und zur „Kächen" zubereitet. Gemeinsame Lieder, Spiele, Tanz geben dem „Blasi" den Inhalt, der durch die Sträußchen auf dem Hut der Knaben und die dafür besorgte Brosche der Mädchen schon ein Hineinfühlen in das Liebeswerben späterer Jahre in sich trägt. Als letzte Erinnerung an die Schuljahre gebühren den Konfirmanden die bunten Papierstreifen der Ketten, die sie als Lesezeichen in die Bibel beim „Unterricht" einlegen. Die übrigen zählen nach: über 365 Tage ist wieder „Blasi".

Einige Tage oder eine Woche vor Aschermittwoch wird von den Erwachsenen die „große" oder „richtige" Fastnacht („Fuesnicht") gefeiert. Ebenso die Nachbarschaften wie die Knechte haben dazu schon im Herbst den Wein eingesammelt, seine Vergärung beaufsichtigt und darauf gesehen, daß nicht zu viel „gekostet" werde. Feinschmecker borgen sich das Nötige aus dem „Kirchenwein", der im kommenden Herbst sodann reichlich ersetzt wird. In den Nachbarschaften und Zünften folgt den ernsten Verrichtungen des ersten Tages, die im Kirchenkleid nach vorhergehendem Gottesdienst feierlich begangen und an dem als am „Richttag" die „Artikel" verlesen, die Strafen für Vergehungen dagegen eingehoben, die Nachbar- und Zunftväter neugewählt, junge Ehepaare in die Nachbarschaften aufgenommen werden, am Nachmittag und am folgenden oder an den folgenden Tagen die „Wirtschaft". Neueintretende grüßen sich mit einem bestimmten Maß von Wein ein, die übrigen Kosten werden aus den Strafgeldern und sonstwie aus der „Nachbarschaftslade" gedeckt. Tanz, Aufführungen und in den Städten die unausbleiblichen „Faschingszeitungen", in denen die Vorfälle des Stadtlebens durchhechelt werden, beleben die Freude.

Die Jugend vergnügt sich dazu in lärmenden Umzügen („Hainalen") und treibt in allerlei Vermummungen („sich verställen") Kurzweil. Besonders der greifbare Widersinn der Kleidung oder Beschäftigung wirkt erheiternd: mitten im ärgsten „Spirkel" (Februarkälte) mit „Schifheten" (Strohhüten) und im Leinengewand im tiefen Schnee mit dem Pflug Furchen ziehen oder mit Sichel und Heurechen johlend auf dem Schlitten fahren. Beliebt sind auch Umzüge mit ausgestopften Tieren (Bär, Wolf), auch mit Mann und Frau aus Stroh, die sich auf einem Rad mit schief gestellter Axe drehen („Fuesnichkalf"). In die Faschingstage verlegen auch die Zünfte ihr feierliches „Ladenforttragen", mit dem „Urzel"laufen und dem „Schneiderrößchen" der Gesellenbruderschaften. Ein besonderer aus mittelalterlichen Zunftbelustigungen verbliebener Spaß ist zwischen den Kokeln und im Unterwald das „Gansabreiten". „Guten Morgen, Frau Gans, wie hast du geschlafen," wird die kopfabwärts an einem über die Gasse gespannten Seil hängende Gans von der berittenen Bruderschaft begrüßt. Im sausenden Galopp zurückreitend gilt es sodann, mit einem Griff den Kopf zu packen und auszureißen. Mittelalterlichem Rechtsbrauch entspringt in der Repser Gegend das „Ausschuhen" der Frauen, dem sich auch die „tugendsame Frau Mutter" nicht entziehen darf, sondern es mit einem Geschenk „lösen" muß.

Am Aschermittwoch selbst wird der Fasching als ausgestopfter Strohmann durch die Gassen getragen, sodann in einen Graben unter die Brücke geworfen oder begraben und „beklagt", oder an einem Pappelbaum nach einer Gerichtsverhandlung als Verursacher der vielen Kosten gehenkt, oder als „toter Fasching“ verbrannt. Nach der Vollstreckung des Todesurteils wird der „Frau Fasching“ noch eine spaßhafte Leichenrede über das „Evangelium Nimmersatt“ gehalten (Braller). Der in einigen Dörfern noch erhaltene Brauch des „Todaustragens“ zu Lätare oder am Himmelfahrtsfest, wobei eine schön geschmückte Strohpuppe von den Mädchen feierlich durch die Gassen geführt und sodann begraben wird, zeigt, daß es auch hier sich ursprünglich um einen alten Umzug der sterbenden und wiedererstehenden Fruchtbarkeitsgöttin handelt. An den Bußernst der Kirche mahnen die „Jeschpodder“ (Aschenputter), in Säcke gekleidete Burschen, die die ihnen Begegnenden oder in den Häusern Aufgesuchten mit Asche bestreuen, sich aber gern mit einem Trunk abfinden lassen.

Mit dem Palmsonntag, an dem auf dem Lande gewöhnlich die der Schule entwachsenen Kinder konfirmiert werden („ouston“), beginnt die stille Karwoche, in der aller Lärm gemieden wird. In ihr darf man nicht „bläueln“, denn so weit der Bläuel gehört wird, schlägt im Sommer der Hagel. Am Gründonnerstag wird „Hemmelbrit“ (Oblaten) ausgeteilt, am „Ostermorgen“ zieht die Jugend zur Anhöhe, um von hier aus in der aufgehenden Sonne das Osterlamm zu erblicken. Der Hauptgottesdienst zu Ostern ist durch das „Opfer“ ausgezeichnet, das die ganze Kirchengemeinde vom Ältesten bis zum Jüngsten im Rundgang um den Altar auf ihm niederlegt, mancherorts auch durch das „Herr Gott, dich loben wir“, dessen erste Zeile der Diskantist kniend vor dem Altar oder auf dem „Gläter“ singt. In der Frühkirche nehmen die Frauen rote („gegelft“, mhd. gel ‚bunt‘) Eier mit, die sie nachher unter ihre Patenkinder aufteilen. Die Eier müssen rot sein, weil am Karfreitag die Hennen aus Schmerz über den Tod des Heilands blutige Eier gelegt haben. Solche Eier werden auch als Ablösung oder Belohnung für das „Begießen“ am zweiten Ostertag von den Mägden den Knechten, von den Mädchen den Knaben gegeben. Als „Mängelacher“ sind sie wohl ähnlich wie die am Gründonnerstag in der Eifel gebackenen und verschenkten Mingelbrötchen „Fest-, Sonntagseier“, die wohl einen sehr frommen, christlichen Namen tragen ([do]minicalis), aber doch noch deutlich als Sinnbild heidnisch verehrter neuer Fruchtbarkeit sich darstellen. Noch sei des schönen

Brauchs gedacht, daß am ersten Ostertag die Gemeinde den Pfarrer nach Hause begleitet (früher auf den Armen trug), ihm dadurch nochmals Gelegenheit gebend, der Vergänglichkeit und Ewigkeit zu gedenken, wobei die Kinder des Dorfes, von denen, die die ersten Höschen tragen, bis zu den Konfirmanden von ihm als Geschenk ihren „Osterkuchen" erhalten. „Hahnenschießen" und „Hahnenschlagen" (mit verbundenen Augen), „Eieraufklauben" mit nachfolgendem Eierschmaus sind die Belustigungen der Jugend am dritten Ostertag.

Auf „Pfingsten", zum Teil auch auf das große Sommerschulfest, den „Gligori" (Gregorius, 9. Mai), ebenso auf den Peter- und Paulstag (29. Juni) haben sich zumeist die Festbräuche der Sommersonnenwende übertragen, die noch bis zur Mitte des 19. Jahrhunderts dem „Johannisfeste" eigen waren. In verschiedener Ausgestaltung aber doch in den Grundzügen übereinstimmend wird die „Krone" aufgestellt. Am Vortag schon bringt die Bruderschaft die schönste und höchste junge Eiche aus dem Wald, schält sie, macht an ihrer Spitze ein Wagenrad fest und stellt sie auf dem Platz vor der Kirche auf. Die Mägde winden unterdessen aus Blumen vom Feld (und Garten) eine Krone. Nach dem Vespergottesdienst des Johannistages versammelt sich die gesamte Jugend im Kirchenkleid beim Altknecht. Von hier gehen sie, voran die Knechtväter und der Altknecht, der die Krone trägt, in geordnetem Zuge, abwechselnd je zwei Mägde und zwei Knechte, unter dem Gesang des „Herr Gott, wir loben dich," zur Eiche. Hier wird ein Kreis geschlossen und noch während des Gesangs steigt der Altknecht auf einer langen Leiter zum Rad hinauf und stellt die Krone darauf. Nun steigt er hinab und der Jungaltknecht klettert am glatten Stamm empor, setzt sich auf das Rad unter der Krone (oder auf Querstangen, die es vertreten) und hält von da „seine Predigt", indem er Glückwünsche auf das Herrscherhaus, den Pfarrer, Prediger, Lehrer, das Ortsamt usw. ausbringt. Bei jedem Wunsch langt er zur Flasche, die in der Krone hängt, und zum „Klotsch", der ebenso dort für ihn bereitet ist. Von unten wird das Vivat! laut wiederholt. Nun steigt der Jungaltknecht herunter und es beginnt der Tanz, wobei der Held des Tages, der Jungaltknecht jedes Mädchen einmal dreht und es sodann einem Tänzer zuführt. Weiter ausgeschmückt wird die Feier des Johannistages, wenn, wie früher in Leblang, die Bruderschaft zuerst ins Kornfeld hinausreitet und mit dem „Leuchter" aus gewundenen Kornähren zurückkehrt, oder wo die „Königin gemacht", d. i. eine Magd zur Königin gewählt, festlich geschmückt und im festlichen Zug zur „Krone" geleitet wird. In Streitfort pflegten die Mägde beim „Kränzeschütteln" am Johannistag ein kleines sächsisches Liedchen zu singen:

Et flug e kli wält Vijeltchen
Vu Mebrich flug ed ous.

Das Vöglein lockt einen Burschen herbei, der wollte die Rosen brechen, die „längst" dem Wege stehen. Doch ihm werden nur die „Hidernesteln" (Brennesseln) zum Kränzchenbinden versprochen. Heitere Scherzverse schließen sich daran an. Aber in einigen Orten geben sich die Burschen als Abgesandte des lieben Sankt Johannes aus, die den „lichten Tag zu scheiden" gekommen sind.

An verschiedenen Orten, auch wenn das Fest auf Peter und Paul verlegt wird, muß die Krone aus Blumen gewunden werden, die am Johannistag gepflückt sind und bis zum Fest im Keller aufbewahrt werden. Das knüpft alle diese Züge an den Tag der Sommersonnenwende und erklärt sie als Nachklänge der irdischen Feier der himmlischen Hochzeit. Darum ist vor Johanni bis zur Ernte „heilige Zeit". Da darf von der Jugend nicht getanzt werden. (Deutsch-Zepling.)

Vom „Peter- und Paulstag" an wächst das Korn nicht mehr, sondern trocknet ein — „Pitermpalzdach, di dem Kirn de Wurzel brach" — aber mit der wachsenden Nacht wächst zugleich „det Kuckerutz" (der Mais). Darum gibt's jetzt Arbeit in Fülle, die keine Zeit mehr zu Fest und Feier läßt. Es sind die Wochen der „nidigen Arbet". Erst die Herbsttage mit dem Martinstag, an dem der Burghüter mit dem traulichen 8-Uhr-Läuten beginnt, der „Bennengovent" (Benedict, 12. November) und der „Katrengenovent" mit Tanz und „Nachtversuchen" laden zu wohlverdienter Rast und neuerworbenem Recht auf Genuß und Freude ein.

Stundenturm und Bergkirche in Schäßburg.

Bruderschaften und Nachbarschaften.

1. Den schärfsten Ausdruck findet der Zug zur Gemeinschaft in den Verbänden der Bruderschaften (Schwesterschaften) und Nachbarschaften, die bis ins einzelste die öffentliche Lebensordnung, vielfach auch die persönliche Betätigung in feste Regeln und Vorschriften schnüren.

Gemäß der zu Recht bestehenden Kirchenverfassung der evangelischen Landeskirche in Siebenbürgen sind die Bruderschaften Schwesterschaften) und Nachbarschaften kirchliche Verbände. Jene umfassen auf dem Lande die gesamte erwachsene Jugend, so daß nach der Konfirmation jeder „Knecht" und jede „Magd" in sie einzutreten verpflichtet ist, diese ebenso als Pflichtzwang die Gesamtheit der verheirateten oder zum ledigen Stand entschlossenen sächsischen (evangelischen) Dorfgenossen. Dem Pfarrer und den „Ältesten" ist die Aufgabe zugewiesen, „die Aufsicht über die Nachbarschaften, Bruderschaften und Schwesterschaften zu führen und für die Fortbildung der Jugend zu sorgen".

In diesem Sinne umschreiben z. B. die Satzungen des Kronstädter Bezirkes (1894) die Aufgabe dieser Verbände: „Bruderschaft und Schwesterschaft sind auf religiös-sittlichem Grunde Vereinigungen zur Betätigung lebendigen Christentums und kirchlichen Sinnes, warmer Vaterlandsliebe und sittlichen Gemeinsinnes, wahrer Herzensbildung und edler Geselligkeit". Ebenso (1921): „Die Nachbarschaft dient dem Zweck, gegenseitige Selbsthilfe der Nachbarn zu fördern, nachbarlich-brüderliche Gesinnung zu pflegen, ehrbare evangelische Lebensführung und gute, sächsische Sitte unter den Gemeindegliedern aufrecht zu erhalten, den Stolz und die Freude ebenso an dem ererbten väterlichen Besitz, wie an der Zugehörigkeit zur Volks- und Kirchengemeinschaft und an der Heimat zu wecken und zu beleben, überhaupt alle auf die Volkswohlfahrt und Heimatpflege gerichteten Bestrebungen der Behörden, Vereine und Genossenschaften des Heimatsortes fördern zu helfen."

Im Rahmen dieser allgemeinen Bestimmungen bewegt sich denn auch das Leben in den Bruderschaften (Schwesterschaften) und Nachbarschaften, wie es Fr. Fr. Fronius in seinen „Bildern aus dem sächsischen Bauernleben in Siebenbürgen" so anschaulich schildert. Am zweiten Sonntag nach Ostern wird „das junge Knechtchen", das noch in den überlangen Kirchenpelz „hineingedehnt" werden muß, in feierlicher Förmlichkeit in die Bruderschaft (die junge „Magd" in die Schwesterschaft) aufgenommen. Zu den Pflichten der „Brüder", deren Versäumnis durch Geldstrafen auf dem „Zugang" geahndet werden, gehört vor allem der regelmäßige Besuch des Gottesdienstes in dem der Bruderschaft zugewiesenen Kirchengestühl (auf der Seitenempore, dem „Kniechtgläter", scherzhaft „det Kälwergestäl" — für die Mägde sind im Haupt- oder Seitenschiff, der „Hall", Plätze vorgesehen, falls sie bei zu klein gewordenen Kirchen sich nicht mit der „Stehbank" begnügen, d. h. im Seitengang hintereinander stehen müssen) — in vorgeschriebener Kirchentracht und streng beaufsichtigter Andacht. Ferner: gemeinsame Teilnahme am Abendmahl nach vorhergegangenem „Versöhnabend", feierliches Begräbnis eines Bruders (einer Schwester), Beteiligung an festlichen Umzügen, wie Einholung eines neuen Pfarrers, Lehrers oder „Beleit" des in eine andere Gemeinde verziehenden, Einholung des Bischofs zur Kirchenvisitation usw. Der Bruderschaft obliegt die Sorge für Ehrbarkeit und Ordnung im täglichen Leben, so vor allem bei Lustbarkeiten und geselligen Veranstaltungen, in der Spinnstube („Rockestuf") und beim Tanz. Den Zusammenhang mit der Kirche hält noch die allgemein übliche

Verpflichtung der „Bruderschaft" und „Schwesterschaft" fest, den Pfarrer in der Bewirtschaftung seiner Grundstücke durch gemeinsames Mähen, Heumachen, durch Weingartenarbeiten, Holzspalten, Maisschälen usw. zu unterstützen, wofür ihnen Bewirtung und Tanzerlaubnis gebührt. Um die Vertiefung des inneren Lebens der Bruderschaften (Schwesterschaften) haben sich Pfarrer und Lehrer im letzten Menschenalter durch Einführung gemeinsamen Turnens und Singens, durch Leseabende, Theateraufführungen, Gebirgsausflüge, gegenseitige Besuche, Erkundung städtischer Anstalten und Betriebe mit Erfolg bemüht. Der „Jugendbund" versucht auch diese Verbände zu gemeinsamen Zielen volklicher Erziehung zusammenzufassen, einzelnen Mitgliedern wird durch Besuch der „Volkshochschulkurse" Gelegenheit geboten, sich zu persönlicher Selbständigkeit zu bilden und so sich ein Anrecht auf zukünftige geistige Führerschaft unter den Dorfgenossen zu sichern.

Die Bruderschaft (Schwesterschaft) ist in genossenschaftlicher Selbstverwaltung geordnet. An der Spitze steht — wie die übrigen Beamten jährlich, zumeist am zweiten Weihnachtstage neu gewählt — der „Altknecht". Ihm, in seiner Vertretung dem „Unteraltknecht", („Altmagd", „Unteraltmagd") steht die Gesamtleitung über das innere und äußere Leben der Bruderschaft zu.

Er hat sich, wie seine Amtsgenossen, vor allem durch eigenes gutes Beispiel zu bewähren, darum werden Vergehen gegen die Satzungen an ihnen mit doppelter Strafe belegt. „Altkniecht, tritt schliecht, halt Riecht!" Die anderen Beamten („Amtskniecht") sind der „Angderaltkniecht", der Stellvertreter des Altknechts, der Schaffner (auch „Källner"), der „Irtekniecht", der für die äußere Ordnung zu sorgen, an der Türe stehend das Eintreten oder Zuhören Unberufener vom „Zugang" zu wehren und die notwendigen Botengänge zu besorgen hat; an manchen Orten der „Wirtkniecht" (Sprecher), endlich der „Schreiber", in Denndorf noch der „Uschnegder" (der die Strafen usw. auf das Kerbholz anschneidet) genannt.

Auf dem „Zugang", der regelmäßig zweimal im Jahr, zu Stefani (2. Christtag) und am Peter- und Pauls-Tag, sonst nach Bedarf vom Altknecht einberufen wird, sitzt die Gesamtheit der „Brüder" („Schwestern") über angemeldete Vergehen gegen die

Satzungen zu Gericht. Auf ihm erfolgt die feierliche Aufnahme der neuen Mitglieder, die Wahl der Beamten, die Entlassung aus dem Verband.

Die besondere Aufsicht über die Bruderschaft (Schwesterschaft) als Vertreter des Presbyteriums, der deshalb an den „Zugängen" anwesend zu sein und die Tanzunterhaltungen zu besuchen hat, führt der „Knechtvater" („Mägdevater"). Streitfälle, die im „Zugang" nicht geschlichtet werden können, ebenso Berufungen gegen Strafen gehen an den Pfarrer und vor das Presbyterium.

In gleicher Weise wie die Bruderschaft sucht auch die „Nachbarschaft" ihrer oben umschriebenen Aufgabe vornehmlich im Rahmen des kirchlichen Lebens nachzukommen. Die Kirchenplätze im Gottesdienst selbst werden zwar dem Alter nach „durch die Bank" eingenommen, aber zur Beichtkirche und zum Abendmahl nach vorhergehendem „Versöhnabend" geht man nachbarschaftsweise an den bestimmten, aufeinanderfolgenden Sonntagen. Ebenso ist die Nachbarschaft verpflichtet, dem toten „Nachbarn" das Grab zu bereiten, ihm das letzte Ehrengeleite zu geben. Auch die notwendigen Handlangerdienste bei Kirchenbauten und sonstigen Bauherstellungen an Kirche, Pfarrhof und Schule, das Holzzuführen usw. für Zwecke der Kirchengemeinde haben die Nachbarschaften zu leisten. Auch hier geht das Bestreben des letzten Menschenalters dahin, gerade diese kirchliche Färbung der Nachbarschaften kräftig zu unterstreichen. Den Vorstehern („Nachbarvätern") und „Ältesten" der Nachbarschaft wird die Pflicht zugewiesen, besonders das sittliche Verhalten der Nachbarn untereinander in strenger Aufsicht zu halten, und das alte Recht erneuert, Ehestreitigkeiten vorerst durch persönliche Einsprache zu schlichten. Durch Leseabende, Bibelstunden, durch Einrichtung einer geordneten Armen- und Krankenpflege werden der inneren Betätigung neue, den kirchlichen Zielen zuweisende Aufgaben gestellt.

Daneben aber flutet ein reiches, den Tagesbedürfnissen dienendes Leben: gegenseitige Hilfe bei Bauten und größeren Arbeiten in Haus und Hof (die „Scheune aufrichten", Ziegel, Erde zuführen usw.); Hilfe in Krankheitsfällen, bei dringenden Feldarbeiten; nachbarlicher Beistand bei Hochzeiten durch Ausleihen notwendigen Gerätes wie Tische, Stühle, Bänke, Kessel, Pfannen,

Teller usw. oder Übernahme von „Gebrät" und Backwerk zum Braten und Backen. Dazu die Pflicht der Hilfe bei Ausbruch von Feuer, wozu jede Nachbarschaft die volkstümlichen Feuerlöschgeräte (Feuerhaken, Leitern, Löscheimer) zur sofortigen Benutzung bereithält, ebenso auch der streng beaufsichtigten Vorsorge gegen Feuersgefahr (beim „bechen", backen, reinhalten der „Kip", ‚Rauchfang'). Einen gemeinsamen Besitz bildet der „Nachbarschaftsbrunnen", der deshalb, wie der Bach, von der Nachbarschaft reingehalten werden muß, das Nachbarschaftsbackhaus, ebenso kostspieligere Geräte zur gemeinsamen Benutzung, wie Schrotleitern, Seile, kupferne Kessel, in neuerer Zeit Sä-, Dresch- und andere landwirtschaftliche Maschinen, nicht minder auch Kegel, Humpen und andere Gegenstände (die „Kleinode") für harmlose gesellige Spiele und gesellige Unterhaltungen. Geleitet wird die Nachbarschaft durch den „Nachbarvater", dem der „jüngere Nachbarvater" und der „Schreiber" zur Seite stehen. Die Wahl der Beamten, die Austragung von Streitigkeiten, die Bestrafung für erwiesene Pflichtversäumnis gemäß den genauen Bestimmungen der „Nachbarschaftsartikel" erfolgt auf dem jährlich, meist zum Fasching abgehaltenen „Richttag" (Sittag). Die Strafen fließen in die „Nachbarschaftslade", aus der, soweit die Mittel reichen, auch die Kosten des unfehlbar an den Richttag sich anschließenden Nachbarschaftsmahles, samt den sonstigen Lustbarkeiten (Tanz) bestritten werden.

In die Nachbarschaft richten sich die jungen Ehepaare durch Abgabe einer kleinen Gebühr bald nach der Hochzeit ein. Es ist natürlicher Zwang, daß jedes Ehepaar, überhaupt jeder hinzukommende selbständige Volksgenosse es tun muß. „Wer sich den Anordnungen der Nachbarschaft nicht fügt," heißt es in den Artikeln der Heiligleichnamsgasse in Kronstadt (1606), „soll solange derselben müßig gehen, bis er in ihren Willen kommt." Der Nachbarschaft „müßig gehen" aber sei so viel als „des Brunnens, des Backhauses und des Baches, der eignen Feuerstelle entbehren zu müssen". Schön hat St. L. Roth das Wesen der Nachbarschaft umschrieben: „Die aus einem Brunnen tranken, Brot aus einem Ofen aßen, die die Nachthut für einander hielten, die sich die Wohnhäuser aus gemeinschaftlicher Kraft aufrichteten, in Krankheit und Unglücksfällen den Willen der Anverwandten hatten, die endlich auf derselben Totenbank ruhten, die sich einander ihre Gräber gruben, eigenhändig ihre Toten auf den Gottesacker trugen und die letzte traurige Ehre der Leichenbegleitung als eine Gemeinsamkeit erwiesen, beim Tränenbrot des Verschiedenen Verdienste rühmten und aus nachbarlichem Vermögen und Beruf für Witwen und Waisen sorgten — diese brüderliche Gesellschaft, durch Örtlichkeit bezeichnet, nannte sich die ‚Nahen‘, die Nachbarschaft“.

2. Schon die ganze äußere Form der Feierlichkeiten bei Aufnahme in die Bruderschaft wie auch bei Abhaltung und Gerichtsverhandlung des „Zugangs“, besonders aber die ins Einzelnste gehenden Anstandsregeln und Strafbestimmungen der „Bruderschaftsartikel“ zeigen eine solche Ähnlichkeit, ja wörtliche Übereinstimmung mit den entsprechenden Formen und Bestimmungen der Gesellenbruderschaften der städtischen Zünfte, daß ein geschichtlicher Zusammenhang unverkennbar ist.

Eröffnung des „Zugangs“ (Klosdorf). Der Wortknecht zum Altknecht (wörtliche Übersetzung): „Es ist ja an dem also, wie das Ihr eine Einberufung habt geschehen lassen nach unserer christlichen Kirche (‚nach dem Gottesdienst‘), wie wir sollten uns auf dem Zugang einfinden. So haben wir Eure Einberufung auch beehrt, nicht in den Wind geschlagen, sondern kommen hervor mit den guten Brüdern. Unsere Zukunft (‚unser Herzukommen‘) soll Euch nicht zuwider sein, sondern vielmehr angenehm und gefällig. Um das wollte ich fleißig gebeten haben.“ — Der Altknecht wiederholt in erster Person die Anrede des Wortknechts. Darauf der Jungaltknecht zu den Knechten: „Ihr wißt euch ja zu erinnern, wie daß allmonatlich Zugang gehalten wird, nicht nur bei Märkten und Städten, sondern auch bei unserer christlichen Gemeinde. Wenn nun ich und der Altknecht mit etwas ausgefahren sind (‚uns etwas haben zuschulden kommen lassen‘) so sollt ihr es an den Tag legen, daß wir es richten, wie wir wissen und können. Um das wollte ich fleißig gebeten haben.“ Altknecht: „Klagt euch an, ihr guten Brüder, wenn ihr von euch oder von einem andern etwas wißt. Der Jungaltknecht steht um die Hälfte mehr auf (‚wer sich nicht selbst anklagt, so daß es der Jungaltknecht tun muß, verfällt doppelter Strafe‘)“. Selbstanklage eines Knechts: „Ihr werdet Euch ja auch wissen zu erinnern, wie daß ich nicht in der Frühkirche gewesen bin. So gebe ich es vor, ob es sträflich wäre oder nicht." Altknecht: „Es ist sträflich. Tut gut und tretet ab." Der Angeklagte (indem er sich aus dem Zimmer entfernt): „Bescheidet Euch eines Guten." (Nachdem er wieder hereingetreten): „Ich wünsche auch wieder einen guten Tag. Ich wollte fleißig gebeten haben gegen die Ältesten und Jüngsten, Ihr solltet mir an Tag legen, was Ihr Euch mit diesen guten Brüdern beschieden habt." Altknecht: „Wir haben beschlossen, wir pfänden Euch mit einer Strafe von 20 Kreuzern." Angeklagter: „Ich wollte fleißig gebeten haben gegen die Ältesten und Jüngsten, Ihr solltet mir die Strafe ein wenig verkleinern." Altknecht: „Sie ist Euch verkleinert worden bis auf 6 Kreuzer. Seid Ihr zufrieden?" —

Anderswo (Kerz): Beim Eintreten und Austreten spricht jeder: „In einem Gesund (‚in Gesundheit') finden wir (lassen wir) eine ehrliche Bruderschaft." Der einer Unterlassung oder eines strafwürdigen Vergehens sich Bewußte muß rechtzeitig aufstehen und sich selbst verklagen: „Verzeiht, daß ich aufstehe, verzeiht, daß ich gefehlt habe." Sodann trägt er seine Sache vor. Ist einer (eine) nicht anwesend, wenn angemerkte Vergehen verlesen werden, so ist der „oberste", rangältere Nachbar verpflichtet, ihn „aufzuklagen": „Verzeiht, daß ich aufstehe, verzeiht, daß der gute Bruder N. N. (die liebe gute Schwester N. N.) gefehlt hat, er (sie) wird sich die Strafe bezahlen."

Als Beweis für die zunftmäßige Art der Bruderschaft dienen zahlreiche Bestimmungen der bis ins 16. Jahrhundert zurückreichenden „Bruderschaftsartikel", wobei schon die Benennung des Ordners in der Genossenschaft, des „Irtekniechts" (mhd. ürte, „Zeche", „Wirtschaft") die Herkunft aus dem Zunftleben der Städte deutlich verrät.

Wenn so die ländlichen Bruderschaften mit den Gesellenbruderschaften der städtischen Zünfte in innerem Zusammenhang stehen, so läßt sich andrerseits nachweisen, daß diese letzteren selbst Ausläufer der bis zur Auswanderungszeit zurückgehenden geistlichen Bruderschaften sind, die gemeinsame Verehrung bestimmter Heiligen, Förderung religiöser Übungen, wie vornehmlich auch die Vorsorge für würdige Bestattung der Mitglieder zum Zwecke hatten. Solche geistlichen Bruderschaften waren auf sächsischem Gebiete die Johannisbruderschaft in Hermannstadt (1484 bezeugt), ebenfalls in Hermannstadt die Fronleichnamsbruderschaft (1372), die heiligen Kreuzbruderschaften usw. Da die einzelnen Zünfte jede ihren besonderen Heiligen hatten (in Hermannstadt die Schuster den hl. Johannes, die Schneider den hl. Ladislaus, die Schmiede den hl. Antonius, die Tischler den hl. Lucas, die Kürschner den hl. Michael), ist leicht erklärlich, wie im Gefolge der Reformation aus diesen geistlichen Bruderschaften sich die rein zunftmäßigen Gesellenbruderschaften loslösten. In Hermannstadt wurde geradezu in demselben Buch, das anfänglich das Verzeichnis der Mitglieder der geistlichen Johannisbruderschaft enthielt, dieses Verzeichnis als Liste der zünftigen Schustergesellen fortgeführt.

Außer diesen mit den städtischen Zunftbruderschaften sich berührenden Zügen zeigt die ländliche Bruderschaft auch solche, die völlig im eignen Volksleben wurzeln. Dazu gehört die Pflicht der Bruderschaft, alljährlich die Feldbrunnen zu reinigen, was in vielen Orten in besonderer, kennzeichnender Feierlichkeit geschieht: am Vorabend des Johannistages reitet die ganze Bruderschaft auf das Feld und übernachtet daselbst. Am Morgen werden nun alle Brunnen auf dem Feld ausgebessert und hergerichtet, worauf dann die Bruderschaft zwei zu zweit singend ins Dorf geritten kommen, hier festlich empfangen und bewirtet werden (Neudorf). Ferner die Bräuche der Wahl der Maikönigin, des Aufrichtens der Pfingstkrone, wie sie im vorausgehenden Kapitel ausführlich geschildert sind. Auch das „Raen“ (Reihen, Umzug) der Bruderschaft in Nadesch gehört hierher.

Wie die Vergleichung mit Bräuchen zeigt, die um die Zeit der Sommersonnenwende bei vielen Völkern bis in die fernste Vergangenheit weit verbreitet waren, geht diese Wahl der Maikönigin, das Aufrichten der Pfingstkrone auf uralte religiöse Feiern zurück, in denen die „Hochzeit“ der Himmelskönigin durch ein irdisches Paar dargestellt und so ihr Segen für die Menschen erbeten werden sollte. Auch dem feierlichen Reinigen der Feldbrunnen, wie dem Reihen-Umzug beim ersten Frühlingsanbruch liegt uralter religiöser Brauch — die Reinigung der Luft und der Erde von bösen Geistern, der Druck auf die göttlichen Mächte, die Felder fruchtbar zu machen — zugrunde. Dazu gehörte aber nach ebenso uralter Anschauung, daß sich die Jugend zu diesem Zwecke zu einem „heiligen Verband" zusammenschloß, sich vom Verkehr mit anderen absonderte, sich selbst weihendem Zwang unterwarf. Besonders auch im Stammlande, aber auch sonst auf deutschem Boden finden wir noch heute solche Jugendverbände, deren Ordnungen lebhaft an die Bruderschaft erinnern: in Luxemburg das „Amecht", in Honnef a. Rh. das Mädchenversteigern am 1. Mai, die „Mailehen" an vielen Orten, die „Reih der Burschen" am Mittelrhein. In Fehmarn ist die ehemalige aus 1494 stammende Bruderschaft des hl. Johannis des Täufers jetzt eine Bürgerkompagnie. Aber bei ihren Zusammenkünften heißen sie sich noch jetzt untereinander „Brüder", und der jüngste „Bruder" muß, wie in Siebenbürgen der „Irtenträger", mit einem „merkwürdig geformten eisernen Stab an der Türe stehn und auf Ordnung halten".

Auf siebenbürgischem Boden ist die „Juni", das Reiten der rumänischen Jugend in Kronstadt, ebenso der Tanz der rumänischen „Kaluschären" bekannt, der ebenfalls von Burschenverbänden, die sich besonderen Weihen unterwerfen, zu bestimmten „heiligen" Zeiten geübt wird und ursprünglich, wie die alten Saliertänze der Römer, die Bedeutung religiösen Brauches zur Reinigung von Krankheits- und sonstigen bösen Geistern hatte.

So ergibt sich denn eine geschlossene Entwicklungslinie von diesen ältesten religiösen Jugendverbänden bis zur heutigen ländlichen Bruderschaft (Schwesterschaft): diese alten Verbände, in denen noch in voller Kraft heidnische Naturreligion lebte, wurden mit dem Übertritt der Germanen zum Christentum in den Städten in kirchliche Bruderschaften zum Zwecke besonderer kirchlicher Feiern und Weihungen umgewandelt, während auf dem Lande ihre ehemaligen heidnisch-religiösen Übungen als unverstandener und umgedeuteter Volksbrauch weiter kräftige Wurzeln trieben. In den Städten verweltlichten die kirchlichen Bruderschaften seit dem Zurücktreten der Heiligenverehrung zu den Gesellenbruderschaften, die reichlich Formen der Handwerkerzünfte, zugleich auch studentische Trinkregeln in sich aufnahmen. Von den Städten ist endlich seit dem 16. Jahrhundert mit dem Zusammenschluß der siebenbürgisch-sächsischen Landeskirche und der protestantischen neuen Ordnung des sittlichen Lebens auf dem

Lande die zünftige Ordnung der Gesellenbruderschaften auch auf das Land übertragen worden. Das geschah zuerst in den Städten, Märkten und größeren Dörfern, in denen neben der in Zünften geordneten auch eine „bäurische" Jugend vorhanden war. 1564 schon findet sich in Schäßburg eine „Bruderschaft der Bauern", 1761 wurden in Großschenk gegenüber den Zunftbruderschaften „Artikel für die bäurische Bruderschaft . . . verordnet". Von diesen Mittelpunkten aus ging die Ordnung der Bruderschaft auch auf die anderen Dörfer über, nunmehr das feste Rückgrat der Lebensordnung der Jugend bildend, während die auf eigenem Volksboden erwachsenen alten Bräuche als Schmuck und heilig gehaltene Erinnerung diese umranken.

Den Bruderschaften sind spät erst, in angeglichenen Formen, die „Schwesterschaften" gefolgt, die letzten erst auf Anordnung der beiden Kirchenvisitationen der Bischöfe G. D. und Friedrich Teutsch. Ein Erfolg volkserzieherischer Bemühungen ist es, daß in jüngster Zeit im Kreislauf volkskundlicher Erweckung die ländlichen Bruder- und Schwesterschaften auch zurück auf die Städte übertragen worden sind und hier die in der Stadt dienenden und arbeitenden Burschen und Mägde vom Lande zu festem Verbande zusammenschließen.

3. Die gleiche, geradlinige Entwicklung von heidnisch-germanischen Religionsverbänden her kann nun mit einiger Wahrscheinlichkeit auch für die Nachbarschaften vermutet werden. Zwei besondere Zwecke stehn von alten Zeiten her, im Stammlande und in Siebenbürgen, im Mittelpunkt des nachbarschaftlichen Verbandes: die Pflege des gemeinsamen Brunnens und die würdige Ausgestaltung der Totenfeier. Wir denken da an die Kennzeichnung der germanischen Ansiedlungsweise durch Tacitus: „Sie siedeln nicht in Städten sondern in Verbänden einzelner Gehöfte. Doch wohnen sie getrennt und gesondert, wie ein Brunnen, ein Feld, ein Hain ihnen gefällt." Und ebenso an die kirchlichen Verbote der Kapitularien gegen die gemeinsamen Opferbräuche, gegen die „Teufelsgilden", d. h. die Genossenschaften zu heidnischer Totenfeier, überhaupt. Wenn in den Kapitularien Karls d. Gr. die sacramenta per Gildonia und die conjurationes per S. Stefanum verboten werden, so mag das wohl an die Richttage und Zugänge der Bruderschaften und

Nachbarschaften erinnern, die eben nach altem Brauch auf den Stefanstag (2. Christtag) und Johannistag (Sonnenwende) fallen.

Nachbarliche Hilfe bei Bauten, Krankheit usw., gemeinsame Vorkehrungen gegen Feuersgefahr, gemeinsamer Besitz von Backhäusern u. ä. hat wohl von Anfang an diesen Verbänden wirksamen Inhalt gegeben, aber jene zwei Hauptzwecke bilden doch den festen Kern, und Erb- oder Mark- oder Verwaltungsgenossenschaften, wie es von andern ähnlichen Verbänden angenommen wird — die Bauernbänke in Köln, die „Hauländereien" in Posen — sind die Nachbarschaften weder im Stammland noch in Siebenbürgen je gewesen. Sondern von Rüdesheim a. Rh. heißt es: „Im Jahr 1607 haben sich die Nachbarn in der neuen Kellergasse, so zu dem Keller born (Brunnen) gehören, vereinigt, ihren nachbarlichen Bornbrief zu erneuern." Die erneuten Satzungen, die demnach kennzeichnend den Namen eines „Brunnenbriefes" tragen, heben in der Tat neben anderen Anforderungen des anständigen gegenseitigen Betragens, der Zurüstungen zur Fastnachtsbelustigung besonders die Pflicht des Fegens des gemeinsamen Brunnens und der Teilnahme am feierlichen Leichenbegängnis hervor. Auch in Boppard a. Rh. wird noch heute von der Nachbarschaft vornehmlich die würdige Ausstattung der Begräbnisfeier verlangt. Das große Kirmesfest aber ist hier das „Orgel"bornfest, das Brunnenfest am „Orienborn".

In Trechtningshausen a. Rh. trägt das Haupt der Nachbarschaft den Namen „Brunnenmeister", die Verpflichtungen bestehen auch hier in erster Linie in der Teilnahme an Begräbnissen (Geläute, Leiche tragen) und im Reinigen des Brunnens (jährlich am Kirmesdienstag). In den Artikeln (1849) heißt es: „Die Nachbarschaft besitzt als Gemeingut einen Brunnen, gelegen an der Südostseite des Dorfes." Wer die siebenbürgischen Nachbarschaftsordnungen durchforscht, deren wir eine ganze Reihe, auch aus früheren Jahrhunderten, besitzen — die ältesten in Hermannstadt die der oberen Wiesengasse 1653, Burgergasse 1577 —, wird unschwer finden, daß aus all dem Geranke von Bestimmungen über nachbarliche Hilfe, Sorge gegen Feuersgefahr, Beistand bei Hochzeiten, anständiges Betragen usw. doch als fester Kern immer wieder die gemeinsame Totenfeier und der gemeinsame Brunnenbesitz sich heraushebt.

Im Laufe der Zeiten ist öfters versucht worden, ebenso in den Städten wie auf dem Land, die Nachbarschaften in den Verband der öffentlichen Verwaltung hineinzubeziehen. Sie werden durch die Verwaltungseinteilung der Gemeinde in „Zehntschaften" durchkreuzt, wie andrerseits sie selbst von der Verwaltung her vielfach die Benennung für ihre Beamten übernommen haben („Nachbarhann" statt des älteren „Nachbarvater", „Borger").

Auf dem Lande klingt dieses Durchkreuzen noch darin nach, daß die Nachbarschaft als „Virtelsduerf" bezeichnet wird (Zendrisch) oder mehrere Nachbarschaften einen „Dil", ‚Teil' ausmachen (Trappold).

In den Städten sind sie mit einer Reihe von Aufgaben der öffentlichen Verwaltung betraut worden: Nachtshut, Feuerhut, Stadt- und Torhut, Predigthut, d. i. Stadtwache während des Gottesdienstes, Regelung des Weinschanks, Vorsorge gegen das Eindringen Fremder in den Häuserbesitz der Stadt, Aufteilung der Steuerlasten und der Bequartierung in Kriegszeiten u. ä. Ebenso war es naheliegend, daß die strenge Zunftordnung auch auf das Leben und besonders auch auf die Form der Nachbarschaftssatzungen ihren Einfluß ausübte. Die Zunftschreiber waren öfters wohl auch die Nachbarschaftsschreiber, die Nachbarschaftsrichttage und Gastmähler glichen sich den geselligen Veranstaltungen der Zünfte an. Eine ganze Reihe der Nachbarschaftsartikel könnte ganz gut nach Inhalt und Form auch in einer Zunftordnung stehen.

Aber trotz dieser Einflüsse von außen haben die Nachbarschaften sich vor dem Einschmelzen in die Zunft oder in die Gemeindeverwaltung bewahrt und ihren religiösen Grundzug festgehalten, der von selbst zur Einfügung in den festen kirchlichen Verband führte. So sind sie seit dem 17. Jahrhundert wie die Bruderschaften ein von der Kirche bewußt gehandhabtes Werkzeug sittlicher Erziehung und kirchlicher Zucht geworden. „Ein christlich gesinnter Nachbarvater soll und wird freywillig und herzinniglich seine Aufsicht hauptsächlich dahin verwenden, daß jedermann in seiner Nachbarschaft ein christlich unanstößig und ehrbares Leben führe." (Großscheuern 1777.) In diesem Sinne sind in allen Bezirken und Gemeinden in jüngster Zeit von Amtswegen die Bruderschaften (Schwesterschaften) und Nachbarschaften kirchlich neu geordnet worden. Dem Vorbild des Landes folgend, sind die in den Städten seit einem Jahrhundert erloschenen Nachbarschaften jüngsthin als Mittel völkischer Verteidigung wieder belebt worden, haben aber sofort auch, dem in ihnen liegenden Wesenszuge folgend, die Fühlung mit der Kirche wiedergewonnen und erweisen sich so als wertvolle Stützen des kirchlichen Gemeindelebens bei äußeren Veranstaltungen ebenso wie in der Ausübung der Wohlfahrtspflege und Erhaltung völkischer Zucht.

Das geistige Leben.

Volksdichtung.

Die Siebenbürger Sachsen sind ein liederfrohes und erzählkundiges Volk. Die Sammlung der heute oder noch in jüngster Vergangenheit gesungenen Volkslieder zählt an die tausend Stücke.

1. Wann und wo gesungen und erzählt wird. Schon dem kleinen Kinde gehen die Lieder, die die Mutter an der Wiege sang, ins eigne Leben über. Christel und seine Genossen singen sich am liebsten selbst in den Schlaf ein. Das Wunderland der Märchen aber erschließt sich ihnen aus dem Munde der Großmutter, wohl auch des Großvaters, in den langen Sommertagen des „Hütens" zu Hause oder an den Winterabenden am flackernden Herd, oder gar beim Maisschälen am frostigen Herbstabend in Scheune und Vorhaus. „Mutter," beginnt eines der Kinder und gähnt, „ich bin schläfrig, bis um wieviel sollen wir noch schälen?" „Wart noch ein wenig, mein Herz, wir müssen noch aufbleiben und sehen, daß wir zu Ende kommen. Willst du noch aufbleiben, wenn uns der Vater eine Märe erzählt?" „Ja, Vater, erzählt nur," rufen auch die andern Kinder, „erzählt uns aber jetzt eine andere, nicht wieder die vom roten König (König Rother)." „So erzähl' ich euch halt, weil ihr schon müde seid, eine kürzere, aber auch eine schöne. Schweigt nur still und sputet euch, man kann auch hören, auch arbeiten. Es war also einmal ..." Aber auch den Erwachsenen gilt das Märchenerzählen, zum Schluß übergehend in schaurige Geschichten von

Gespenstern und Räubern nicht nur als Zeitvertreib, sondern als regelnder Takt der Arbeit, als Anreiz zum Wachbleiben, ebenso beim Maisschälen, Spinnen, Jäten in langen Reihen. Gute Erzähler werden geradezu, die Arbeit zu fördern, gedungen. Auch des Wachtfeuer der Hirten, Holzhauer, Jäger ist ein heimlicher Platz am früheinbrechenden Winterabend zum Erzählen ernster und heiterer Jagd- und anderer Geschichten. Wo zu solchen Gelegenheiten Arbeiter verschiedener Volksstämme zusammenkommen, werden leicht Märchen, weniger Lieder, von einem Volk zum andern übertragen. Da die Umgangssprache, wo zum Deutschen der Rumäne und Ungar hinzukommt, zumeist die rumänische ist, erklärt es sich leicht, daß hauptsächlich aus dem Märchenschatz des rumänischen Volkes spannende Stücke zu den andern Völkern hinübergegangen sind. In der Klausenburger Kaserne erzählt der deutsche Freiwillige als Gegengabe seinen Kameraden die Nibelungensage. Sollten etwa im Szeklerland ungarische Märchen von Siegfried und Brünhild auftauchen, so läge hier die greifbare Erklärung dafür.

An den Sommerabenden zieht das junge Volk in langen Reihen durch die Dorfgassen. Ein Lied nach dem andern wird gesungen. Die meisten haben die Soldaten aus der „Stadt" mitgebracht, oder ein Mädchen aus einem andern Dorf kann ein neues „angeben". Sonntag nachmittag bis zur Vesper werden sie sauber in das Liederheft eingeschrieben. Im Winter sind die Rockenstuben von Liedern erfüllt, auch die der jungen und älteren Frauen. Kein Taufschmaus, keine Hochzeit ohne Lieder. Rätsel werden dabei aufgegeben, gern auch solche, deren sofort aufleuchtende Lösung verblüffend eindeutig wirkt, während die eigentliche, harmlose nur schwer zu erraten ist, Spiele gespielt, von denen manche in letzter Zeit gar aus dem Kindergarten den Weg zur Rockenstube gefunden haben.

2. Was wird gesungen? Am liebsten hochdeutsche Lieder von Liebe und Scheiden, von rührendem Wiedersehen, wenn gute Zeit ist, wohl auch eine schöne „Muritat" mit Dutzenden von „Verschen". Es sind zumeist Kunstlieder der höheren Gesellschaftskreise, die etwa seit dem ersten Drittel des 19. Jahrhunderts durch Studenten, Handwerksburschen, Soldaten aus Österreich und Deutschland nach Siebenbürgen gebracht oder durch die

Schule ins Volk gedrungen sind. Einige dieser Lieder allerdings gehen bis ins 18., ja 17. Jahrhundert zurück, Eine Rundfrage in den einzelnen Dörfern und Gegenden hat ergeben, daß bei all der Fülle der vorhandenen Lieder doch einige wenige seit Großmutters und Urgroßmutters Zeiten im ganzen Gebiet die Lieblinge des jungen Volkes geworden und geblieben sind. Als solche seien erwähnt:

Es blühen Rosen, es blühen Nelken,
Es blüht ein Blümlein, Vergiß nicht mein.

oder: Als ich an einem Sommerstag
Im Wald im grünen Schatten lag.

Von andern bekannten Liedern braucht nur an die Anfangszeile erinnert zu werden: „Ade, jetzt muß ich reisen." „Bald, ach bald schlägt mir die bange Stunde." „Das Kanapee ist mein Vergnügen." „Der Kuckuck auf dem Nußbaum saß." „Ei guten Morgen, Jungfrau schön." „Einst saß ich still vor meiner Hütte." „Es spielt ein Ritter mit seiner Dam'." „Ich ging am Strom lustwandelnd." „Ich stand auf einem hohen Berg und sah ins tiefe Tal." „Mariechen saß weinend im Garten." „Merkt auf, ihr Christen und Leute, wie der Wein mit dem Wasser tun streiten" usw. Es sind das fast durchwegs Kunstlieder, die aus höheren Gesellschaftskreisen herabgesunken sind. Wer aber die verschiedenen Liederbüchlein vergleicht oder die Tonfolge hier und dort auseinanderhält, merkt, wie unablässig auch hier der Gesamtgeist darin arbeitet, Fremdes, Unverstandenes auszumerzen oder dem eigenen Verständnis anzugleichen. Daß man sich bei solchem „Zersingen", das etwa entstandene Gedächtnislücken aus anklingenden Liedstücken ergänzt, oft auch nur mit dem „Einschmelzen" einer einzigen Wendung begnügt, ohne sich um den großen Zusammenhang zu kümmern, weiß, wer z. B. als Kind im Lied an die Abendsonne „... nie kann ohne Wonne" an die „Kanone" dachte und darum nie das Lied ohne ein gewisses Erschauern sang. Als Beispiel dieses „Zersingens" sei auch hier das Goetheliedchen An Friedrike herangezogen, an dem auch sonst gewöhnlich dieser Einschmelzungsvorgang klar gemacht wird.

Goethes Gedicht lautet:	In Siebenbürgen singt man:
Kleine Blumen, kleine Blätter Streuen mir mit leichter Hand Gute junge Frühlingsgötter Tändelnd auf ein luftig Band.	Kleine Rosen, kleine Blätter, Streuen wir mit leichter Hand, O guter Jüngling, Frühlingsgärtner, Ja Gärtner sei kein schwaches Rosenband.
Zephir, nimm's auf deine Flügel, Schling's um meiner Liebsten Kleid; Und so tritt sie vor den Spiegel All in ihrer Munterkeit.	Gehst du in den Rosengarten Und brichst die schönste Rose ab, Und trag sie vor den großen Spiegel, Ja Spiegel, freut sich ihrer Munterkeit.
Sieht mit Rosen sich umgeben, Selbst wie eine Rose jung. Einen Blick, geliebtes Leben! Und ich bin belohnt genug.	Selbst mit Rosen sich umgeben, Ja, selbst wie eine Rose jung, Nur einen Kuß, geliebtes Mädchen, Und ich bin belohnt genug.

Statt der letzten Strophe, von der die erste nur eine Zeile aufgenommen hat, schließt das Siebenbürger Lied eine Reihe von Wanderstrophen, die von Scheiden und treuer Liebe singen, an.

Am besten können wir an der Geschichte der „Braut am Alt" von V. Kästner ersehen, wie Kunstlieder ins Volk herabsinken, von da aber wieder zur Kunstdichtung erhoben werden konnten. Pfarrer Lossius in Erfurt veröffentlichte anscheinend nach einem Bänkelsängerlied 1781 eine Ballade „An einem Fluß, der rauschend schoß" vom Mädchen, dem der Bruder ertrank und das von einem „guten, reichen" Mann aufgenommen und erzogen wurde. Das Lied ist in den Volksmund übergegangen — in Siebenbürgen —, aber dahin verändert, daß der versunkene Bruder zum Geliebten und so das rührselige Lob des „guten Reichen" für seine „edle Tat" zur erschütternden Totenklage wird. In dieser wirksamen Umgestaltung hat Kästner den Stoff zu seiner Ballade „Um Alt um Alt, um giele Rin" verarbeitet, die ihrerseits nun wiederum in den Volksmund übergegangen ist. So stellt sich hier die Entwicklung dar: Volkslied — Kunstlied (Lossius) — Volkslied — Kunstlied (Kästner) — Volkslied.

Näher berühren uns freilich die absterbenden und abgestorbenen Lieder in der Mundart, die noch im Jahre 1865, als Fr. W. Schuster seine „Siebenbürgisch-sächsischen Volkslieder, Sprichwörter, Rätsel, Zauberformeln und Kinderdichtungen" veröffentlichte, wenn auch nur Bruchstücke, so doch lebendiges Volksgut waren. Heute sind sie zumeist nur in Liederheften zu finden oder haben sich auf die besonderen Festtage, Taufschmaus, Hochzeit, Johannistag zurückgezogen. Immerhin finden sich noch immer an die 200 Lieder in der Mundart, darunter freilich auch einige kurze Trällerliedchen und mehrere volkstümlich gewordene Lieder von J. Lehrer, K. Römer, E. Thullner, vertont von Kirchner. Auf wie hohes Altertum diese Mundartlieder Anspruch machen dürfen, läßt sich schwer sagen. Einige möchte man ihrer ganzen Anlage, Stimmung, nicht zuletzt auch ihrer weitverzweigten Verwandtschaft im alten deutschen Liederschatz nach gern unmittelbar aus der Zeit der Minnesänger verstehen. So das reizende Kürnbergerliedchen, das in lebhaftem Schritt und Gegenschritt das Suchen, Versagen und Finden des Tanzreigens widerspiegelt.

Et saß e kli wält Vijeltchen
Af enem gräne Nestchen.
Et sang de ganz Wängternocht.
De Stämm dä moßt em klängen.

„Säng ta mer mi, säng ta mer mi,
Ta klenet, wäldet Vijeltchen.
Ech wäll der schreiwen af denge Flijel
Mät gielem Gald uch gräner Segt."

„„Halt ta de Guld, halt ta deng Segt,
Ech wäll dir nemmi sängen.
Ech bän e kli wält Vijeltchen,
Unt nemmest ka mich zwängen.""

„Gangk ta ernef äm defen Duof,
Der Reif wit dich uch dräcken."
„„Dräckt mech der Reif, der Reif äs kalt,
Frä Sann wit mich erkwäcken."

Frühmittelalterliche Bilder, altertümliche Wörter — „Duof" ‚Tal', „erkwäcken" in der sonst längst vergessenen Bedeutung ‚wieder lebendig machen' — sichern auch sprachlich diesem Liedchen ein hohes Alter zu. In die rheinische Urheimat möchten wir gern auch die wuchtige Ballade vom „Keneng genzt dem Reng" zurückführen, der ganze sieben Jahre um das Königstöchterlein freite, bis es ihm zugesagt wurde und es ihm, seinen Tod im

Sonnenschein voraussehend, folgte. Er führt es nach Torenburg auf das Schloß, und dort erfüllt sich sein Schicksal. Auf die Frage, woher die Blutspuren auf seinem Rock, antwortet der Brautmörder:

„Ech hu geschuessen en Turteldouf,
En Turteldouf äm gräne Walt."

Allerdings sehen mundartfremde Sprachformen sehr danach aus, als ob sie aus dem Neuhochdeutschen eingelautet seien, aber wer noch durch die Brahmsche Bearbeitung alter rheinischer Volkslieder etwas von der Weise des Brautmörders oder des neckischen „Metche, wällt te en Kanter nin" hat durchklingen hören, dem fällt es schwer, davon abzugehen, hier altes, mitgebrachtes Erbe zu finden, zumal ja jene Herübernahme aus anderm Sprachgebiet ebenso auch in ältester Zeit hat erfolgen können.

Tatsächlich aber kann vielfach der Vorgang bemerkt werden, daß bis zur Gegenwart herauf neuhochdeutsche Lieder in die Mundart „umgestülpt" gesungen worden sind. Noch sind eine Reihe solcher Lieder, das alte Passionslied „Als Christus der Herr in Garten ging, sein bittres Leiden da anfing" neben der hochdeutschen Form auch in der Mundart lebendig erhalten: „Da Jesus än die Jelbärch trat, ze sengem geloften Härr Vueter sprach." Ebenso die Ballade: Es lag ein Schloß in Österreich. Ja, auch das an Melodie und Gehalt wertvollste sächsische, leider nur in Bruchstücken erhaltene Lied kann nicht gut anders als aus hochdeutscher Form übertragen verstanden werden:

Ich schmieß zwo ädel Risen
Zem hie Fenster hinous.
Ich hatt me Lefken trofen,
Dad ät jo stärwe moßt.

Mit dem schönen Schluß:

De Sann schengt gedrangen
Mäd ärem klore Scheng,
Se schengt de Lefker zesummen,
Da färr vun enander sen.

Hier auch ein kurzes Wort über die Volksschauspiele, die wie auch sonst in deutschen Landen zumeist von der Schule her hie und da aufgeführt worden sind — Herodes, ein Weihnachts-

und Neujahrsspiel, etwa in der Ausstattung der Hans Sachsschen Spiele, ein „Bonopartespiel" —, die aber mit Ausnahme des letzteren gegenwärtig zumeist durch die neuzeitlichen, höhere Ansprüche erhebenden „Aufführungen" verdrängt sind. Nur das Spiel vom Tod und dem König, das den herben Geist der Reformationszeit atmet, hat unverwüstliche Lebenskraft behalten. In das fröhliche Hochzeitsgewühl tritt der König mit Zepter und Krone, dem der Tod, in weiße Leinen gehüllt, nachschleicht. Die Musik bricht jäh ab, alles verstummt. Ein Engel mit eindringlich sich wiederholender Sopranmelodie kündet das Spiel an und führt den erzählenden Faden weiter. Der König bittet um sein Leben: „noch ein Jahr", „noch einen Tag", „noch eine Stunde", „nur Geduld, drei Worte zu warten". „„Keine wächst in meinem Garten."" Der Tod schießt den Pfeil ab, der König stirbt und fällt zu Boden. Während der Engel die Schlußbetrachtung singt — „der Tod kommt oft zu solcher Zeit, wenn man gedenkt, er sei noch weit" —, erhebt sich der König wieder, nimmt die Krone vom Haupt und nun stimmt die ganze Spiel- und Hochzeitsgesellschaft in den Choral ein: Dein ist die Kron', du Herr der Welt. — Heitrer ist das „Rößchenspiel", gegenwärtig noch in Draas aufgeführt, in dem zwei Soldaten von ihren Heldentaten bramarbasieren, dabei ihre Rößchen, zwei nett gekleidete Mädchen, tänzelnde Bewegungen machen lassen. Den komischen Widerpart bildet der Rumäne, der mit einer Geiß hereinkommt, mit ihr den Tanz der Rößchen nachäfft und zugleich durch rumänisch gesprochene Zwischenbemerkungen die berichteten Heldentaten in ihr Gegenteil verkehrt. Der alte legendarische Zug, der auch in die nordische Thorssage Eingang gefunden hat, daß die Ziege (der Bock) getötet und aus den Knochen wieder lebendig hergestellt wird, scheint gegenwärtig verloren gegangen zu sein.

3. Die siebenbürgisch-sächsischen Märchen, wie sie Josef Haltrich gesammelt und schlicht wiedererzählt hat, heben sich inhaltlich nicht aus dem Märchengut der rumänischen und ungarischen Mitbewohner Siebenbürgens heraus. Ein jahrhundertelanges Geben und Nehmen hat hier eine Art Gütergemeinschaft bewirkt, die aber doch Raum zu Eigenbesitz, namentlich aber auch zur Eigenformung läßt. Kennzeichnend ist, daß die bekanntesten

deutschen Märchen, wie Dornröschen, Rotkäppchen, die neuerer Annahme nach von Frankreich aus über die Grimmsche Sammlung den Weg in das deutsche Sprachgebiet genommen haben, im siebenbürgischen Märchenschatz nicht vorkommen, ebensowenig wie die Niederschläge anderer, gedruckter Märchensammlungen. Dagegen ist es reich an bodenständig weiterwuchernden Tiermärchen, die der Rumäne und Ungar nicht kennt und die trotz aller Bedenken und Einwände auf die niederrheinische Urheimat, der Heimat zugleich der fränkischen Tiersage, hinweisen, und ebenso an Erzählungen, in denen die Errettung der Prinzessin durch das achtfüßige Zauberroß, durch den Meerhengst und die Meerstute bewirkt wird, denen wir frühe schon in der nordischen Göttersage begegnen. So stellen sich die siebenbürgisch-sächsischen Märchen als altes Erbe dar, zum Teil vielleicht noch aus der Stammheimat mitgebracht, zum Teil aus dem von Süden her vordringenden Strom geschöpft. Dabei zeigen sie eine Vorliebe für die handgreiflichen Züge der Drachenkämpfe, der Erlösung durch mutige Tat des Helden, der Lösung wunderbarer Aufgaben, der Strafe für Neid und Bosheit, wie nicht minder für Zeugnisse treffenden Witzes, schlagfertiger Antworten und gutmütiger Eulenspiegeleien. Von den aus den mittelalterlichen Erbauungsschriften in den ungarischen Volksmund reichlich übergegangenen Legenden hat sich der siebenbürgische Märchenschatz nur weniges, von den rumänischen Sittenbelehrungserzählungen fast gar nichts angeeignet. Der etwas nüchterne Zug des sächsischen Wesens zeigt sich auch darin, daß die aus dem Rumänischen übernommenen Märchen das Übersinnliche — den Besuch bei der „Mutter Freitag", „Sonnabend", „Sonntag", die Hilfe der Sonne, des Mondes, der Sterne — abgestreift und das Ganze in den Bereich des täglichen Erlebens hineingezogen haben. Nur in dem schönen Märchen, das einstmals auch der griechischen Dichtung von Amor und Psyche zugrunde lag, hat sich mit dem uralten Zug der Verfluchung des gesegneten Leibes der Frau auch die Wanderung zu Sonne, Mond und Sternen erhalten.

Das Märchen von den „beiden Goldkindern" erzählt von den neidischen Freundinnen, die der jungen Königin ein Hündchen und Kätzchen an die Brust legten, die goldhaarigen Kinder aber im Mist vergruben. Daraus wuchsen zwei goldene Tannenbäumchen, aus denen die falsche Freundin, die der König statt der verstoßenen Frau geheiratet hatte, das Ehebett zimmern ließ. Doch als die Bretter in der Nacht zu sprechen und zu klagen anfingen, hieß die Königin sie verbrennen. Zwei Funken fielen in die Gerste, daraus wurden zwei goldene Lämmchen, und als die Königin auch diese töten ließ, wuchsen aus ihren ins Wasser geworfenen Gedärmen wieder die beiden Goldhaarkinder. Ihre Lebensgeschichte erzählend, kamen sie wieder an den Hof ihres Vaters. „Oh, ihr meine lieben Kinder, das ist kein Märchen, das euch der alte Mann erzählt hat, sondern eure und meine wahrhaftige Geschichte.“ Die böse Königin wird lebendig verscharrt, die unschuldig Verstoßene und Hingerichtete mit dem Wasser des Lebens wieder lebendig gemacht. In besonders reizvoller Weise hat unter den nichtdeutschen Märchen gleichen Inhalts das rumänische der Fundescuschen Sammlung die Schlußspannung, da die Kinder allmählich sich selbst in der von ihnen erzählten Geschichte erkennen, gesteigert. — Lebhaft an die nordische Erzählung von Lokis Svadilfari anklingend, zugleich in den Freyrmythus hineinleuchtend, ist das Märchen vom Rosenmädchen, das „unter den Blumen wandelt“ und von einem Drachen bewacht wird, der in einem mit eisernen Reifen umwundenen Faß seinen Jahresschlaf schläft. Zu gegebener Zeit springen die Reifen von selbst, und der Drache erwacht. Der arme Waisenjunge errettet und verliert das Rosenmädchen wieder an den Drachen, aber zuletzt behält er es zu eigen, da er die Stute der Meerfrau sich erwirbt, hinter der der Fohlhengst des Drachen stürmt, seinen Herrn unter den Füßen zerstampfend. In verschiedenen Abänderungen kehrt dieser letzere Erlösungszug in einer Reihe siebenbürgischer Märchen wieder, und wenn die Beobachtung richtig ist, daß das Heldenroß im südlichen Märchenschatz weniger zu Hause ist, liegt die Annahme nahe, daß die Sachsen diese Märchengruppe aus der Nebelheimat des Niederrheins mitgebracht und den Völkerschaften Siebenbürgens weitergegeben haben.

Unter einem Volke, in dem die Kantorenschnurren den Zigeunerschwänken fast den Rang ablaufen, ist es begreiflich, daß der Held des überall erzählten Wettkampfes mit dem Teufel zum Schulmeister wird. Dabei wird die Reihe der Einzelkämpfe durch

Züge erweitert, die mehr ergötzlich als appetitlich sind. Prachtvoll bodenständig ist auch die Erzählung von der klugen Bauerntochter geworden. Schon die Einleitung führt in den Kern des Volkstums ein, wie die beiden Nachbarväter, die beim Königsbesuch die verbrannten Heiligen darstellen, mitten während des Gottesdienstes davonlaufen: „Holla, wie gut hat es jetzt meine Kräm, sie ist in eurem Garten unb frißt Rüben." Das Bauernmädchen aber wird zur „Burghüterstochter", dem ärmsten unter den Armen, das nun durch seine Findigkeit zu hohen Ehren kommt.

Noch eines schönen, in der Haltrichschen Sammlung nicht enthaltenen Märchens sei gedacht. Der Waisenknabe preist vor dem Königssohn die Schönheit seiner Schwester, deren Bild er in der Scheune hängen hat. Der König will sie sofort zur Frau haben. Auf dem Wege wird sie gegen die häßliche Stiefschwester eingetauscht und ertränkt. In der Scheune weint das Bild, und lauter Perlen fallen nieder. Nachts hört der Gänsehirt ein Gespräch: „Gott greß dich Beldchen menjesglechen." Eine andere Stimme erwidert: „Gott dank der, Schiner, weiserlich" (Hab' Dank, Schöner, wie einem Waisenkind). „Wat dan de Gest?" (Gäste) „Se schlofe fest." „Wat dit de lidich Kammerkatz?" „Se lad ä Kenengsarme, Schatz." „Wat dit dat laf me Bräderchen?" „Et hed äm Ruchen (d. i. im Rauchfang), let griusse Penj." Der Gänsejunge sieht hinaus und erblickt im hellen Mondenschein ein Mädchen, von Wasser triefend, dem statt Tränen glänzende Perlen aus den Augen fallen. So geht es zwei Nächte. Zum drittenmal kommt auch der Königssohn und findet die rechte Braut. —

Die siebenbürgischen deutschen Sagen hat Friedrich Müller gesammelt. Ein dicker Band von mehreren hundert Nummern. Seither sind in Zeitschriften und Kalendern noch eine ganze Menge ans Tageslicht gekommen, darunter vor allem Geister- und Hexensagen und Werwolfgeschichten, in denen der Werwolf zwar den aus dem Rumänischen entlehnten Namen Prikolitsch (Prepelitsch) trägt, die aber in den einzelnen Zügen ganz merkwürdige Ähnlichkeit mit den neuerdings aus Luxemburg veröffentlichten Sagen zeigen. Der Gedankenkreis auch der siebenbürgischen Sagen ist ziemlich eng. Ritterburgen, an denen die Sage die

Erinnerung an vergangene Geschlechter, an Heldengestalten der Geschichte heften konnte, gibt es im Gebiet des sächsischen Volkstums nicht. Nur von den Erbgräfen, z. B. wie die Alzner die Gerendis ausgekauft oder die Martinsberger der letzten Gräfentochter der Teleki den „Gräfengrund" gegen ein Viertel voll Gulden eingetauscht haben, lebt noch sagenmäßig ausgeschmückte geschichtliche Erinnerung. Die Ruinen der Volks- und Bauernburgen haben nur karge Erinnerungen aus der Mongolen- und Türkenzeit festgehalten, wie z. B. die Bauersfrau in aller Angst vor dem erwarteten Feind schließlich doch ungeduldig wird: die verdammten Tattern, warum kommen sie noch nicht? — Schatzsagen knüpfen sich an Burgwälle, in denen tiefe Löcher von vielfach versuchtem Nachgraben zeugen. Es fehlt auf den Hünenburgen die Sage vom Riesenspielzeug nicht. In reizender Abwechslung wird erzählt, wie der Bauer aus der Mühle heimkehrend auf den Trudentanzplatz trifft. Erschrocken grüßt er höflich: „Gott greß ich ire Raen", darauf die freundliche Antwort: „Gott mir (mehre) ich ire Sack." Dann nimmt das Mehl kein Ende, bis das Geheimnis nicht ausgeschwatzt wird. Der Student von Kronstadt ebenso wie die „Tochter des Kommandanten von Großwardein" und der „Totengräber im Himmel" wiederholen die alte Geschichte des Mönchs von Heisterbach, der nach langen Jahren in die ihm fremd gewordene Heimat zurückkehrt. Sagenaustausch von Volk zu Volk findet wenig statt. Die Sage ist an den Ort oder an das eigene Erlebnis gebunden, dem der Sturm, das Bangen der Nacht, das flackernde Irrlicht immer wieder neue Nahrung schafft. So geben sich die meisten Sagen als wirkliches eigenes oder von einem Nächststehenden erfahrenes Erlebnis.

Geist und Gemüt.

Geistige Regsamkeit wird in der Schule und im Fortbildungsunterricht im allgemeinen mehr den Mädchen als den Knaben zugeschrieben. Doch zeigt der Umstand, daß die sächsischen Burschen in ihrer Dienstpflicht zumeist bei der Artillerie verwendet werden und dort rasch höhere Grade erreichen, daß es auch den Männern nicht an geistigen Fähigkeiten fehlt, namentlich nicht an gutem Beobachten, richtigem Urteil, nicht zuletzt an Zuverlässigkeit der Ausführung. Die Abstufungen geistiger Befähigung werden auch in der Sprache scharf auseinander gehalten: „e gat Hist"; „dad äs ener"! „e äs gebläcktich, gedannert geschekt"; „e präckl (faßt) gor laicht af"; „e äs gor beschiden" (weiß auf alles Bescheid zu geben). Dagegen: „vernägelt"; „ken diem riet em wä ken en Brannestepp" (wie gegen eine Brunnensäule); „e äs mutich", „e Mutalo", „en Zaiku" (Eichelhäher), „e Kukuk". Mit dem Nebenton des Tölpelhaften: „e Limmel", „e Lergesch", „e Flokos" (nach rum. flăcău). Mit beschränktem Gesichtskreis: „e Flineister" (Flohknicker), „e Krippesnäsiger" (der die Krebse niesen hört).

Mit dem Reden ist der Sachse im allgemeinen zurückhaltend: „Em ka sich i ze dit rieden wä ze dit fallen." Auch die Zunft- und Bruderschaftsartikel ordnen strenge an, die „Heimlichkeiten", das was „zwischen den Wänden" gesagt ist, nicht weiterzugeben. Dasselbe Schweigegebot galt auch für die Beratungen der Behörden. Ein guter Rat dabei lautete, nach einer Sitzung „Wasser än't Mel nin ent nor derhim äm ijänen Hof ed erouslossen." Darum wird allzu große Zungenfertigkeit zurückgewiesen: „Zim der det Mel!" oder verurteilend: „Se (die Frau) hued e gedannert Schleifes"; „en Zang wä e Schwiert." Von einem, der niemanden zu Worte kommen läßt: „em meß wuerde, bäs e ist spokst"; daher: „wonn di sterst, meß em em det Mel äkstra dit schlon." Doch auch der ist nicht beliebt, der immer nur zuhört und schweigend seine Gedanken verbirgt: „di huet det Mel derhim vergiessen"; „di äs gor en Tekutiger" (nach rum. tăcut, ‚schweigsam').

Weder im Entschluß noch bei der Arbeit gehört der Sachse zu den Flinken. Er ist für: „melich, awer sächer". Oberflächliche Arbeit verurteilt er als „hudlich". Besonders die Frau, die in solchem Rufe steht, erhält Dutzende von Schmähnamen: „en Schlamp", „Bruschla", „Schmurla", „Schmutzendurr" usw. Der Gediegene ist „ächt", vom äußern Glanz wird verächtlich gesagt: „euswannich jelässen" (glänzend), „awannich beschässen" (Rode). Er liebt festes, sicheres Zugreifen in Wort und Tun und verlangt, man solle ihn nicht „grof" aber „irenklich beschiden" (sichere Antwort geben). Allerdings ist er auch gern bereit, eine Ausrede („en Lijen än der Nit") zu verstehen und, wenn's dienlich erscheint, zu gebrauchen. Unentschlossenheit ist ihm nicht recht. „Wäder recht e, wäder stänkt e", heißt es von einem solchen. Oder: „di huet det Lachen uch äm Trenesack." Ebenso nicht Verträumtsein und Grübeln: „e Droimzajel (Traumzagel), der „Wol-noch" (der immer noch will), „der Jraindler" (Gründler, Grübler; in Rode).

Als schätzbare Wesensart rühmt der Sachse: ‚gutmütig', „e Gader"; „de Gät sälwest": „gat wä e Stäckeltche Brit"; „af diem kan em Hulz hän"; „die kan em äm de Fänger wäckeln; „e gid enem det Hemt vum Räck"; „vun diem bekid em niche bis Wirt". Dagegen: ‚bösartig', „grasnackich"; „e gränzänjdijer"; „en hängdegemachter"; „di hued et foustdäck hängder den Ihren"; „di gännd enem niche Stäckeltche Brit, niche Rieden". ‚freundlich', ‚schmeichelnd': „schliwern"; „en Schliwerkatz". Dagegen: ‚störrisch', ‚mürrisch': „murschich", „grandich", „krammbälich", „peperschich", „gallich", „epesch". ‚starrsinnig': „ratterschärlich", „kespenich", „sturdich", „e Katzenhift", „wedderschlächtich", „e Grouser".

Am festesten ausgeprägt ist das Selbstbewußtsein des eigenen Besitzes. „As" ist der „zu unserer Freundschaft", zu „unserem Hause Gehörige. „As Martz", „Getz" kann Bruder, Sohn, Neffe, Enkel, Patenkind sein, aber er muß zur „Freundschaft" gehören. „Aset" ist „unser Haus", ‚unser Hof, Besitztum'. „Zech himen — e, ded äs vir asem", jagt nach einem Streit der Junge aus der Kirchgasse den aus der Hintergasse fort. Worauf allerdings dieser schlagfertig antwortet: „ed äs net vir irem, ed äs vir ases Härrgott senjem." Der Besitz an Haus und Hof, am „Erbe", macht den Bauern erst zum Vollbürger, der „Sedler" (Mieteinwohner) ist ihnen nur der „Hergelaufene". Auch in der Stadt (Mediasch) wird nur der eigentlich als voll angesehen, der einen „Wanjert" oder wenigstens „en Stuf" als eignen Besitz hat. Der vom Dorf Zugezogene in der Unterstadt bleibt dem Hermannstädter Vollbürger doch zeitlebens der „Päkkes". In diesem Besitzstolz liegen die Wurzeln unleugbarer Vorzüge und Fehler des sächsischen Volkes. Die Sorge für die Erhaltung des „Erbes" hat Fleiß und Sparsamkeit zur Folge, hat wohl auch das alte Erbrecht des Jüngsten an Haus und Hof festgehalten, da die älteren Brüder Zeit und Hilfe haben, sich „sonst umzusehen", die Furcht vor Minderung des Erbes hat anderseits doch auch mancherorts zur Kinderbeschränkung geführt. Ebenso verursacht aber das strenge Pflichtgefühl der Erhaltung des ‚Erbes' — „allent, wad ich vu menjen Äldern brocht hun, sal agekrinkt menj bleiwen" — das harte Urteil über Zugrundegegangene und Verarmte. Wer durch eigne Schuld ins Elend gekommen ist, hat gegen seine Pflicht gesündigt und verdient kein Erbarmen. Wie reich sich auch die Hand des Bauern bei Unglücksfällen aus höherer Gewalt — Brandschaden, Hagelschlag, Viehsterben — öffnet, für selbstverschuldete Not hat er nichts übrig. Von den mitwohnenden Völkern wird den Sachsen darum geradezu Geiz vorgeworfen („girtschitich", aus rum. sgărcit,) „kneistich". Der „geizige Sachse" ist das stehende Beiwort namentlich im ungarischen Märchen. Und zweifellos spart er — auch an Nahrung — vielleicht mehr als nötig —, „de Däckbechijen", „Däcken", „Higezänjelden" sind nur die Amtsleute im Dorf — und gerade Bargeld gibt er höchst ungern aus. Noch vor einem Menschenalter konnte der Prediger in Sch. klagen: „en Woch, unt der Gälden äs hin!", und den Sammler für den Gustav-Adolf-Verein beschied die Bäuerin mit der vorwurfsvollen Frage: „Wi git mir de zwin Krezer?" Darum ist auch der Sachse nur schwer zu Unternehmungen zu bringen, die Schuldenmachen voraussetzen, denn „de Inträsse frießen ous der Schässel mät". Man fürchtet sich vor dem Ausgang eines Unternehmens, daß es einem nicht auch so geht: „e far mät der Kaläß ewech unt kam mät dem Steckeltchen himen". Nur dem wagemutigen Agnethler legt man in den Mund: „lawer taisent Gälde schäldich sen, wa niche Gelt hun." Erst die ganz jüngste Zeit hat den Grundsatz des „Sparens" durchbrochen und dafür den des „Erwerbens" aufgestellt. Die unvergleichlich erhöhten Bedürfnisse für Erhaltung von Kirche und Schule haben notgedrungen den Bauern und Städter wenn auch nicht gebefreudiger, so doch wenigstens gebewilliger gemacht.

Das Selbstbewußtsein eignen Besitzes greift über Haus und Hof auch auf Dorf und Heimat über. Das Bewußtsein eines eignen völkischen Daseins, das sich in voller Klarheit von der Art der mitwohnenden Völkerschaften, deutlich aber auch von dem allgemeinen Deutschtum in Österreich und im Reich abhebt, ist aus den politischen Kämpfen zu Ende des 18. und von der Mitte des 19. Jahrhunderts an erwachsen. Als über den Trümmern der Verwaltungseinheit als „Sächsische Nation" das sächsische Volk auch mit den auf der „Edelerde" lebenden, vom „Sachsenboden" getrennten Volksgenossen sich zur evangelischen Landeskirche neu zusammenschloß (1861), kam zum sächsisch das „evangelisch" bewußt hinzu. Ein allen Schichten gemeinsamer Zug des Volksbewußtseins ist deshalb im Bekenntnis „ich bin ein Siebenbürger Sachse" nicht so sehr der Stolz auf etwa eingebildete Vorzüge, sondern mehr der Ernst schwer erkämpfter Selbstbehauptung in Geschichte und Gegenwart.

Darin liegt auch die Empfindung einer Schranke den mitbewohnenden Völkern gegenüber. Die Nichtsachsen im Dorf sind dem sächsischen Bauern „dä genzt der Bach, genzt der Bräck". Der Ungar („Szekler, Zakel") ist ihm doch eigentlich nur als der Lieferer von Brettern und Sauerwasser (der „Dillen-Borwißzäkel") und als Drescher vertraut. Sein Lebensgenosse war und ist ihm doch der Sachse allein: „ener vun ase Legden; aserener", gleichviel welchen Standes er ist. („Aserener did esi äst net.") „Et ku Lekt", ruft der Bauer, wenn er in der Ferne Menschen erblickt. „A näi," berichtigt er beim Näherkommen, „et sen nor Zegunen." Die Bäuerin aus Z. bemüht sich vergeblich, sich mit dem vermeintlichen Szekler Töpfer zu verständigen. „Hanj fällen?" (d. i. wievielmal soll ich den Topf mit Palukesmehl füllen?). Endlich schüttelt der in seinem Volksstolz gekränkte Sachse den Kopf: „ed äs ämsäs, Säster" (warum quält ihr euch denn?), worauf diese erstaunt ausruft: „ai äm Kristi wällen, sed ir uch e Mäintsch?" Daraus ergibt sich ein sehr lebhaftes Heimatsgefühl. Der Ort, an dem das Leben lebenswert ist, bleibt doch immer nur das Heimatdorf. „Ed äs dich iweral hisch uch gat, awer dennich net wä än Hammersterf." Im erweiterten Sinn überträgt sich das auch auf das Heimatland Siebenbürgen. V. Kästner läßt die Quellen, Bäche, Brunnen sächsisch sprechen und in das Volkslied „Siebenbürgen, Land des Segens", das M. Moltke gedichtet und J. Hedwig vertont hat, legt der Siebenbürger Sachse auch das tiefste Empfinden seiner Zugehörigkeit zum Vaterland hinein.

Auch das Gemütsleben kommt nur karg und hart zum Ausdruck. „Na, sed er kun? Sätzt neder", spricht etwa die im fremden Dorf dienende Tochter zum Vater, der sie nach dem Tode der Mutter zum erstenmal besucht. Kennzeichnend die Selbstschau eines sächsischen Bauernjungen: „Ich kam mit 8 Jahren nach K. in die ungarische Schule. Mein Vater erzählte gern davon, daß ich bei den Besuchen und Trennungen nie geweint hätte, aber so oft sie nach einem Besuch heimwärts gefahren seien, hätte ich die Hände über dem Nacken verschränkt dem Wagen regungslos nachgeblickt." Auch die vorbedachte Besorgung des „Stärfgedeis" (Totenkleidung), das Geschenk der schwarzen Bänder an die junge Ehefrau ist ein Zeugnis dieser beherrschten Ruhe. Kräftiger und unbeherrscht findet nur die Gemütsregung des Zorns ihren überlieferten oder im Augenblick geprägten Wortausdruck, der neben alten sinnschweren Wendungen in der ärgsten Erregung gern auch der unflätigsten Flüche der mitwohnenden Völker sich bedient. „Di äs glech än der Läft", spricht man von einem, der leicht zum Zorn gereizt ist. Eine der Mundart eigne, im Grunde noch scherzhaft-harmlose Form des Zornausbruches bietet die freie Verwendung der Bildungssilbe „be". Wenn das Kind den Auftrag mit dem Versprechen „ich ku glech, ich sal det nor noch färtich machen" hinausschieben will, ruft die Mutter gereizt: „Na kist te nor ugebläcklich! Ich wäll dich schi beglechen!" „Ich wäll dich schi befärtigen" (ich will dir schon „gleich" und „fertig" geben). — Der „Wärlthangt sul dich hu frießen; ta Wärlturz", ‚Abfallschnitzel der Welt'; „gangk än denj wält Balegrieß usw." — Auch die sächsische Mundart strotzt von solchen kräftigen Ausdrücken des Unmuts, zu denen auch das eheliche Leben, namentlich bei der Enge des Zusammenwohnens, das Verhältnis von „Schnirch" (Schwiegertochter) und „Schwiger" öfters Veranlassung gibt.

O Duichter, o Duichter, dea schoiner Schurtz,
O Schnirch, o Schnirch, dea nasser Sack äm Spirkel
(in der Februarkälte).

Doch suchen auch außer dem Zorn Gemütsregungen, wo sie stärker hervorbrechen, den Wortausdruck in geprägten oder selbstgefundenen Wendungen. Von der „Totenklage" mit ihrer oft ergreifenden persönlichen Prägung war schon die Rede. Auch das Gefühl des Alleinseins, die Reue über verletzte Pflicht wird vorausgesetzt oder findet inhaltstiefe Worte: „Schraiwe Se em esui än de Sil, dat se em zeddert", bittet die Frau den Pfarrer, dem sie über den undankbaren Sohn klagt, der in der Fremde ihrer vergessen hat. „Schraiwe Se em esui, dad ed em det Harz zedräckt." Überhaupt macht sich leichter und reichlicher als die frohe die trübe Stimmung, die Empfindung des Quälenden Luft: „Äm wat lieft der Mängtsch dennich?" fragt ein sächsischer Spruch. „Dat e uch noch Mäst macht uch Schage zerreißt."

Eigentlichen Humor, ein gutmütiges Sichfreuen und Erheben über die kleinen Beengungen des Lebens, kennt der Siebenbürger Sachse kaum. Auch in den höheren Schichten tragen nur die den Dunkelmännerbriefen nachgebildeten Briefe Fr. Fr. Fronius' († 1886) aus der Zeit des Absolutismus und die scharf umrissenen Bauerngestalten in den Dorfbildern von G. A. Schullerus († 1900) „Die Augen auf!" den Hauch dieses sonnigen Behagens. Wohl aber ist dem Sachsen gute Beobachtung der Fehler und Schwächen anderer und die Gabe, dieser Beobachtung zugespitzten Ausdruck zu geben, eigen. Darum scheut er anderseits auch kaum etwas so sehr, als durch abweichende Kleidung, Sprechweise usw. Gelegenheit zu geben, daß ihm ein solcher Fehler durch einen „Spitznamen" angekreidet werde. Ein „Besonderer", eine „Art" zu sein, gilt eigentlich schon an sich als Schimpf. Kennzeichnend ist, daß ebenso das Wort „Art" selbst, wie das andere alte Wort derselben Bedeutung, mhd. slaht, allein oder in Zusammensetzungen, nur so vorkommen, daß sie den Sinn verschlechternd hinabdrücken: „Ta verflachter, gedannerder Uert!"; „dannerschlachtich"; „wederschlachtich". Schon „mit Namen einen zu bestimmen", ist eine Kränkung: „Jch hu jo net gestilen, dad em mij än de Zejdungk sätzt."

Gern, ja pflichtmäßig gelacht wird bei geselligen Zusammenkünften, „Kaimes", Hochzeit, Richttag. Da werden Spiele, turnerische Kunststückchen aufgeführt, die beim Mißlingen zum Lachen reizen, Rätsel aufgegeben, die „Hochzeitspredigten" angehört, die vielen Stückchen vom Zigeuner, daneben auch die Kantorschwänke erzählt: wie er den Bischof bei der Kirchenvisitation rasierte und der ihn zuletzt ängstlich fragte, ob jemand von denen lebend geblieben sei, die er unter dem Messer gehabt habe, und umgekehrt, wie er, endlich zum Prediger gewählt, beim Ordinationsexamen nach vielen erfolglosen Fragen des Bischofs endlich selbst die Frage an den Bischof gestellt hatte, ob er das elfte Gebot kenne, und dann die richtige Antwort gab: „em sal des Uerme net spoten."

Unerschöpflich ist der Spott der Nachbardörfer über einander, wie die Wolkendorfer die Krebse getränkt und den Stier auf die Mauer zur Weide hinaufgezogen haben, die Fograscher einem Regiment zum Schutz durch den Wald den Stadttrabanten mitgegeben hatten, der Schönberger beim Flugversuch ins „Hetzel" gefallen sei, die Agnethler immer ein Krummesser („Hep") bei sich trügen, um im gegebenen Augenblick das Pferd („de Gorr") „schännen" zu können (daher „Gorreschänner") usw. Doch versteht man, auf solchen Spott auch derb zu antworten. „Wä gid ir Uhr", fragt der Städter spöttisch, indem er auf die stehengebliebene Turmuhr deutet. „Ich bidden ze verzan," antwortet der Dörfler, „ich bän noch näkest a aw er geridden." Mit ihren weißen „Knäppdächern" auf dem Haupt kommen Bäuerinnen in die Stadt gefahren. „Na, wä verkift er de Gas?" fragt der Städter. Der Fuhrmann antwortet: „De Gas se net ze verkifen, awer wat se liejen, kenne Se äm bällije Preis hun." — Ein Reißner Bauer kommt bei heftigem Regen nach Hause. Auf die Frage, wie es denn komme, daß er nicht naß geworden sei, meint er: „Ich hun esi stark gedriwen, dad et mer anjde (immer) nor än de Scherigle (Schoßleiter) gerent huet."

Die bäuerliche Frömmigkeit ist auch im sächsischen Volk, wo sie gesund und wurzelecht ist, noch völlig an das Naturerleben und an den Lebensverband gebunden. Das persönliche Sicheinfühlen in das Höhere, Heilige ist noch wenig entwickelt, damit auch das persönliche, religiöse und sittliche Verantwortungsgefühl. Die christlich-kirchlichen Formen, die dieser Persönlichkeitsreligion dienen wollen, werden deshalb durchwegs im Sinne jener naturhaften Religion gedeutet und gewertet. Daneben aber läuft altes, unverhülltes germanisches Heidentum nicht nur in abgeblaßten Namen und Bräuchen, sondern in lebendiger Erneuerung der ehemaligen Vorstellungsform.

Für den siebenbürgisch-sächsischen Bauern ist Gott noch die unerforschbare, mit geheimnisvollem Schauer umgebene Macht, die Regen und Sonnenschein für das Wachstum der Saaten gibt, der Hagel und Viehsterben schickt, beides ein Zeugnis seiner Güte oder seines Zornes, den offenbewußte Übertretung der Sittengebote oder Frömmigkeitserweise, z. B. durch sonntagsentheiligende Feldarbeit, unfehlbar bewirkt. „Aser Härrgott schlit net mät dem Kläppel" (sondern mit Hagelschlag, Krankheit, Tod). Vielfach ist aber die christliche Vorstellungsform hier Ausdruck eines religiösen Empfindens, das in tiefere geschichtliche Schichten hinabreicht. Wichtig ist dabei die Beobachtung, daß überhaupt die Ausdrücke der Furcht noch deutlich eine religiöse Wurzel aufweisen, den Gefühlston religiöser Scheu vor einem schreckhaft Übermächtigen, überwältigend Unfaßbaren: „eislich", ‚schreckhaft' (zu ahd. egislih, mhd. eislich) hat z. B. im Fl. N. „äm auesliche Granzt" (Burgberg) denselben Gefühlston wie vor Zeiten (1383) noch rivulus helsiph vulgariter wrdugpataka (ung. Teufelsbach bei Hamlesch) als ‚Höllengraben'. Hierher gehört auch die Grundbedeutung von „gralen", ‚sich fürchten' (eigentlich ‚Grauen empfinden', mhd. griuwel, ‚Schauer').

Aus diesem Vorstellungs- und Empfindungskreis fließen denn auch alle die Bräuche, von denen bei verschiedenen Gelegenheiten die Rede war: Lärm machen bei Hochzeiten, Taufen, zu Weihnachten und Neujahr als Abwehr böser Geister, besondere Mittel bei Aussaat und Ernte, an deren Erfolg „man ja nicht glaubt", die man aber doch nicht unterläßt, weil es eben so Brauch ist, Krankheitssegen usw. Einzelne dieser Spukgeister leben noch als klar geschaute und mit bestimmten Mitteln abgewehrte Persönlichkeiten im Volksglauben, so der „Alf", der die Säuglinge stiehlt und das eigene Kind, den „Wechselbalg" unterschiebt (daher die Schelte: „Balch" für ein unartiges Kind). Ein ganzer Haufe dieser „unsaubern" Geister hat sich in Schelten erhalten, die immer noch den Unterton des Gespenstigen tragen: „Uolrong", ‚Gassenjunge' (nhd. alrune), „Bärlefäks" (nhd. hilwiz,

‚Kobold‘, an „berlen“ ‚brüllen‘ angeglichen), „Bisakes“, dessen Grundwort nicht durchsichtig ist, „e Gränzänjdijer“ (eigentlich Wassergeist mit grünem Zahn), „Muerlef“ (mhd. mar und alp ‚Druckgespenst‘). Zu dieser Reihe gehören auch die Sumpfgeister und Irrlichter, die den spät Heimkehrenden vom Weg abführen und zu ihrem Tanzplatz rufen („Trudendanz“), wenn man aber schön grüßt, mit unerschöpflichem Segen des Korn- und Mehlsacks lohnen, die Kobolde der Bergsättel, die wie der Pfarrer vom „Bednerbärch“ bei Großschenk dem Wanderer aufhucken oder den Wagen hemmen, die Spielgeister endlich der Weinberghalden im klirrenden Laubwirbel glühender Septembertage, das „Geigerlein“, die „Trudegejer“, deren Vornehmster als Klingsor uz Ungerlant oder aus Siebenbürgen es zum Weltruhm gebracht hat. Eine nösn. Weinhalde heißt noch heute „äm Klängesuir“ ‚beim Spielmann‘ (mhd. klingesäre). Der plötzlich entfachte Abendsturm, der krachend durch den Wald fährt, sonst im deutschen Volksglauben als „wilder Jäger“ oder als „wütendes Heer“ bekannt, wird in Siebenbürgen nicht nur im Erzählen, sondern im Erleben als der „schwere Wagen“ gefürchtet. Der verdiente siebenbürgische Volksforscher J. Wolff erzählt, daß es ihn noch als Mann kalt durchgehe, wenn er der Angst gedenke, mit der er als fünfjähriger Knabe an einem Sonnabend nachmittag beim Heumachen nach dem Vesperläuten mit seiner Mutter vor dem „schweren Wagen“ nach Hause geflohen sei. In gleicher Weise gibt auch der Hexenglaube nicht nur Stoff zu Schauergeschichten in Spinnstuben und bei sonstigen Unterhaltungen, sondern er kann auch von Fall zu Fall wieder Erlebnis werden. In den Urteilsentscheidungen der Hexengerichte aus dem 17. und 18. Jahrhundert finden wir die Sonderbezeichnungen wieder, die auch sonst auf deutschem Gebiete üblich waren: „kisen“ (Zauberworte sprechen), „Nachtsfahrer“, „Geiger“, „Der Geiger in der Nußschale“, „eingeben“, „an der Atz (Zaunstütze) melken“, „der Teufel sollte dich längst an der Häch („Huech“, ‚Hag‘) geholt haben!“ (vgl. ahd. hagzissa, altnord. tunridur ‚Zaunreiter‘, ‚Hexe‘). Eine Draser Bauernfrau verschrieb sich 1638 dem Satan und bat ihn, er möge den Fruchtsegen beider Nachbarn „obwenich und auch dess vnderwenich uns“ auf ihren eignen Hof kommen lassen, auch wolle er machen, „daß des Himmels Reiff abspringe“, damit sie ihn aufhebe und ihn auf ihr Land schütte, so daß „alle Hertzkütter des Reppeser Hatterts" auf ihr Land kommen sollten. Aber im Kokeldorf K. geht noch heute eine Kröte in einem sächsischen Bauernhaus furchtlos ein und aus und wird mit Milch gefüttert. Man glaubt, es sei die gestorbene Mutter des Hausvaters, die eine Hexe gewesen war, spricht aber nicht gern von der Sache. Noch ein Erlebnis aus der Gegenwart. Eine Bäuerin bricht das Gespräch mit der Verwandten aus der Stadt ab und geht ins Nebenzimmer zum erkrankten Sohn. „De Sann gid ainjder, nea messe mer en afwäken." „Als ich", erzählte die Verwandte, „nachher fragte, was es damit für eine Bewandtnis habe, erklärte sie, Kinder und Kranke dürfe man bei Sonnenuntergang nicht schlafen lassen, weil sie sonst Kopfweh bekämen." Die Erzählerin aber bemerkt, daß die alte Frau dieses Mal mit der Sprache nicht recht heraus wollte. Zweifellos steckte dahinter die Angst vor den Krankheitsgeistern, die nach uraltem Glauben am Abend Macht über den Kranken erhalten.

So lebt denn auf dem Grunde der Volksseele noch in ungebrochener Kraft die Scheu vor den fördernden und schädigenden Mächten, auf die gerade der an den Erdboden und seine Fruchtbarkeit gewiesene Bauer immer wieder stößt. Auch der Gottesdienst in christlicher Ausstattung, der als Ausdruck gemeinschaftlicher Frömmigkeit seine festen, fast starren Formen gefunden hat, treibt seinem Gefühlsinhalt nach seine Wurzeln in diese Tiefen ursprünglicher religiöser Erfahrung. Doch hat auch hier jahrhundertlange kirchliche Schulung dieses religiöse Empfinden veredelt und es in christliche Vorstellungsformen gegossen. Die Ergebung in Gottes Willen tritt da oft in geradezu ergreifender Schlichtheit zutage. Nach einem Hagelschlag: „Aser Härrgott git, doräm kan hi uch nin." Und nach dem Tod der Tochter spricht die Bäuerin, still von der Feldarbeit zurückkehrend: „Jch hun hejt weder de Jert gedrinkt mät menjen Zeren, na äs et mer laichter. Wat kenne mer, — ke senje Wälle kenne mer es net stätzen" (können wir uns nicht stemmen). Und endlich das gefaßte Wort einer Mutter, deren Tochter im Kindbett gestorben und das Waisenkind hinterlassen hat: „Wa hun ich gebiet, wa hun ich asen Härrgott gerofen — awer hi wit wässe, woräm ed esi kun äs. Nor as kli Fiki (Sophiechen), wonn ich nemi bän – awer hi wit schi vir ät sorjen — de Wise ston ä senjer Hant.“ —

Man kann gewiß dem sächsischen Volk Frömmigkeit nicht absprechen, doch muß man verstehen, daß es sich auch für sie seine eignen Formen erlebt und erlitten hat.

*